马斯洛
心理学
经典译丛

马斯洛心理学经典译丛

THE FARTHER REACHES OF HUMAN NATURE

人性能达到的境界

［美国］亚伯拉罕·H.马斯洛 著

钟歆 译

目录

序　1

引言：亚伯拉罕·马斯洛　3

第一部分　健康与病态　1

　　第一章　迈向人本主义生物学　3

　　第二章　神经症——个人成长的一种失败　24

　　第三章　自我实现及其超越　40

第二部分　创造性　53

　　第四章　创造性的态度　55

　　第五章　创造性——一种整体论的方法　69

　　第六章　创造性中的情绪障碍　78

　　第七章　对创造性人才的需要　92

第三部分　价值　99

　　第八章　事实与价值的融合　101

　　第九章　存在心理学简说　122

　　第十章　关于一次人类价值研讨会的评论　144

第四部分 教育 147

第十一章 认知者与认知 149
第十二章 教育与高峰体验 162
第十三章 人本主义教育的目标和意义 173

第五部分 社会 189

第十四章 社会与个体中的协同作用 191
第十五章 对规范社会心理学家提出的问题 203
第十六章 优心态文化 216
第十七章 优心态管理 226
第十八章 低级抱怨、高级抱怨和超越性抱怨 228

第六部分 存在性认知 237

第十九章 简论纯真的认知 239
第二十章 再论认知 247

第七部分 超越与存在心理学 253

第二十一章 超越的各种意义 255
第二十二章 Z理论 265

第八部分 超越性动机 281

第二十三章 超越性动机理论：价值生活的生物学根源 283

附录 A 327

附录 B 334

附录 C 351

附录 D 360

序

本书的各章节是由马斯洛在 1969 年亲自选定的文章构成的。他对本书的计划包括新素材的添加、一篇详细的前言和后记，以及对全部文稿的充分修改和更新。1970 年初，在文稿准备初期，是由迈尔斯·维什（Miles Vich，《人本主义心理学杂志》前编辑）担任咨询和技术编辑。

在刚要动手添加新素材时，马斯洛突发心脏病，不幸于 1970 年 6 月辞世。

1970 年秋，我面临着一个选择，是按照马斯洛的独特风格来编排本书，还是将原始文章以文集的形式发表。我选择了后者。应我的请求，迈尔斯·维什重新开始了文稿准备工作，并在准备本书期间提供了编辑协助。我们的编辑工作仅限于必要的技术修正，删除偶尔出现的重复语句，以及将两篇文章合并构成第 13 章（按照马斯洛原来的计划）。

虽然对原文的出版者已在其他地方表示过感谢，但我还是要特别感谢迈尔斯·维什，他所提供的帮助已经远远超过了本书编者的职责范围，还要感谢安东尼·苏蒂奇（Anthony Sutich）（《超个人心理学杂志》的编辑），他准许采用许多已发表过的文章。

我也要感谢伊萨兰学院的迈克尔·墨菲（Michael Murphy）和斯图尔特·米勒（Stuart Miller），以及维京出版社的理查德·格罗斯曼（Richard Grossman）所提供的帮助。我特别要感谢凯·庞修斯（Kay Pontius），她是马斯洛在劳克林（Laughlin）慈善基金会担任常驻评议员时的私人秘书，她提供的帮助非常多。还有基金会理事长兼萨伽公司董事长劳克林，以及萨伽公司的威廉·克罗克特（William J. Crockett），都给予了鼓励、友谊和实际的支持。

马斯洛认为亨利·盖革（Henry Geiger）是少数几个深入了解他的工作的人之一，我很高兴他能为本书撰写引言。

伯莎·马斯洛

帕洛阿尔托，加利福尼亚

1971年6月

引言：亚伯拉罕·马斯洛

马斯洛的著述有一个无可争辩的事实，那就是它迸射着火花——几乎他的所有著述都迸射着火花。要理解这一点，就不能仅仅把他视为一个心理学家。首先他必须被视为一个人，然后是一个在心理学领域勤奋钻研的人，或者更确切地说，他把他作为人的成长和成熟转变成了一种新的关于心理学的思考方式。这是他的主要成就之一——他给心理学带来了一种新的概念语言。

他告诉我们，在他早期的职业生涯中，他发现可用的心理学语言——它的概念结构——不能为他的研究方向提供指导，因此他决定改变或改善它。于是他开始创新。正如他所说："我提出了一些合理的问题，接着又不得不创造一种方法来解决这些心理学问题。"他提出的关键术语有"自我实现""高峰体验"和"需求层次"，覆盖的范围从"缺失性需要"到"存在性需要"。还有一些其他的术语，但这些可能是最重要的。

似乎有必要说明，马斯洛有关心理学的发现的核心是从他自身发现的。从他的著述中可以明显看出，他研究他自己——他能够如我们所说，"客观地看待自己"。"我们必须记住，"他曾在某处说，"认识一个人的深层本性同时也是认识人的一般本性。"这里说句题外话，你可能会觉得，马斯洛真是个朴实无华的人。他知道自己在做什么，也知道这很重要，但他一生都坚定保持着敬佩他人的谦逊态度。（但用"谦卑"一词来形容他则不合适。）他有一种绝妙的纠错式幽默，这为他与他人的关系以及与自己的关系增添了许多趣味。

本书中的一篇文章讲述了马斯洛是如何开始他的自我实现研究的。他有两位老师，他"不能只满足于崇拜他们，而是想要寻求理解"。为什么这两个人"与世上的普通人如此不同"？为这个问题寻找答案的决心变得清晰起来，为他的心理学研究指明了方向，同时也揭示了他对人类生命意义的领悟过程。作为一名科学家，他力求能够概括性地描述他在这两位老师身上发现的卓越之处。他开始搜寻其他相似的人作为研究对象，并在此后的余生中继续发掘和研究这些人。他常指出，这类研究可以让你对人类有一个全新的、鼓舞人心的看法。它向你证明，人类能够成为什么样子。"健康的人"是他描述这些人的方式，后来他说他们体现了"完满的人性"。

自我实现的极点是高峰体验。高峰体验是一个极具自然主义色彩的用语，吸纳了宗教和神秘主义词汇中所有类似的含义，却不受它们的局限。高峰体验是当你作为一个人获得了真正的提升时，你所感觉到的或者"了解到的"那种状态。我们不知道高峰体验是如何达成的，它与任何有意安排的程序之间没有简单的一对一关系，我们只知道它是以某种方式赢得的。它像"彩虹之约"①一样可以指望。它来了，又去了，无法被遗忘。在一定程度上，我们懂得不要试图对某种不会持续下去的意识状态紧抓不放，除非通过反复回忆而沉浸在对悦纳它所带来的一切感受中。高峰体验是进入到一种能够领悟到什么是"应该是"的状态，以一种不需要渴望也不必要紧张的方式就能达到。它告诉人们关于自身和关于世界的一些东西，那是同样的真理，它成为价值的轴心和意义层次的组建原则。它是主体与客体的融合，带来的不是主体性的丧失，而似乎是它的无限延伸。它是摆脱了孤独状态的个体性。这样一种体验为超越的概念提供了一个经验性的基础。高峰体验在自我实现者身上不断出现，对于马斯洛而言，这已经成为一种科学证据，它表明那些拥有完满人性的人可能有的正常心理或内在生活的样子。从理论上看，马斯

---

① "彩虹之约"：出自《圣经·创世记》第九章。神与诺亚及其后裔以彩虹为标记，立下建造方舟等约定。——译者注

洛思想和理论中的规范性元素已然存在了，剩下的就是检验和完善自我实现者的行为模式。他曾希望能够说："这就是自我实现者在各种情境、困难和对抗中如何行动和反应的说明"，并希望能够证明这种研究在心理学（教育学）方面的重要性。他的许多文章都阐明了这些发现。从这项工作中产生了一种由完满人性的健康、智力和抱负的对称性所构建的心理学。

在马斯洛的工作中，没有忽略缺点、不好之处，或者通常被称为"恶"的东西。他很自然地达到了苏格拉底的高度——认为人类生活中绝大部分的恶都是源于无知。他的解释原理是从自我实现和高峰体验的"既定条件"发展而来的，这对理解缺点、失败和卑劣是有用的。他无意忽视这些现实。他不是个多愁善感的人。

然而，你可能会在阅读马斯洛的书时遇到一些困难，尤其是当你刚从纯分析性和纯描述性的研究中走出来接触到他时。对马斯洛而言非常清楚的事情——或者已然被他悉知的事情——在读者看来可能并不十分清楚。他跳跃着前进，显然对自己的立足点和要去的地方很有把握，而读者却还在搜寻一些熟悉的意义标志。这些都真的存在吗？读者可能会低声自问。在这一点上，似乎有必要强调一下，许多关于人性及其可能性的事物的内在联系，马斯洛是看透了的，因为他已经在这些问题上进行过长久的思考和研究。在他的著述中，这些联系是内在的，正是因为如此，他的著述拥有不可估量的价值。他所说的统一性，人们可能可以保证它的存在，但要想像他那样看到或感受到，就需要做同样的功课，进行同样的独立和反思的研究。如果通读他的作品，我们能够发现一些显露的节点是可以通过直觉进行验证的，这对于任何一个渴望求知的人来说都是非常有益的。事实上，正是这些显露的论点——我们称之为"洞察力"——促使人们不断阅读马斯洛的著作，这使得他的书大受欢迎，经久不衰。（一些大学出版社曾经很难理解这一点，他们往往只肯印三千本马斯洛的书并认为这就足够了。但事实上马斯洛的精装书能卖出一万五到两万册，而平装书能卖出十万册甚至更多。读他书的人都能理解其中的原因。他的心理学是适用于他们的。）

没有很多的话要说了，马斯洛本人有几百页的篇章在等待着读者，在这些篇章中，他后期的思想超越了心理学的传统疆界，甚至超越了他自己的心理学。但是关于他的写作方式，我们可以再多说几句。他想写的东西是不易表达的。他会退后一步，向读者发送"文字波"。他创造新颖的语词，就像巴赫写出独创的曲调一样自如。他用文字演奏，让文字来回弹跳，直到它们能够确切表达出他的意思。你并不会认为这是他在写作方面所搞的把戏，因为这绝不是把戏，而是为了让别人理解自己而做出的紧张努力。紧张并没有使他显得沉闷，所以他取得了相当大的成功，他在文字和表达方面的倾情投入，使得阅读他的著作成为一种乐趣。任何读起来如此有趣的文字都是值得被人理解的，这可以作为对马斯洛写作的一个恰当的结论。在心理学家中，你可以说威廉·詹姆斯（William James）和亨利·默里（Henry Murray）也是如此，但其他人就很难讲了。

再作一条评论似乎也很重要。要得出一个困难但有价值的结论，有两种方式：一种是顺着阶梯攀登，进行演绎推理，通过使用精确的语言去夯实阶梯；另一种是一步登天，超越那些分散注意力的障碍，直接看到逻辑攀登的最后阶段，但同时也看到许多其他的攀登通道，它们都能够到达同一个真实的地方、同样的高度——在那里，可以自由地环顾四周，而不必不安地抓住推理的阶梯，希望它不会倒塌。很多时候，你会觉得马斯洛已经在那里了，他已经在那里很长一段时间了，并感到熟悉而自在，而他对逻辑推理的运用更像是一种"练习"，或只是为了启发教育的目的。

那么，一位科学家是否有必要像他那样用这种个人的或令人费解的手段去达到他所达到的目的呢？可能有必要，也可能没有。但是，如果他所探究的对象——人——在处于最佳状态时以那样的方式前进，那么，如果你不亲自践行或者至少是尝试一下这样的探索，你怎么能从事人文科学研究呢？也许马斯洛不得不这样做。他发现自己已然站在了那样的高度。也许心理学中基本和必要改革的实质就是宣告和证明这样的能力是必要的，是应该去追求的，无论它多么神秘。归根结底，文化在其最佳状态下是极少数有成就的人——自我实现者——共识的基调和共鸣，向这类人学习是最容易的，甚至是令人快乐的。如果这样的人是最优秀的人，任何不努力揭示这一事实的心理学都将成为一种欺骗。

一支伟大的管弦乐队是高超技艺的组合，是一群音乐家的组合，他们能够纯熟地演奏自己的乐器，并且比大多数人都更了解音乐。如果你去听他们之间谈论音乐，你会连他们所说的一半都听不懂。但是，一旦你听到他们的演奏时，你就会发现，他们的彼此交谈并不是闲聊。任何杰出的人都是如此。他是在一定高度去谈论他的特殊成就的。他所说的意思可能不总是直接明了的，但他的高度和成就是真实的。你能感受得到，即使你不能满意地把握住它的意义。一个拥有完满人性的人可能也会给人带来高深莫测的感觉。致力于研究完满人性的心理学——能够去谈论这样的人，以某种方式去衡量他们，评价他们，对他们品质的心理动力进行阐释——在某些方面深入探究他们而不是让他们仍处于不为人知的状态。有时读者可能会感到有点茫然，而这是很正常的。如果一种心理学不能在一定程度上对学生产生这种影响，那么它可能永远不会取得进展。

马斯洛后期的思想有一个方面是值得注意的。年纪越大，他变得越来越"哲学化"。他发现，要把对心理学真理的追求同哲学问题分开是不可能的。一个人的思维方式与他的本质是分不开的，他如何看待自己与他实际的样子是分不开的，尽管这在理智上可能是一个无法解决的问题。马斯洛认为，在一项研究的初期，科学无权排除任何经验性的数据。正如他在《科学心理学》(*The Psychology of Science*)一书中所说，一切人类意识的展现都必须被心理学所接纳，"即使是矛盾和不合逻辑的、神秘的、模糊的、模棱两可的、古老的、无意识的，以及存在的所有其他难以言传的方面"。尽管如此，不成熟的以及本质上不精确的认识仍然是我们对自我的认识的一部分，"低可靠性的认识也是认识的一部分。"人对自身的认识主要就是这种认识，而在马斯洛看来，这种认识的增进法则就像"探索者"的法则那样，沿着每一个方向探索，不拒绝任何可能性。"认识的开始阶段，"他写道，"不应以'最终的'认识为标准来进行判断。"

这是一位科学哲学家的陈述。的确，如果科学哲学家的任务是在一个给定的研究领域中找出适当的研究方法，那么马斯洛就是一个科学哲学家。他会完全同意普赖斯（H. H. Price）的观点。普赖斯在三十年前的一次关于心灵潜力的讨论中说："在任何研究的早期阶段，把对事实的科学研究和对事实的哲学思考严格区分开来都是错误的……在后期阶段，这种区分则是正确和恰当的。但如果区分进行得太早，太严格，那么将永远达不到后期阶段。"马斯洛的很大一部分工作都间接地涉及消除阻碍心理学发展到其"后期阶段"的哲学障碍。

关于马斯洛的内心生活，关于他的思想主题，关于他的灵感，我们只知道他告诉过我们的，以及可能通过推断得出的。他所写的书信并不太多。然而很明显，他的一生充满了人文主义的关怀，在他生命的最后几年里，他不断地思考什么可以成为社会心理学的基础，从而为更美好的世界指明道路。鲁思·本尼迪克特的协同社会概念是这一思考的基石，他在晚期的论文中提到过这一点。然而，他给一位朋友写过为数不多的几封信件，其中一封曾谈到了他的私人时间是如何度过的。他说他很难记起他的思想从何而来，也许他对这些思想的喜爱，对这些思想的研究和发展，在某种程度上取代了他对这些思想起源的记忆。这封信大约写于1966年至1968年间的某个时候，没有注明日期，他在其中写道：

> 我仍常常因记忆力下降而苦恼。有一次它让我感到了害怕——我有了脑瘤的一些症状，但我想我最终已经接受了……有很多时候我都沉浸在个人的世界里，思索柏拉图思想的精髓，与柏拉图和苏格拉底进行种种的对话，试图在某些问题上说服斯宾诺莎和伯格森，同洛克和霍布斯展开激烈论战。在别人眼里，我只是活在这个世界上而已。

> 我遇到了很多麻烦……因为我似乎是刻意表现出意识清醒和能够与人交往，在与人交谈时我甚至看上去充满智慧。但接下来就是完全的、彻底的记忆缺失——于是当我与家人相处时就麻烦重重。

没有人能够怀疑这些对话的真实性。它们已结出了太多丰硕的果实。

亨利·盖苇

第一部分 健康与病态

第一章　迈向人本主义生物学[①]

我在心理学上的探索引领我走遍了各条道路，其中一些已经超越了传统心理学领域——至少从我的受训经历来看是如此。

在20世纪30年代，我开始对一些心理学问题产生兴趣，但我发现这些问题无法用当时的传统科学体系（行为主义的、实证主义的、"科学的"、价值无涉的、机械化的心理学）来解答或有效处理。我提出了一些合理的问题，接着又不得不创造一种方法来解决这些心理学问题。这种方法后来慢慢地变成了心理学、科学、宗教、工作、管理的一般哲学，现在又成了生物学的一般哲学。事实上，它成了一种世界观（Weltanschauung）。

当代的心理学已经四分五裂，实际上可以说被分成了三个（或更多）相互独立、互不沟通的科学或科学家群体。第一股势力是以行为主义、客观主义、机械主义、实证主义为代表的这个派别。第二股势力是起源于弗洛伊德和精神分析的一整套体系。第三股势力是人本主义心理学，或称为"第三势力"，这是由许多心理学派别集合而成的一套体系。我想要谈的正是这最后一股势力，我认为它包

[①] 这一部分是从1968年的三四月间写下的一系列备忘录中摘出的，是应索尔克生物研究所的主任之邀而写成的，对方认为价值无涉的技术应该向人性化的生物学哲学转变，而期待我的这些文字能够在这个过程中起到一些作用。在这些备忘录中，我把生物学中所有明显的前沿问题放在一边，而聚焦在我认为被忽视、被遗漏或被误解的问题上——所有这些问题，都是我站在一个心理学家的特殊立场上提出来的。——本书注释，除特别说明，均为作者注

含了前两者，我用"基于行为主义"（epi-behavioristic）和"基于弗洛伊德主义"（epi-Freudian）来描述它。这两个名称避免了那种粗浅的二元对立的价值取向，例如，它既不意味着赞同弗洛伊德，也不意味着反对弗洛伊德。我本人既是弗洛伊德主义者，又是行为主义者，同时还是人本主义者，事实上我正在发展第四种可以被称为超越心理学的东西。

这里我谈谈我个人的观点。即使在人本主义心理学家当中，有一部分人也会倾向于认为自己是反行为主义和反精神分析的，而不是把这两个学派划归到一个更广阔、更高级的结构体系当中。我认为他们中的一些人在将全新的热情投入到"体验"中去的时候，同时也置身反科学，甚至反理性感受的边缘。在我看来，体验仅仅是获得知识的开始而已（体验是必要的，但并不是充分的），而知识的发展进步，也就是说，科学的内涵和外延的拓展，这才是人类唯一的终极希望，所以我还是只来谈一下我个人的做法吧。

我个人选择用一种"大胆思考、建立理论、运用预感和直觉，从大体上去尝试推测未来"的方法来开展工作。使用这种方法时会优先考虑去进行开拓、探索、始创，而不是强调应用、确认、核对、验证等。诚然，科学本身有赖于后面这些活动的支撑。然而在我看来，如果科学家仅仅把自己看作事实的验证者，那是极其错误的。

通常来说，先驱者、创造者、探索者都是孤独的个体，而不是一个群体，他孤独地与自己的内在冲突和恐惧做斗争，孤独地抵御自身的骄傲、自大甚至偏执。他必须是一名勇者，敢于冒风险，甚至不怕犯错误。他很清楚自己就像在赌博一样，在缺乏事实根据的情况下做出试探性的推论，接着花上数年时间去尝试验证自己的直觉是否正确。如果他还有点理智的话，他一定会被自己的想法是如此鲁莽而吓到，并且清楚地知道自己正在试图确认那些自己本不能证明的东西。

正是本着这样的意义，我提出了个人的预感、直觉和断言。

我认为有一个规范生物学的问题是无法回避或避免的，即使这会引起对整个西方科学史和科学哲学的质疑。我坚信，我们从物理学、化学和天文学那里承袭而来的价值无涉、价值中立和逃避价值的科学模型,对于这些学科保持数据的纯净,以及防止教会染指科学事务而言是必要和可取的,但这种模型却不适合于对生命所进行的科学研究。甚至,这种价值无涉的科学哲学在所有关乎人的问题上都不适用,因为人的问题所涉及的个人的价值、目的和目标、意图和计划等,对于理解任何人,甚至对于科学地预测和控制这些经典的目标,都是至关重要的。

我知道,在进化论理论中,关于方向、目标、目的论、活力论和终极因等这类问题展开过轰轰烈烈的争论——我必须说,在我的印象中这场争论是混乱不堪的——我也必须提出我的另一个感受,我认为在人类的心理层面上讨论上述这些问题能够使焦点更加清晰和更不可回避。

关于进化中的自然发生说,或者纯粹的偶然组合是否可以解释进化的方向等问题,仍然可能会有反复的争论。但当我们在探讨人类个体的问题时,这种侈谈就不复存在了。我们绝对不可能说一个人成为一名好医生纯粹出于偶然,现在是时候停止认真对待这种观念了。就我个人而言,我已经远离了那些关于机械决定论的争论,更不想费心去讨论它。

好样本和"成长顶端的统计数据"

我建议使用精选的好样本(卓越的样本)作为生物试样来研究人类物种所具有的最佳能力,这是一个值得讨论并最终进行研究的问题。举例来说:我在探索性调查中发现,自我实现的人,即心理健康、心理"卓越"的人通常是更好的认知者和感知者,甚至在感官层面本身也有可能如此,比如他们有可能在区分细微的色调差异等方面更加敏锐,对此我并不会感到惊讶。我曾经组织过的一个未完成的实验可以作为这种"生物试样"实验的模型。我此前的计划是在布兰迪斯大学用当时最好的技术对每一个新生班级进行测试——

精神病学访谈、投射测试、操作测验，等等——从这些被试的学生中选出最健康的2%、中间的2%和最不健康的2%。我们计划让这三组学生接受一系列（大约十二种）感觉、知觉和认知方面的检测，来测试之前在临床和人格方面的发现，即更健康的人对现实有着更好的感知力。我预测这些发现会得到相应证据的支持。接着，我的计划是继续追踪这些人，不仅是在他们大学四年期间，将我们最初的测试分数与他们在大学生活中各个方面的实际表现、成就和成功之间进行相关研究；而且我还在想，也许有可能在他们当中开展更长时间的纵向研究，由一个纵向研究团队组织实施，研究可以持续尽可能长的时间。我们的想法是，这项研究可以贯穿这个被试群体的一生，通过这样的追踪来最终验证我们所持有的健康观念。这个研究对有些特征的预测是显而易见的，例如，长寿、抵抗心身疾病、抵抗感染等，同时我们也期望这种追踪能够揭示出一些不可预见的特征。这项研究在精神实质上同刘易斯·特曼（Lewis Terman）的研究类似，大约在四十年前，他在加利福尼亚选择了一些高智商儿童，在许多方面对他们进行测试，该研究持续进行了几十年一直到现在。他的普遍发现是，那些因为智力超群而被选中的孩子在其他所有方面也更加卓越。他得出了一个伟大的结论，那就是：一个人的所有优秀特质之间都是呈正相关的。

  这种研究设计将改变我们对统计学的认识，尤其是对抽样理论的认识。我在这里所拥护的是我所称的"成长顶端的统计数据"，它来自一个事实，即植物最伟大的遗传活动都发生在它的顶端。用有些年轻人常挂在嘴边的一句话来形容，就是——"那地方最有意思了。"

  假如我问，"人类有什么能力？"我宁愿向一个精挑细选出来的卓越的小群体提出这个问题，而不是向整个人群提出。我认为享乐主义理论和伦理理论在历史上失败的主要原因是哲学家们把病态的快乐和健康的快乐绑在一起，把疾病和健康、好样本和糟糕的样本、好选择和糟糕的选择、生理上健全的样本和生理上不健全的样本统统进行平均处理。

如果我们想要回答人类能长多高这个问题，那么显然，最好的办法是挑选出那些已经长得最高的人，并研究他们。如果我们想知道一个人能跑多快，那么从人群中挑出一批人并计算他们的平均速度是没有用的，更好的方式是召集那些奥运金牌得主，看看他们能做到多好。如果我们想知道人类精神成长、价值成长或道德发展的可能性，那么我认为我们可以通过研究那些最有道德、最遵从伦理或最圣洁的人来获得最多的知识。

总的来说，我认为可以说，人类历史记录了人性被低估的方式。人性的最大可能性实际上总是被低估。即使有"好样本"，如圣人、先贤和历史上的伟大领袖等人物能够作为研究对象，人们也常常禁不住把他们看作非人的超能天才。

人本主义生物学和美好社会

现在很清楚的是，只有在"良好的条件下"人类最大潜能的实现才有可能大规模地达成。或者更直接地说，优秀的人通常需要一个美好社会作为其成长环境。相反，我认为应该清楚的是，生物学的规范哲学应该包括"美好社会"的理论，美好社会是指能够促进人类潜能最大化发展和人性充分发展的社会。我想，对于传统的描述性生物学家而言，这样的观点乍一看可能会让他们有点惊讶，因为他们已经学会了避免使用"好"和"坏"这样的字眼。但稍加思考就会发现，在生物学的某些传统领域这类事实其实早已被认为是理所当然了。例如，基因理所当然地被称为"潜能"，而潜能的实现与否取决于遗传物质、细胞质、整个有机体以及有机体所处的地理环境等因素作为直接环境所产生的影响。

举几个实验来作为例证。我们可以说，无论是对于小白鼠、猴子，还是对于人而言，如果个体生命早期生活在一个具有丰富刺激的环境中，这对大脑皮层的发育会产生非常特殊的影响，通常会使之朝着一个理想的方向发展。哈洛的灵长类动物实验室所进行的行为研究得出了同样的结论。隔离会导致动物丧失各种能力，而这种"丧失"如果超过一定程度，往往会变得不可逆转。再举一个例子，在巴尔港的杰克逊实验室的研究者发现，在不和人类接触的情况下，那些在野外奔跑以及在狗群中撒野的狗，将会失去被驯化的可能性，再也不可能成为宠物狗了。

当前有报道说，印度的孩子正在遭受因饮食中缺乏蛋白质而导致的不可逆的脑损伤，如果我们一致认为，印度的政治体制、历史、经济和文化都与这一匮乏有关，那么很明显，人类需要良好的社会来允许他们去实现自己成为好样本的愿望。

你能够想象一种生物学的哲学可以在与社会隔离的状态下发展，可以在政治上完全中立，可以不必是乌托邦式的或优心态（Eupsychian）的，也不必是改良主义的或革命的吗？我的意思并不是说生物学家的任务是去参与社会运动。我认为这是一个个人兴趣的问题，而且我知道，一些生物学家会因为自己的知识没有得到运用而感到愤怒，所以他们转向政治，将自己的发现通过政治手段去实现。但我的建议与之完全不同，我认为生物学家一旦认识到用规范化的方法来研究人类和其他物种，也就是说，一旦他们把发展好样本作为自己的义务，那么去研究所有有助于培养或抑制好样本发展的条件也就成了他们的科学义务。很明显，这意味着走出实验室，走入社会。

好样本是整个物种的选择

通过追溯到20世纪30年代的一系列探索性调查，我体会到，那些最健康的人（或最有创造力的人，或最强壮的人，或最聪明的人，或最神圣的人）可以被选为生物试样。或者说，这些人作为先驱者，或是更敏锐的感知者，可以告诉我们这些不那么敏锐的人，我们所持有的价值是什么。例如，我们很容易挑选出那些对颜色和形状具有非常敏锐的审美力的人，然后去遵从他们对颜色、形式、织物、家具等的判断。我的经验是，如果不去打扰这些高级感知者做判断，我确信，我会在一两个月内慢慢喜欢上那些他们即刻就喜欢上的东西。就好像他们是我，只是更加敏感；或者就好像他们是我，但没有那么多的怀疑、困惑和不确定。我可以让他们作为我的专家，就像艺术收藏家会聘请艺术专家来帮助他们挑选艺术品一样。〔这一观点得到了查尔德（Child）的支持，在他的一篇论文中，他发现经验丰富的艺术家，即使是来自不同的文化背景，他们的鉴赏力都是相似的。〕另外我还假设，和普通人相比，这些敏锐的人更不容易受到时尚潮流的影响。

现在，同样地，我发现，如果我选择心理健康的人，那么他们所喜欢的也将是人类所喜欢的。对此，亚里士多德有一句很中肯的话："君子认为的善，才是真正的善。"

根据实际经验来看，自我实现者的特征是比普通人更少地怀疑对与错，他们不会因为95%的人不同意他们的观点而感到困惑。我可以说，至少在我的被试群体中，他们的是非判断往往趋向一致，就好像他们在感知真实的事物本身，而不是去比较个体之间的好恶差异。总之，我将他们看作价值的评估者，或者更确切地说，我从他们身上学到了什么是可能的终极价值。或者再换句话说，我已经明白，伟大人物的价值观正是我终将认同和看重的价值观，它有着某种非凡的意义，并且最终也将得到"数据"的支持。

我的超越性动机理论（第23章）从根本上说就是建立在这一操作之上的，即把那些卓越的人（他们是对事实和价值的高级感知者）对终极价值的选择作为整个物种对终极价值的可能选择。

我的这些言论很容易引起争论。或许我可以用一种更简单的方式来表述，只需问这样一些问题："假如你选择了那些心理健康的人，那么他们会喜欢什么？他们的动机是什么？他们为之奋斗和追求的是什么？他们认为什么是有价值的？"但我希望这最好不要招来误解，我只是在有意地向生物学家（以及心理学家和社会科学家）提出有关规范和价值的问题。

也许换一个角度更能说明问题。人类是一种经历着选择、决定和追求的动物,这一点我认为已经得到充分证明了,那么,任何对于人类物种的界定,都必须涉及做出选择和决定的问题。但是做出选择和决定是一个程度的问题,是一个关乎智慧、效率和效能的问题。因此接下来我们可能想要弄清楚的是:谁是好的选择者?他来自哪里?他有怎样的生活经历?这种技能可以传授吗?什么会妨碍这种技能?什么又能促进它?

当然,这些只是古老哲学问题"谁是圣人?什么是圣人?"的新提法;除此之外,也是古老的价值论问题"什么是好的?什么是可取的?什么是值得期待的?"的新提法。

我必须重申,我们已经到达了生物学史上的一个节点,我们现在要对我们自己的进化负责。我们已经成为自我进化者。进化意味着客观的分选,进而意味着主观的选择和决定,而这一整个过程意味着对价值的评估。

心身关系

在我看来,我们似乎正处于一个新飞跃的边缘,即我们正在将我们的主观生活与外部的客观指标联系起来。正是由于这些新的迹象出现,因此我料想,对于神经系统的研究将会有一个巨大的飞跃。

有两个例子足以证明这种为未来的研究所做的准备。一项研究是奥尔兹(Olds)做的,这个研究已经广为人知了,他通过在小白鼠的嗅脑隔区植入电极发现了这实际上是一个"快乐中枢"。在研究中,小白鼠掌握了一个控制电流的横杆,只要按压横杆,电流就会刺激它的大脑,而一旦电极被植入这个特定的快乐中枢,小白鼠就会一遍又一遍地按压横杆,进行自我刺激。不用说也知道,掌管不愉快或痛苦的脑区也被发现了,而如果给动物一个机会去刺激自己的那个脑区,它会拒绝那样做。对这个快乐中枢的刺激对动物来说显然是"有价值的"(或是合乎需要的、有强化作用的、有奖赏作用的、积极有益的,或任何可以用来描述这种情况的其他词),它会因此放弃任何其他已知的外部快乐,包括食物、性,等等。现在我们有足够的、类似的依据来推测人类的情况,人在主观上对快乐的体验也可以通过这种方式产生。虽然这类研究才刚刚开始,但我们已经能够对一些不同的"中枢"进行区分了,如睡眠中枢、饱腹中枢、性刺激中枢和性满足中枢等。

如果我们把这类实验与另一类实验——例如卡米亚(Kamiya)的实验——结合起来,那么将会呈现出新的可能性。卡米亚的研究结合了脑电波和操作性条件反射的原理,当被试脑电波中的 α 波频率达到某个点时,给被试者一个可见的反馈。这样,通过允许被试者将外部事件或信号与主观感觉的事件状态联系起来,卡米亚的被试者就有可能自发地控制他们自己的脑电波。也就是说,卡米亚证明了一个人有可能把自己的 α 波频率调节到一个特定的期望水平上。

这项研究的开创性和令人兴奋之处在于卡米亚很偶然地发现,将 α 波稳定在一个特定的水平,可以让个体产生一种宁静、冥思甚至幸福的状态。一些后续的研究对那些学习了东方的静观和冥想技术的人进行了考察,发现这些人会自发地产生类似卡米亚的被试者在实验中产生的那种"宁静"的脑电波。这就是说,教会人们如何感到快乐和宁静是有可能的。这些研究具有广泛的、显著的革命性意义,不论是对人类的进步而言,还是对生物学和心理学理论而言,都是如此。现在我们有了很多的研究计划,足以让科学家们在下个世纪为之奔忙了。到目前为止,心身关系问题虽然依然难以解释清楚,但它终于成了一个可以研究的问题了。

这些数据对于规范生物学的问题至关重要。显然,现在我们可以说,健康的机体自身会发出明确而响亮的信号,来表明它的偏好或选择,或它认为的理想状态是什么。但把这称为"价值"是合适的吗?可以认为这是生物学意义上的内在价值吗?或是类似本能的价值?如果我们使用描述性的语句说,"若让实验室老鼠在两种自我刺激按钮之间做选择,它百分之百会按下快乐中枢按钮,而不是任何其他按钮",这种说法与"老鼠喜欢自我刺激它的快乐中枢"这样的表述之间有什么重要的区别吗？

我必须说的是，是否使用"价值"这个词对我来说并没有什么不同。我上面所描述的一切，不用这个词也是完全可以说清楚的。也许作为一个科学策略问题，或者至少是科学家和大众之间的沟通策略，如果我们不通过谈论价值来混淆这个问题，可能会更明智。我想，这确实无关紧要。重要的是我们要认真对待这些在心理学和生物学上关于选择、偏好、强化、奖励等方面的新进展。

我还要指出的是，我们不得不面对一种建立在这种研究和理论之上的循环论证困境。这一点在人类身上表现得最为明显，但我猜想，在其他动物身上也会出现同样的问题。这就是所谓的"好样本或健康的动物会选择或偏爱某某东西"这样的说法中所隐含的循环性。我们该如何解释虐待狂、变态狂、受虐狂、同性恋者、神经病患者、精神病患者、自杀者与"健康人"所做出的不同选择？我们可以将这一困境与实验室中被切除了肾上腺的动物和所谓的"正常"动物做出不同选择的困境相提并论吗？明确地说，我不认为这是一个无法解决的问题，它只是一个必须面对和处理，不能回避和忽视的问题。我们通过精神和心理测验技术很容易挑选出"健康"的人，然后指出，在罗夏测验或某个智力测验中得到高分的人，在餐馆食物选择实验中也会表现优良。这里的选择标准与行为标准有很大的不同。完全有可能，事实上在我看来很有可能，我们可以通过神经性的自我刺激来证明，一些所谓的"快乐"，如变态、谋杀、虐待或恋物癖，并不是奥尔兹或卡米亚的实验中所指出的那种"快乐"。当然，这是从我们借助精神病学技术而从主观上获知的看法。任何有经验的心理治疗师迟早都会知道，在神经症性的"快乐"或倒错的背后，其实隐藏着大量的愤懑、痛苦和恐惧。通过主观领域我们得知，那些同时经历过不健康和健康的快乐的人几乎总是报告对于后者的偏好和对于前者的惧怕。科林·威尔逊（Colin Wilson）已经清楚地表明，性罪犯只有微弱的性反应，而不是强烈的性反应。柯肯德尔（Kirkendall）也表明了，如果性活动是基于爱的，那么从主观体验上来说，要胜过那种没有爱的性活动。

目前我正致力于发掘我在前文中描述的那种人本主义心理学观点的一系列含义，这将有助于揭示人本主义哲学生物学的革命性影响和意义。可以说，这些论据是支持机体能够自我调节、自我管理和自我选择这一论点的。机体倾向于选择健康、成熟和生物学上的成功，这种倾向的程度超越了一个世纪前我们所认为的那样。总之，它是反专制、反控制的。对我而言，这让我回过头来认真思考道家的所有观点。通过当代生态学和行为学的研究我们学会了不去干扰和不去控制，而且对于人类来说，这还意味着对孩子的自我成长和自我实现的动力给予更多的信任。这意味着更强调自发性和自主性，而不是进行预测和外部控制。这里引述我在《科学心理学》（The Psychology of Science）一书中的一个主要论点：

> 根据这些事实，我们能继续严肃地把科学的目标定义为预测和控制吗？有人几乎会说恰恰相反——至少对人类来说不能这样去定义。我们希望自己被预测和可被预测吗？希望自己被控制和可被控制吗？我倒不至于说，自由意志的问题必然要以其古老而传统的哲学形式存在，但我想说的是，这里出现的问题以及对解决这些问题的迫切需求，确实与一些主观感受有关，这些感受包括感到自由而不是被决定，自主选择而不是受外部控制，等等。总之，我敢肯定地说，健康的人并不喜欢被控制，他们更喜欢感受自由，并获得自由。

这一整套思路的另一个普遍但不易被察觉的后果就是，它必然会改变科学家在自己眼中和在普通大众眼中的形象。已经有证据表明科学家在大众眼中的形象是消极的，比如，高中女生会认为科学家是怪物是令人恐惧的人，她们害怕他们，认为科学家不符合自己未来理想伴侣的形象。我必须表明我的观点，我认为这不只是好莱坞"疯狂科学家"电影所带来的后果，这幅图景中有一些真实而合理的东西，即使它被严重地夸大了。事实上，典型的科学家形象是一个操纵和控制一切的人，是一个对人、动物和事物发号施令的人，他是他所研究的事物的主人。在对"医生形象"的调查中，这种情况更加明显。在人们的潜意识里，医生通常被视为主人、控制者、切割者、与痛苦打交道的人，等等。毫无疑问，他是老板，是权威，是专家，是掌管一切并告诉人们该做什么的人。我认为，现在拥有这类最糟糕形象的人是心理学家，现在的大学生常常认为心理学家是善于摆布他人的人，是骗子，是隐瞒事实的人以及控制者。

假如机体被视为具有"生物智慧"又将会如何呢？如果我们试着去相信机体具有自主性，能够进行自我管理和自我选择，那么很明显，我们作为科学家，更不用说医生、教师，甚至父母，就必须把我们的形象转变成一个更符合道家式的形象。道家式的（Taoistic），这是我能想到的一个词，它简洁地概括了人本主义科学家形象的许多要素。道家式意味着发问而不是告知。它意味着不干涉，不控制。它强调非干扰的观察而不是控制式的操作。它是善于接纳的和被动的，而不是主动的和强制的。这就好比说，如果你想了解鸭子，那么你最好向鸭子提问，而不是告诉鸭子一些什么。对于孩子也是同理。在想要弄清楚"什么对他们来说是最好的"这一问题时，最好的方式似乎是找出一些办法，让孩子来告诉我们什么对他们来说是最好的。

事实上，我们在优秀的心理治疗师中已经有了这样的榜样。从这些优秀榜样的工作方式来看，他们做出有意识的努力并不是要把自己的意志强加给病人，而是帮助病人——那些不善表达的、缺乏觉知的、意识不清的病人——去发现他们的内心世界。心理治疗师帮助病人去发现病人自己想要的或渴望的是什么，去发现什么对病人自己而言是有益的，而不是对咨询师而言是有益的。这与过去意义上的控制、鼓吹、塑造、教导是相反的，毋庸置疑，它是以我在前文中提到的意义和假设为基础的，但是我必须说，要实现这些意义其实很难。比如，这需要我们相信大多数人会朝向健康的发展方向，期待他们会选择健康而不是疾病，相信主观的幸福状态对什么是"对人最好的"能够起到很好的指导作用。持有这种态度，意味着优先选择自发性而非控制，优先选择对机体的信任而非不信任。它假设人都想要成为完满的人，而不想要生病、痛苦或死亡。作为心理治疗师，我们发现病人的确存在死亡愿望、受虐愿望、自暴自弃的行为、自我惩罚的行为等，我们将这些感觉看作"病态"，但如果病人自己曾经体验过另一种更健康的状态，他们其实会更愿意拥有那种更健康的状态，而不是活在这种痛苦中。事实上，我们中的一些人甚至认为受虐狂、自杀冲动、自我惩罚，以及诸如此类的行为，对于探索健康而言是愚蠢的、无效的、不得当的。

对于新模型下的道家式教师、父母、朋友、情人以及道家式的科学家而言，他们彼此之间有着一些非常相似的地方。

道家式的客观与传统的客观[①]

传统的"客观"概念来自最早的科学研究，研究的对象是无生命的物体。当我们自己的愿望、恐惧和期待被排除在观察之外时，我们是客观的；当一个超自然的神的意愿和安排也被排除在外时，我们也是客观的。这当然是一种伟大的进步，它使现代科学成为可能。然而我们必须清楚的是，这种研究是在与非人类的物体或事物打交道，所以这种客观性和超然性是可以做到的。甚至在对待低等生物时这也会很有效，在对待低等生物时我们也可以做到足够超然、不介入，使我们自己成为相对不干扰的观察者。因为一只变形虫向哪里移动，或者一只水螅吃了什么，与我们都不会有太大关系。然而随着物种等级的上升，这种区分就变得越来越困难了。我们很清楚地知道，如果我们与狗或猫打交道，那么我们会很容易将它们人格化，我们会把自己的愿望、恐惧、期待和偏见投射到这些动物身上，而与猴子或猩猩打交道时更是如此。因此当我们开始研究人类时，我们当然会认为要在实际的研究实践中成为一个冷静、镇定、客观、

---

① 关于这一主题更详细的论述，请参阅我的《科学心理学》一书。

不介入、不干涉的观察者，几乎是不可能的。心理学的大量证据已经证实了这一点，因而这是一个没有人能够打破的事实。

任何经验丰富的社会科学家都知道，在与任何社会或亚文化群体打交道之前，他必须先审视自己的偏见和预设，这是避免自己对这个群体做出预判的一种方法——提前了解自己的预判。

但我认为还有另一条通往客观性的道路，那就是更敏锐、更准确地感知我们自身之外的事实，观察者之外的事实。这种方法最初来源于对相爱之人的观察：无论是恋人之间还是父母与孩子之间，都会产生对爱的感知，这种感知会使他们获得各种认识，而这些认识是不相爱的人无法获得的。在我看来，在行为学的文献中这类情况是真实存在的。我相信，如果我不喜欢猴子，我就不会在研究猴子的时候做到更"真实"，更"准确"，以及从某种意义上来说更客观。事实上，我对它们很着迷。我喜爱这些猴子，而我对老鼠则没有那样的喜爱。我相信，洛伦茨（Lorenz）、丁伯根（Tinbergen）、古德尔（Gooddall）以及沙勒（Schaller）所报告的研究之所以那样精彩，那样有意义，有启发性，真实可信，是因为这些研究者"爱"他们所研究的动物。最起码，这种爱能激发兴趣，甚至引人入迷，因而使研究者能有极大的耐心进行长时间的观察。一个母亲被她的孩子迷住了，一遍又一遍全神贯注地观察这个小婴儿的每一个细微之处，相比那些对她的孩子不感兴趣的人，这个母亲更能从最真实的意义上了解她的孩子。我发现恋人之间也有这种现象，他们对彼此如此着迷，以至于打量、凝视、倾听和探索本身就变成了一项迷人的活动，他们可以在这上面花费无数的时间。而对于一个没有坠入爱河的人来说，这种活动几乎是不可能的，因为他很快就会感到无聊。

但"爱的知识"——如果我可以这样称呼的话——还有其他的好处。爱一个人，会让他敞开心扉，绽放自己，放下他的防御，使他不仅在身体上，而且在心理和精神上都能够袒露开来。总之，他会让自己被看到，而不是躲起来。在一般的人际关系中，我们彼此之间在某种程度上是有所顾忌的。但在爱的关系中，我们变得"无所顾忌"。

但最后，或许也是最重要的一点，如果我们陷于爱、迷恋，或对某人某物非常感兴趣，我们就不会那么想要去干涉、控制、改变、改善那个对象。我的发现是，对于所热爱的事物，我们是会听之任之的。在浪漫之爱或祖孙之爱的极端例子中，被爱者甚至可能被视为完美无缺的，因此任何的改变和改善都被认为是不可能的，甚至是不虔诚的。

换句话说，我们对被爱的对象放任不管。我们对它没有任何要求，我们不希望它成为别的样子，我们承受它，接纳它。也就是说，我们可以更真实地看到它本来的样子，而不是让它随着我们的喜好、担心或希望发展成其他的样子。认可它的存在，赞许它的本来面目，这将使得我们成为不干扰、不操纵、不抽象、不干涉的感知者。我们能在何种程度上做到不介入、不要求、不希望、不改善，我们就能在何种程度上实现这种特殊的客观性。

我坚持认为，这是一种方法，一条通往某种真理的特定道路，通过这条道路可以更好地接近和实现真理。我不认为这是一条唯一的路，也不认为所有的真理都可以通过这种方式获得。我们很清楚，在这种情况下，通过爱、兴趣、迷恋、专注，也有可能扭曲关于事物的某些其他真理。我只是认为，在科学方法的整个体系中，爱的知识或"道家式的客观性"，在特定的情况下，为了特定的目的，有其独特的优势。如果我们真切地意识到，对研究对象的爱既有可能会带来某些类型的盲目，又有可能会带来某些类型的领悟，那么我们便有了足够的警惕。

我甚至可以说这关乎"对问题的爱"。比如对于精神分裂症这个问题，一方面，很显然你必须迷恋上这个问题，或者至少对它感兴趣，才能坚持下去，去了解它并对它进行研究；另一方面，我们也知道一个人如果完全沉迷于精神分裂症的问题，那么在涉及其他问题时他就会失衡。

"大问题"的问题

我在这里使用了阿尔文·温伯格（Alvin Weinberg）的杰出著作《大科学的反思》(*Reflections on Big Science*)中的一个章节的标题，这本书包含了许多我想要阐明的观点。使用他的术语，这样我便可以用一种更引人注目的方式来陈述我的要旨。我认为"曼哈顿计划"冲击了我所认为的我们这个时代真正的大问题（Big Problems）[①]，不仅对心理学而言是这样，而且对任何拥有历史紧迫感的人而言都是如此（这是评估一项研究是否"重要"的标准，现在我宁愿把它添加到传统的标准中去）。

第一个，也是最重要的"大问题"是造就"好的人"。我们必须要有更好的人类，否则我们很有可能会被扫除出这个世界，即使没有被扫除，作为一个物种，我们也肯定会生活在紧张和焦虑当中。这里的必要条件当然是定义"好的人"，我在前文中已经对此做了各种陈述。我必须强调的是，我们已经有了一些初始资料，一些指标，或许和曼哈顿计划实施前的准备一样充分。我自己也相信这个具有颠覆性的计划是可行的，我确定我可以列出成百上千个附属问题，当然这足以让很多人忙个不停。这个"好的人"同样可以被称为自我进化的人，是对他自己以及他自己的进化负责的人，是受到了充分启迪的、觉醒的或有洞察力的人，是具有完满人性的人，是自我实现的人，等等。无论如何，很明显的是，即使存在着社会改革、完美的宪法、出色的项目以及规章制度，也只有当人们足够健康、足够进化、足够强壮、足够善良时才能够理解这些内容，进而以正确的方式将这些内容付诸实践。

与我刚才提到的问题同样紧迫的另一个"大问题"是构建"良好的社会"。"良好的社会"和"好的人"之间存在一种相互反馈的关系。它们需要彼此，它们是彼此的必要条件。我撇开这二者谁先出现的问题不谈。很明显，它们是同步发展、并驾齐驱的。在任何

[①] 这里我保留了温伯格将这个名词的首字母大写的用意。

情况下，缺了其中一个，另一个都是不可能单独实现的。我所说的"良好的社会"，指的是最终只有一个全人类的物种，一个全人类的世界。我们也有一些初步资料探讨了关于自主的社会安排（非心理安排）的可能性（见第14章）。说得更明白一些，我们已经知道，当人的善良程度保持不变时，社会安排就有可能迫使这些人要么做出恶的行为，要么做出善的行为。这里的要点在于，社会制度的安排和内心的健康必须被看作两个不同的东西，一个人的好与坏一定程度上取决于他所处的社会制度和社会安排。

社会协同作用的核心理念是，在一些原始文明和大型的工业文明中，存在着一些社会趋势，它超越了自私和无私之间的二元对立关系。换句话说，有些社会安排必然会使人与人之间互相对立；而另外一些社会安排，使得一个人可能会为了自己的私利必然要去帮助别人，不管他是否愿意如此。反过来说，那些追求利他和帮助别人的人必然会赢得私利。举个简单的例子，比如像所得税这样的经济措施，它从个体的财运中虹吸利益来惠及大众；这与销售税形成了对比，从穷人身上征收的销售税比例要大于从富人身上征收的比例，而且它没有虹吸效应，而是一种鲁思·本尼迪克特（Ruth Benedict）所称的"漏斗效应"（funneling effect）。

我必须尽可能严肃认真地强调，这些是最终的"大问题"，重要性排在任何其他问题之前。温伯格在他的书中提到的大多数的工业技术产品和进步，以及其他人所说的这一类进步，基本上都可以被认为是达到目的的手段，而不是目的本身。这意味着，除非我们把技术上和生物上的进步交到好人手里，否则这些进步就是无用或危险的。我所说的进步甚至还包括战胜疾病，延长寿命，减轻痛苦、悲伤和苦难，等等。问题是：谁想让恶人活得更长久或更强大？一个明显的例子是关于原子能的使用，以及在纳粹之前对于研发原子能的军事用途的竞争。原子能如果掌握在许多像希特勒一样的人手里，而这些人掌控着国家大权，这显然不是什么好事情，而是一种巨大的危险。其他的技术进步也面临着同样的问题。人们总是会这样问一个标准问题：这对某个"希特勒"来说是好事还是坏事呢？

技术进步的一个副作用是，今天恶人有可能，甚至很有可能比人类历史上任何时候都更危险，更有威胁，因为先进技术赋予了他们力量。一个极端冷酷的人，有一个冷酷的社会做后盾，是不可能被打败的。我想，假如当初希特勒赢了，那么随后是不可能发生反叛的，事实上，他的帝国可能会延续一千年甚至更久。

因此，我要奉劝所有的生物学家，就像我要奉劝所有其他心怀美好愿望的人一样，把他们的才能用来解决造就"好的人"和构建"良好的社会"这两个"大问题"。

上述事例有力地支持了我的想法，即传统的科学哲学作为道德中立、价值无涉、价值中立的哲学不仅是错误的，而且是极其危险的。它不仅无关乎道德，还有可能是反道德的。它可能把我们置于极大的危险之中。因此，我要再次强调，科学本身来源于人以及人的热情和兴趣，正如波拉尼（Polanyi）曾鲜明指出的那样。科学本身必须是一种道德准则，就像布洛诺夫斯基（Bronowski）曾令人信服地表明的那样。如果我们赋予真理内在价值，那么所有的结果都将由我们为这一内在价值服务而产生。我想补充的第三点是，科学可以寻求价值，这些价值存在于人性本身当中。事实上，我认为科学已经这样做了，至少已经达到了使这一观点似乎可信的程度，尽管还不够充分和缺乏最后的证实。现在我们已经可以使用技术来发现什么是对人类有益的，即什么是人类的内在价值，我们已经在尝试这样做了。我想重申的是，这些价值既包含生存价值，也包含成长价值，也就是那些能够使人更健康、更聪明、更善良、更快乐、更能实现自我的价值。

由此我提出了生物学家的未来研究策略。其中之一就是心理健康和身体健康之间的协同反馈。现在，大多数精神病学家以及许多心理学家、生物学家都认为，他们在实践中遇到过的那些疾病，甚至有可能所有的疾病，无一例外都可以被称为心身疾病或机体疾病。也就是说，如果一个人对"身体上的"疾病的了解程度足够深，他就会不可避免地发现心理内部、个人内部以及社会变量也会成为疾病的决定因素。这样讲绝不是要把诸如结核病或者骨折这样的疾病弄得玄乎其神，而只是想表明，在结核病的研究中，人们发现了贫穷是与之有关的一个因素。至于骨折，邓巴（Dunbar）曾将骨折病例作为对照组进行了研究，她假设骨折肯定与心理因素无关，但最后她却惊讶地发现骨折背后确实是有心理原因的。基于这些经验，我们现在对于易出事故的人格，以及——我可以这么叫它——"事故培养环境"，都了解得非常多了。也就是说，即使是一根断了的骨头，它也是有心身的和"社会—躯体"的（sociosomatic）原因可循的——后者是我自创的一个词。这就是说，即便是传统的生物学家、医生或医学研究者，知道疾病具有心理的和社会的决定因素，但为了减轻人类的痛苦、苦难和疾病，他也应该用一种更加全面的眼光去审视这些问题。例如，如今已经有足够的证据表明，癌症的防治体系中也应该包括所谓的"心身因素"。

换句话说，有迹象表明（大多是推断，而不是确凿的数据），通过精神病学的治疗方法等培养"好的人"，从而提高他的心理健康水平，这可能同时会使他的寿命得到延长，对疾病的易感性降低。

对低级需要的剥夺不仅会导致传统意义上的"匮乏性疾病"（deficiency diseases），而且这似乎也会导致我在第23章中所称的超越性病态（metapathologies），即所谓的精神上的、哲学上的或存在性的病态，这些恐怕也可以被称为匮乏性疾病。

简言之，安全与保护、归属感、爱、尊重、自尊、认同感、自我实现等基本需要的不满足，导致了某些疾患和缺失性疾病，如此种种可被称为神经症和精神病。然而，那些基本需要得到了满足的、自我实现的人，拥有真、善、美、公正、秩序、规则、统一性等超越性动机的人，也有可能在超越性动机层面遭受剥夺。超越性动机未得到满足或者缺乏这些价值，就会导致我所描述的一般的或特殊的超越性病态。我认为这些与坏血病、糙皮病、爱的缺失等是属于同一个体系中的缺失性疾病。在此我要补充的是，要用传统的方法证明身体的需要，如身体需要维生素、矿物质、基本氨基酸等，其过程是首先面对一种不明原因的疾病，接着找到这种原因。也就是说，如果剥夺了某物就产生了疾病，那么这种物质就是我们需要的。

同理，我坚持认为，从最严格的意义上来讲，我所描述的基本需要和超越性需要也是生物学上的需要。也就是说，对这些基本需要和超越性需要的剥夺会导致疾病的产生。正是这一原因，我用发明的术语"类本能"（instinctoid）来表明我坚定的信念，这些证据已经充分证明这些需要是与人类机体本身的基本结构有关的，有某些遗传基础蕴含其中。虽然这种遗传基础可能比较薄弱，这也让我坚信，生物化学、神经学、内分泌系统的基质或躯体机制方面的发现，终有一天能够从生物学层面上阐释这些需要和疾病（见附录D）。

预测未来

在过去几年里，涌现出了大量探讨有关新千年或下个世纪世界将会是什么样子的会议、书籍、专题座谈，更不用说报纸文章和星期日的杂志专栏了。我大致看过这类"文献"（如果可以这样称呼它们的话），对此我感到的担忧常常胜过了受到的启发。其中有95%都在谈论纯粹的技术变革，完全撇开了好与坏、对与错的问题。有时整件事似乎完全与道德无关。人们对新机器，人造器官，新型的汽车、火车或飞机议论纷纷——说白了，就是更大更好的冰箱和洗衣机之类。当然，这类"文献"也时常让我感到害怕，因为它们有时会随意谈论大规模杀伤性武器能力的增强，甚至是整个人类物种灭绝的可能性。

事实上，所有参加这些会议的人都不是研究人类的科学家，这本身就是对真实问题视而不见的一种表现。这些人当中很大一部分是物理学家、化学家、地质学家，他们当中的生物学家也是分子生物学方向的，也就是说，这些生物学工作者遵循的是还原论，而不是以描述为主。偶尔被选出来讨论这个问题的心理学家和社会学家，其特长也在于技术方面，是信奉价值无涉的科学概念的"专家"。

无论如何都很清楚的是，"改良"的问题在很大程度上更像是不考虑目的对手段的改良，这种改良当然也没有考虑到明确的事实，当更强大的武器落入愚蠢或邪恶的人手里时，他们会制造出更多的愚蠢或邪恶。也就是说，这些技术的"进步"实际上可能是危险的，而不是有益的。

另一个让我感到不安的事情是，关于2000年的许多说法都只涉及物质层面，例如，工业化，现代化，增进财富，拥有更多的物资，通过海洋种植来提高粮食生产力，通过打造更高效的城市来应对人口爆炸问题，等等。

还有另一种方式可以说明大部分预测的粗浅本质：它们当中有很大一部分都只是基于当前的情况而做出的无用推断，是从我们的现状出发而向前抛出的简单曲线。按照目前的人口增长速度计算，预测到2000年将会有更多的人口；按照目前城市的发展速度计算，预测到2000年将会出现这样那样的城市状况；等等。这就好像我们无法掌控或规划我们自己的未来——就好像我们不满当前的趋势，却又无法逆转这种趋势。例如，我认为对未来的规划应该包括减少目前的世界人口，如果人类希望这样做，那么世界上没有任何理由，或者至少没有任何生物学上的理由阻止我们这样做。城市的构建，汽车或空中交通工具的制造等，也都是如此。我怀疑，从目前的情况来看，这些预测本身就是那种价值无涉、纯描述性的科学概念的副产品。

第二章　神经症——个人成长的一种失败

本章我并不会涉及这个主题的所有方面，而是选择其中几个方面来进行探讨，部分原因是我一直在就这几个方面进行研究，还有部分原因是我认为它们特别重要，但最主要的原因还是因为它们曾被忽视。

如今，神经症一方面被公认为是一种可描述的病理状态，是医学模型中的一种疾病；另一方面我们也学会了用辩证的眼光去看待它，把它看作一种趋向健康和完满人性的笨拙探索，它以一种小心翼翼的方式前进，既涉及现在，也涉及未来，一路伴随它的是恐惧而非勇气。

我们所掌握的所有证据（主要是临床证据，当然也包括一些其他类型的研究证据）都表明，几乎每一个人，当然也包括每一个新生婴儿，都有一种趋向于健康的积极意愿，一种趋向于成长和实现自身潜力的冲动。然而令人悲伤的是，只有极少部分人能够真正实现它。即使在这个地球上最幸运的社会里，也只有一小部分人实现了自我认同，找到了自己的价值，发展出了完满的人性，达到了自我实现，等等。这就是我们最大的悖论：我们有趋向人性充分发展的冲动，那为什么人性的充分发展却不常发生呢？是什么阻碍了它？

这就是我们在面对人性问题时的新态度，我们赞赏它的极大可能性，但同时也因这些可能性很少被实现而深感失望。这种态度与"现实主义"的态度形成了鲜明的对比，后者接受一切发生的事情，并将其视为一种常态，就像金西（Kinsey）所做的那样，或者像今天的电视民意调查员所做的那样。在现实主义态度下，我们倾向于从描述性和价值无涉的科学角度去理解这种常态，我们会认为这些常态或均值是我们所能期望的最好状态，因此我们应该满足于这种状态。但从我的观点来看，"常态"更像是一种疾病、缺陷或发育不良的状态，因为我们与他人共同拥有这种状态，因而不会注意到它有什么不妥。我记得我上大学的时候用过一本旧时的变态心理学教科书，那是一本很糟糕的书，但卷首的插画却非常精彩。那页的下方是一排婴儿的图片，粉嘟嘟的，甜美喜悦，天真无邪，非常可爱；上方是一幅许多乘客在一列地铁车上的图片，死气沉沉，灰头土脸，郁郁寡欢，愁眉苦脸。下面的说明文字非常简单："发生了什么事呢？"这个问题，正是我所谈论的问题。

我还应谈谈针对这个问题我一直以来的工作方式，我以研究的策略与方法、研究的准备为引领，以一种科学的方式（即校验、检测，使之更加精确，并观察是否的确如此，直觉是否正确，等等）为出发点，去阐释所有的临床经验和个人主观经验，以使我们能够对这个问题有更多的了解。为了这样的目的，也为了那些对哲学问题感兴趣的人，我想简要地提出一些与本章内容相关的理论观点。这是一个古老的问题，即关于事实和价值之间的关系，是和应该之间的关系，描述性与规范性之间的关系——对于那些自古以来一直在研究这个问题的哲学家来说，这也是一个可怕的问题，对此他们至今还没有多大进展。我想提供一些能够帮助我解决这个古老哲学难题的思考，也许你会说，它是应对困境的一种新的思路。

融合词

在此我想到的是一个一般性的结论，一部分来自格式塔心理学家，一部分来自临床和心理治疗经验。也就是说，事实往往以一种苏格拉底式的方式指向一个方向，即事实是矢量的。事实不会像一块煎饼一样躺在那里，什么都不做；在一定程度上，它们像是路标，指示你该做什么，给你建议，把你推向一个方向而不是另一个方向。

事实在"呼唤",在需要,它们甚至具有格式塔心理学家柯勒所说的"需求性"(requiredness)。我常常有这样的感觉,当我们有了足够充分的认识,我们就更会知道该怎么做。这种充分的认识常常会引领我们找到问题的答案,当我们面临行动抉择的时候,这种充分的认识会从道德和伦理上给我们帮助。例如,我们在心理治疗方面的共同经验是,随着人们有意识的"认识"越来越多,他们在解决问题和做选择时就变得越来越容易,越来越得心应手。

我的意思是,有些事实和词汇本身既具有规范性,又具有描述性。我称它们为"融合词"(fusion-words),意思是事实和价值的融合,这其中还有一部分要做的工作就是解决"是"和"应该"的问题。

在做这类工作时,我想我们都向前迈进了,因为从一开始我们就以一种坦率的规范化方式在谈论问题,例如我们会直接问:什么是正常的?什么是健康的?我以前的哲学教授,他至今仍然如父亲那般慈爱地对我,而我也像晚辈一样地尊敬他。有一次他给我写了一封信,信中流露出担忧,温和地责备我不应该以漫不经心的方式对待这些古老的哲学问题。他在信中说:"难道你没有意识到自己现在在做什么吗?这些问题背后承载着两千多年的思想,而你却在这层薄冰上轻松随意地滑行。"我记得在回信中我试着向他解释,我说,我这样的做法确实是一个科学家的工作方式,这是一个科学家的研究策略的一部分,即他要以最快的速度滑行在过去的哲学难题上。从策略层面考虑,要提高对哲学问题的认识,我就必须要有一种"坚定的纯真"(determined naïveté)的态度。我想我们现在就持有这种态度。我曾经觉得谈论正常与健康、什么是好的与什么是坏的这类问题会很有启发性,因而没什么不妥的,但其实我却常常因此变得非常武断。我做过一项研究,用一些好的画和不好的画作为测试材料,我在脚注里一本正经地写道:"在这里,好的画指的是我喜欢的画。"问题是,别人的看法却并不一定是这样。对健康的人、自我实现的人等这类人群的研究,已经有了一个稳步的发展,从公开的规范化和坦率的个人化,一步一步地趋向用描述性的、客观的词汇去阐释，发展到今天已经有了标准化的测量自我实现的工具。现在我们已经能够对自我实现进行操作性定义了，就像过去对智力下定义一样。也就是说，自我实现目前是可以通过测量工具测出来的。它与各种外部变量密切相关，并且更多的相关意义也在不断积累。因此，我觉得从"坚定的纯真"这种态度出发是正确又合理的，过去我凭借个人直觉直接看到的大部分东西，现在都正在被数据、表格和曲线所证实。

完满的人性

现在，我们来进一步看看"完满的人"（fully human）这个融合词。与"自我实现"的概念相比，这个词的概念既保留了规范性的一切含义，而且还更加具有描述性和客观性。我希望能以这样的方式，从对直觉的探索走向越来越多的确定性、可靠性以及外部验证，反过来，这又意味着这个概念的科学效用和理论价值也在逐渐增加。这种说法和思维方式是我在大约15年前受到罗伯特·哈特曼（Robert Hartman）的价值论著作的启发而形成的，哈特曼把"好"定义为一个特定对象实现其定义或概念的程度。这使我想到，也许为了研究的目的，人性的概念可以变成一种定量的概念。例如，我们可以用列举条目的方式对"完满的人性"（full humanness）进行定义，我们说它是提炼的能力，运用符合文法规则的语言的能力，爱的能力，拥有某种特定价值的能力，自我超越的能力，等等。如果我们愿意，甚至可以把所有这些条目做成一份检查清单。这个想法或许会让人感到有点吃惊，但它却非常有用，因为它能够为进行研究的科学家们提供这样一个理论观点，即"完满的人性"这个概念既可以是描述性的、定量的，也可以是规范性的，比如"这个人比那个人更接近完满的人性"，或者我们甚至可以说，"这个人比那个人有更多的人性"。从我前面提到的意义来看，"完满的人性"是一个融合词，它具有客观的描述性，因为它不涉及任何我个人的愿望、品位、个性特点、神经性的功能失调，等等。要将我潜意识中的希望、恐惧、期待这些东西排除在"完满的人性"这个概念之外，要比将它们从"心理健康"这个概念中排除容易得多。

如果你曾经想要给心理健康或任何其他类型的健康或正常下定义，你就会发现这个过程很容易诱导你投射出你自己的价值观，最后你会让其成为一种自我描述性的定义，或是你自己喜欢的定义，或是你认为别人会喜欢的定义，等等。你不得不持续与这种倾向对抗，你会发现，在这样的工作中保持客观虽然是有可能的，但是相当困难，而且即使你做到了，你也不能百分百地确信。你有没有遇到过抽样误差？如果你是根据你的个人判断和诊断来选择调查对象的话，那么与不带入个人情感的选择标准相比，这时你会更容易出现抽样误差。

显然，相较于纯粹的规范性词汇而言，融合词是一种科学的进步，同时也避开了这样的陷阱——认为科学必须是价值无涉的、非规范性的、不涉及人的。融合的概念以及融合词使得我们能够参与科学和知识的正常发展，以现象学和经验为开端，向着更可靠、更有效、更自信、更精准、更能与他人分享和达成共识的目标前进。

另外，还有一些明显的融合词，如：成熟的、进化的、发展的、发育受阻的、残缺的、功能完善的、优雅的、不合适的、不得当的，等等。此外，还有许多词不那么明显地融合了规范性和描述性两个方面。也许有一天，我们会习惯于把融合词视为规范的、正常的、普通和主要的词。那时，纯粹的描述性词汇和纯粹的规范性词汇就会被认为是边缘词和不常见的词。我相信，这将成为新的人本主义世界观的一部分，这种世界观现在正迅速形成一种结构化的形式。①

首先，正如我所指出的那样，这些概念（如社交能力、人的效能等）太过于远离心理内部，不能充分说明意识的性质、心理内部的或主观的能力，如欣赏音乐、冥想和沉思、享受各种滋味、敏感

---

① 我认为"人性的程度"（degree of humanness）这个概念比"社交能力"（social competence）、"人的效能"（human effectiveness）及其他类似的概念更有用。

地感受心灵的内在,等等。一个人与自己的内心世界和谐相处的能力,可能与他的社交能力或现实胜任能力是同等重要的。

然而更重要的一点是,从理论的精确性和研究策略的角度来看,这些概念与构成人性概念的能力清单相比,没有那么客观和可量化。

我还想补充的是,我认为这些模型与医学模型不是对立的,没有必要将它们彼此分开。人性从多到少是一个连续体,医学上的疾病会削弱人类的能力,因此任何疾病不过是处在这个连续体的某个位置上。当然,尽管医疗疾病模型对于肿瘤、细菌入侵、溃疡等疾病而言是必要的,但对于神经症、人格或精神障碍等疾病而言,它显然是不够完善和充分的。

人性的萎缩

与使用"完满的人性"来代替"心理健康"的做法有着异曲同工之妙的是,使用"人性的萎缩"(human diminution)来代替"神经症"(neurosis)。实际上,"神经症"已经是一个彻底过时的词了。这里的关键概念是人类的能力和可能性的丧失或尚未实现,显然这也是一个程度和定量的问题。此外,人性的萎缩更容易通过对外显的行为进行观察而获得,这就使得研究它比研究焦虑、强迫或压抑这些内在体验更简单。人性的萎缩把所有标准精神病学上的分类都放在了一个连续体上,包括源于贫穷、剥削、不良教育、奴役等的所有发育受阻、缺陷和抑制,来源于经济优越者的病态价值观、存在性的障碍、人格混乱,等等。它很好地处理了由药物成瘾、精神变态、专制主义、犯罪等导致的种种萎缩,以及其他不能被归为医学意义上的"疾病"的种种萎缩(像脑瘤之类就是属于医学意义上的疾病)。

这是一种远离医学模式的激进举措,一个早就应该采取的行动。严格地说,神经症指的是一种神经性的疾病,但今天我们完全可以不再使用这个已经被废弃了的词。此外,说神经症是一种"心理疾病"，实际上是把神经症归到了与溃疡、病变、细菌入侵、骨折等相同的一个医学大范畴下。然而现在我们已经认识到，最好是将神经症看作精神障碍的一种，它与这样的一些特征有关：意义的丧失，对人生目标的怀疑，对失去的爱的悲伤和愤怒，消极看待人生，失去勇气或希望，对未来丧失信心，讨厌自己，感到自己的生命正在被荒废，对快乐或爱不抱希望，等等。

这些都是与完满的人性相远离、与人性的全面发展相远离的弱点。它们对于人性过去或未来的可能性而言，是一种损失。物理和化学的保健预防法对于了解其心理发病机制显然有一定的用处，但这些方法与强大的社会、经济、政治、宗教、教育、哲学、价值论以及家庭等方面的决定因素所起到的作用相比，简直不值一提。

主观生物学

从这种心理的—哲学的—教育的—精神的趋向中，我们还可以得到另外一些重要的好处。尤其是它促进了我们对生物基础和本质构成基础的正确理解，只有在这两者的牵引下，我们才可能去探讨以下问题——自我身份或真实自我、成长、揭示性治疗、完满的人性或萎缩的人性、自我超越，等等。简言之，我认为要帮助一个人走向完满的人性，首要的任务就是要去了解这个人的自我身份。而这项任务中一个非常重要的部分就是要意识到这个人他作为一个物种的一员，从生理上、性情上、本质上来说他到底是什么，要知道他的能力、欲望、需求、使命，即什么是适合他的，他的命运是什么。

说得直白一点就是，这种对自我的认识包含了一个非常必要的部分，那是一种包含了个体内在生物特征、"类本能"，以及个体的动物性和物种性的现象学。这就是精神分析的目的，即帮助一个人意识到自己的动物欲望、需求、紧张、抑郁、好恶、焦虑，等等。霍妮对真实自我和虚假自我的区分也体现了这一目的。这难道不是对一个人真实身份的主观判断吗？如果一个人不首先是他自己的身体、他自己的本质构成、他自己的功能、他自己所属的物种，那么他究竟是什么呢？（作为一个理论家，我很喜欢像这样把弗洛伊德、戈尔茨坦、谢尔顿、霍妮、卡特尔、弗兰克尔、梅、罗杰斯、默里等人的观点完美地整合在一起，也许斯金纳也可以被纳入这一多样化的队伍中来，因为我觉得他所列出的一系列对人起作用的"内部强化物"，与我提出的"类本能的基本需要和超越性需要的层次"非常相似。）

我相信，即使在个人发展的最高层次，即一个人实现了自我超越，这种范式依然可以继续起作用。我相信我有足够的理由去接受一个人的最高价值（即精神生活或哲学生活）的类本能特征。虽然这个价值论是我发现的，但我觉得可以将它归入"个人类本能本性的现象学"或"主观生物学"或"经验生物学"或诸如此类的范畴当中。

把人性的程度和定量放在一个单一的连续体上，是具有重大的理论和科学优势的。这个连续体不仅囊括了精神病学家和医生们所谈论的各种疾病，而且还包含了存在主义者、哲学家、宗教思想家以及社会改革家所担心的其他一切问题。不仅如此，这个连续体甚至还涵盖了我们所知道的各种各样不同程度的健康，比健康还要更加健康的自我超越，神秘的融合，以及可能在未来才会揭示出来的人类本性的那些更高的可能性。

内部信号

以这种方式思考对我来说至少有一个特别的好处，那就是使我的注意力敏锐地转向了我称为"冲动之音"（the impulse voices）的东西上，它类似于一种可称为"内部信号"（inner signals，或称内部线索、内部刺激）的东西。在我最初起这个名称的时候，我还没有充分意识到，在大多数神经症以及很多其他的心理失调问题中，个体的内部信号变得微弱，甚至完全消失（如重度强迫症患者），它没有被"听到"或不能被"听到"。最极端的情况就是那些体验不到意义感的人，他们如行尸走肉般麻木，内心空洞。这类人如果想要恢复自我，就必须要恢复对这些内部信号的持有和认知的能力，知道自己喜欢什么人和事物，知道什么是令自己愉快的和不愉快的，什么时候应该吃饭、睡觉、排便、休息等。

体验不到意义感的人，缺乏这些来自内心的指示，缺乏这些真实自我的声音，他必须求助于外部的线索来获得指引，比如，他需要根据时间来决定是否吃饭，而不是遵从自己的食欲（他没有食欲）。他通过时钟、规则、日历、时间表、日程表，以及他人的暗示和提示来引导自己。

总之，我认为我所建议的将神经症解释为个人成长的一种失败，这种提法的特殊意义现在应该很明确了。从生物学的角度来说，因为成长和发展受到了阻碍，因此个体无法成为他本来可以成为的样子，或者应该成为的样子。人类和个体的可能性已经丧失；世界变窄了，意识也变窄了；能力受到了抑制。这样的例子诸如一个优秀的钢琴家不能在观众面前演奏，或者一个恐惧症患者不得不避开高处或人群。那些不能学习、不能睡觉、不能吃多种食物的人与那些失明的人一样，是被削弱的；认知能力受损，失去对快乐、欣喜或狂喜的体验[①]，不能胜任各种事务，不能放松，意志消沉，害怕担当——所有这些都是人性的萎缩。

我曾提到用"完满的人性"和"萎缩的人性"这两个更加实用、外显和定量的概念来代替"心理健康"和"心理疾病"这两个概念的一些好处，我相信从生物学和哲学意义上来说，这也是更合理的。但在我进一步讨论之前，我还想指出的是，这种萎缩既有可能是可逆的，也有可能是不可逆的。例如，与一个和善的癔症患者相比，一个偏执狂发生可逆的可能性要小得多。当然，在弗洛伊德式的概

[①] 失去高峰体验对一个人的生活方式意味着什么，这在科林·威尔逊《新存在主义引论》(*Introductions to the New Existentialism*)中有很好的阐释。

念里，萎缩是受心理动力驱动的。在早期的弗洛伊德思想里，描述了冲动和防御之间的内在辩证关系。同理，萎缩也会导致各种结果和过程的出现，它很少以简单的描述方式完成或结束。对大多数人来说，这些信号的消失不仅会导致各种防御过程，就如弗洛伊德以及其他精神分析取向的学者所描述的压抑、否认、冲突等，而且还会导致我早前强调过的应对反应（coping responses）。

当然，如果你遇到过真正冷漠的人，真正绝望的人，那些放弃希望、奋斗和抗争的人，你就会知道冲突本身其实是相对健康的标志。神经症是有希望的，它意味着一个受到惊吓的人、一个不相信自己的人、一个自我形象低下的人，仍然会去追寻人类的遗产，以及作为一个人有权利得到的那种基本满足。你可能会说，这种趋向自我实现和完满的人性所做出的努力是胆怯和徒劳的。

萎缩确实有可能是可逆的。通常情况下，简单地满足需求就能解决问题，尤其是对孩子而言。对于一个没有得到足够的爱的孩子来说，首选的治疗方法显然是尽最大可能地去爱他，把爱洒遍他的全身。从临床和一般的生活经验来看，这个办法是有效的——尽管对此我没有任何的数据支持，但我觉得十有八九会是这样的。尊重也是对抗无价值感的一剂良药。这当然引出了一个显而易见的结论：如果医学模式上的"健康与疾病"被视为过时，那么"治疗"和"治愈"的医学概念以及权威的医生也必须被废除和取代。

约拿情结

我想谈谈安吉亚尔（Angyal）所说的逃避成长的众多原因之一，那就是，我们所有人都有一种改善自我的冲动，一种趋向实现自身的更多潜能、自我实现、完满的人性（或任何你喜欢的名称）的冲动。假定如此，那么，是什么让我们停顿呢？是什么阻碍了我们呢？

有一种对成长的防御是我尤其想说的，因为它还没有引起足够的注意，我称之为"约拿情结"（the Jonah Complex）^①。

在我自己的笔记中，我最初把这种防御称为"害怕自己的伟大"或"逃避自己的命运"或"逃避自己最好的天赋"。我曾想尽可能直率和一针见血地去强调一个非弗洛伊德式的观点，即我们既害怕自己最坏的一面，也害怕自己最好的一面，尽管是以不同的方式在害怕。实际上，我们中的大多数人都有可能比我们展现出来的更优秀，我们都有未被利用的潜能或未被充分开发的潜能。我们很多人都在逃避自己的天命（召唤、命运、生命的任务、使命），我们常常逃避大自然、命运，甚至是偶然事件赋予我们的责任，就像约拿试图逃避他的命运一样（最终是徒劳的）。

我们害怕自己的最高可能性（以及我们的最低可能性）：我们通常害怕成为我们在最完美的时刻、在最完美的条件下、在最勇敢的条件下所能呈现出的那个样子。在这样的高峰时刻，我们享受于，甚至震撼于在自己身上看到的那种神一般的可能性；然而与此同时，我们又会因为对此感到害怕、敬畏和恐惧而战战兢兢。

我发现向我的学生证明这一点很容易，只要问他们一个问题："你们班里有谁希望写出一部伟大的美国小说？谁今后想成为参议员、州长、总统？谁想成为联合国秘书长？谁想成为一个伟大的作曲家？谁想成为像施魏策尔（Schweitzer）那样的圣人？你们中间谁将成为伟大的领袖？"通常来说，听到这些问题每个人都会开始咯咯地笑，脸红，不自在地扭动身体。然后我问："如果不是你，那还有谁？"当然这就是事实。同样地，当我把我的研究生推向更高层次时，我会问："你现在正在秘密计划写一部什么样的伟大著作呢？"然后他们通常会显得有些难为情，支支吾吾，试图以某种方式躲开我的问题。但为什么我就不该问这样的问题呢？除了心理学家，还有谁会写心理学方面的书？所以我追问我的学生："你不打算成为一名心理学家吗？""当然想。""那么你接受的专业训练是要让你成为

---

① 这个名称是我的朋友弗兰克·曼纽尔（Frank Manuel）教授提出来的，我同他讨论过这个难题。

一个沉闷或者不活跃的心理学家吗?这样做有什么好处呢?这可不是一条通向自我实现的正确路径。不,你一定想要成为一名一流的心理学家,成为一个你所能成为的最好的心理学家。但如果你有意不去做你能够做的事,那么我想提醒你,你的余生将会过得非常不快乐,你将逃避你自己的能力和可能性。"

我们不仅对自己的最高可能性感到矛盾,而且我认为,对于他人的最高可能性和人类的本性,我们也持有一种永久的、普遍的,甚至必然的冲突和矛盾心理。我们当然敬爱和钦慕善良的人、圣人、诚实的人、有道德的人、纯洁的人。但是,任何一个深入研究过人性底蕴的人,难道就没有意识到我们对圣人(或相貌出众的人、伟大的创造者、高智商天才,等等)怀有复杂且常常充满敌意的情感吗?这一现象不需要成为一个心理治疗师就能看得出来,我们把它称为"逆反性评价"(Countervaluing)。只要去读读历史,我们就会发现大量这样的例子,甚至我可以说,在整个人类的历史上就找不出任何例外。我们当然会爱慕那些体现了真、善、美、公正、完美以及最终成功的人,然而,他们也使我们不安、焦虑、困惑,也许还有点羡慕或嫉妒,有点自卑、自惭,他们常常使我们不再沉着、自制和自重。(尼采在这个问题上仍然是我们最好的老师。)

这里我们得到了第一个线索。到目前为止,我的印象是:最伟大的人,仅仅因为他们的存在和他们的身份,就让我们意识到我们的渺小,不管他们是否有意要对我们造成这样的影响。如果这是一种无意识的影响,而我们不知道为什么我们会觉得自己愚蠢、丑陋或自卑,那么每当这样的人出现时,我们就会倾向于用投射来回应。也就是说,我们的反应就好像是他们试图让我们感到自卑,把我们当成攻击的目标。因此,我们对他们产生敌意就是可以理解的了。在我看来,自觉意识似乎可以帮助我们避开这种敌意。也就是说,如果你愿意尝试对自己的逆反性评价(你无意识的恐惧以及对真、善、美的人的仇恨),进行自觉意识和自我分析,你就很有可能不再对他们怀有恶意。另外,我还推断,如果你能学会更纯粹地去爱别人的最高价值,这可能会使你以一种不那么害怕的方式去爱自己身上的这些品质。

　　与这一动力相结合的是对神圣的敬畏，鲁道夫·奥托（Rudolf Otto）对此有精辟的描述。再结合伊利亚德（Eliade）的"神圣化"和"去神圣化"的观点，我们会更加意识到恐惧（恐惧与神或神圣事物进行直接对抗）的普遍性。在某些宗教中，死亡被视为不可避免的结果。大多数没有文字的社会也有禁忌的场所或物品，因为它们太神圣，因此太危险。在我的《科学心理学》一书的最后一章中，我也给出了一些例子，这些例子大多来自科学和医学上的"去神圣化"和"再神圣化"，我尝试从心理动力学的角度对这些过程进行解释。它们大多来源于对至高和至强的敬畏。（我想强调的是，这种敬畏是内在的、合理的、正确的、合适的，而不是某种疾病或无法得到"治疗"的。）

　　我的感觉是，这种敬畏和恐惧不一定只是负面的（令我们逃避或退缩），它们也是合乎需要的、愉快的情感，甚至能把我们引向最大的喜悦。借用弗洛伊德的说法，自觉意识、洞察力和"修通"（working through），我认为就是此处的答案。这是我所知的最好的一条路，经由此路，我们最终可以接受自己的最高能力，可以接受任何我们逃避或隐藏了的伟大、善良、智慧或才能等。

　　在我试图理解为什么高峰体验通常都很短暂时，我意外地发现了一个很有用的信息。答案变得越来越清晰——我们是因为不够坚强，所以不能够承受太多！高峰体验太令人震撼，太耗能了。因此，处在这种狂喜时刻的人会说，"这太多了""我承受不了了"或"我快要死了"。当我听到这样的描述时，我有时会觉得，是的，他们可能真的会死呢。发狂的幸福不能持久。我们的机体太弱了，无法承受任何大剂量的伟大和荣耀，就像机体太弱无法承受长达一小时的性高潮一样。

　　"高峰体验"这个词比我最初认为的还要更贴切。强烈的情感必须是有高潮和短暂的，它必须让位给非极乐的宁静和更为平静的幸福，以及对至善至美的清晰而深沉的认知所带来的内在愉悦。高潮的情绪无法长久持续，但存在性认知（Being cognition）则可以长久持续。

这能够帮助我们理解约拿情结吗？约拿情结的产生在某种程度上是因为害怕被撕裂，害怕失去控制，害怕被粉碎和瓦解，甚至害怕被这种高峰体验杀死。强烈的情感最终会压倒我们。这是一种屈服于这种体验的恐惧，这种恐惧让我们想起了在性冷淡中所发现的类似的恐惧。我认为通过熟悉心理动力学、深度心理学以及情绪的心理生理学和心身医学等文献，我们可以更好地理解这种恐惧。

在探索自我实现为何会失败的过程中，我还遇到了另一种心理过程。这种逃避成长的行为也可能是由一种对偏执的恐惧所引发的。当然，人们曾用更通俗的语言谈到过这一点——几乎在任何文化中都能找到普罗米修斯和浮士德的传说①。比如，希腊人称之为对傲慢（hubris）的恐惧，这种傲慢被认为是"有罪的骄傲"（sinful pride），这当然是人类的一个永恒的问题。那些对自己说"是的，我将成为一个伟大的哲学家，我将成为另一个柏拉图并超越他"的人，迟早会被他的浮夸和傲慢吓得哑口无言，尤其是在他最脆弱的时候，他会对自己说"谁这样说过？是我吗？"他会把他此前的话看作一个疯狂的幻想，甚至害怕被这种幻想蛊惑。这个时候，他把自己内心的自我认识，连同他所有的弱点、犹豫和不足，与他对柏拉图所具有的明亮、闪光、完美无瑕的形象做了比较，于是自然就会觉得自己太放肆，太浮夸了。（他没有意识到的是，柏拉图在内省时对自己肯定也有过同样的感觉，但柏拉图最终克服了对自己的怀疑，继续前进。）

对一些人来说，逃避自己的成长、设定低水平的抱负、害怕做自己能做的事、自我削弱、假装愚蠢、假装谦卑，实际上都是对自大、骄矜、有罪的骄傲和傲慢的防御。有些人无法做到将谦逊与骄傲优雅地整合在一起，而这对于创造性的工作来说是绝对必要的。

---

① 谢尔顿（Sheldon）在其优秀著作《心理学和普罗米修斯的意志》（*Psychology and the Promethean Will*）中讨论了这个主题，但它被引的次数不多，可能是因为它出现的时间较早（1936年），那时我们尚未准备好去了解它。

许多研究者已经发现，要发明或创造，你必须拥有"创造性的傲慢"。但是，如果只有傲慢而没有谦逊，你实际上只能够算作一个偏执狂。你不仅要意识到自己可能具有内在神性，还要意识到人类存在的局限性。你必须要能够同时嘲笑自己和人类的自负。如果你能被一只毛毛虫想要成为上帝的想法逗乐，那么事实上，你可能会继续走你的路并保持傲慢，而不用担心自己变得偏执，也不用担心自己会招致世俗的冷嘲热讽。这是一个很好的技巧。

关于这个技巧我想再举一个例子，我在阿道司·赫胥黎（Aldous Huxley）身上看到了它最好的一面。在我所讨论的这个意义上，赫胥黎无疑是一个伟大的人物，他能够接受自己的才能，并充分利用它们。他能做到这一点是因为他总是对一切事物的有趣和迷人之处深感惊奇，他像一个年轻人那样对事物的神奇赞叹不已，他常常会说："妙极了！妙极了！"他睁大双眼，带着一种毫不掩饰的天真、敬畏和迷恋来观察这个世界，这是一种承认自己渺小的方式，是一种谦卑的方式，然后他从容冷静、毫不畏惧地推进着他为自己设定的伟大任务。

最后，我建议你参考我的一篇论文，这篇论文本身是有独立立意的，但它同时也可以作为系列论文集中的开篇之作。它的题目是《知的需要与对知的恐惧》（The need to know and the fear of knowing），此文很好地说明了我想说的每一个内在的或终极的价值，我称之为存在性价值（Values of Being）。我想说的是，这些终极价值，我认为也是最高的需要，或我在第 23 章中所说的超越性需要，它和所有的基本需要一样，都可归入弗洛伊德关于冲动和对冲动的防御所制定的基本图式中。因此，虽然我们需要真理，热爱真理，追求真理，但其实我们同时也害怕知道真理。比如某些真理可能伴随着责任，因而会引起我们的焦虑。逃避责任和焦虑的一种方式就是逃避对真理的觉察。

我预言，每一种内在的存在性价值中都会包含类似的辩证关系。我觉得可以针对一些主题写一些论文，对此我有一些模糊的构思，比如"对美的爱及担忧""对好人的爱与恨""对卓越的追求及毁灭倾向"，等等。当然，这些逆反性价值在患神经症的人身上表现得更强烈，但在我看来，我们所有人似乎都应该与自己内心的这些不良冲动和平相处。迄今为止，我认为最好的办法是通过自觉的洞察力和"修通"，把羡慕、嫉妒、不祥的预感、卑劣的想法转变成谦逊的赞美、感恩、欣赏、崇拜甚至膜拜。这一方法会让你体会到自己的渺小、软弱、没有价值，并接受这些感受，而不必通过摈除这些感受来保护你虚假的高自尊。

再次表明，我认为理解这个基本的存在问题，应该能够帮助我们接受我们自己以及他人的存在性价值，从而帮助我们解开约拿情结。

第三章 自我实现及其超越

在这一章中,我要讨论的想法只是一个雏形,还没有形成定论。我发现,当我与我的学生以及其他人分享这些想法时,自我实现这个概念几乎就像是罗夏墨迹测验一样的东西,不同的人对它有不同的解读,但都没有触及这个词的真实意义。我现在想做的是探索与自我实现的本质有关的一些方面,不是把它作为一个广泛的抽象概念,而是去探索自我实现这一过程的动态意义,即自我实现在每一个瞬间意味着什么?比如它在星期二的4点钟意味着什么?

自我实现研究的开始。其实最初去探索自我实现这一主题的时候,我并没有计划要让它成为一项研究,它也不是以研究的形式开始的。刚开始的时候,是因为有两个我热爱、崇拜、钦佩的老师,作为一个初出茅庐的年轻知识分子,我觉得他们是非常非常了不起的人,他们所进行的都是高智商的活动。我不满足于对他们的简单崇拜,而是想要了解为什么这两个人如此的与众不同。这两位前辈是鲁思·本尼迪克特和马克斯·韦特海默(Max Wertheimer)。我从西部获得博士学位后来到纽约,他们成了我的老师,他们是最卓越的人,我所受过的心理学训练完全不足以让我理解他们。他们似乎不单单是人,而是某种超越人的存在。我自己的工作始于一项前科学的或非科学的活动。针对这两位老师,我做了一些描述和笔记。当我试着去理解他们、思考他们,并在日记和笔记中写下我的看法时,某一瞬间我突然惊喜地发现,他们两人的范式是可以被概括的。我从他们身上看到了某一类型的人,而不是两个不可比较的个体。我尝试着去观察这种范式是否也能够在其他地方被发现,令我感到极为兴奋的是，我确实在其他地方也发现了这种范式，在一个又一个人身上发现了它。

根据实验室研究的一般标准（严谨和受控制的），我这个根本就算不上研究。我的归纳概括来自我对某些特定的人的选择，显然，就我一个人去做这件事是不够的，还需要更多的评价者。到目前为止，我大约选出了二十多个我自己非常喜爱或钦佩的人，我认为他们是很棒的人，然后我试图弄清他们身上所具有的共同特征，我发现我已经能够对他们做出综合性的描述了——我发现了一种与他们每个人都契合的范式。这些被选出的人都是来自西方文化的人，选择他们时不可避免会带有各种固有的偏见。因此这种概括是不太可靠的，然而就像我在以自我实现为主题发表的第一篇论文中所描述的那样，这仍然是当时唯一一种对自我实现进行操作性定义的方法。

在我发表了自己的研究成果之后，或许又出现了六条、八条或十条其他的线索支持了我的这些发现，不是重复印证，而是通过一些来自不同视角的方法得到了印证。卡尔·罗杰斯和他的学生们的发现共同证实了我概括出的这种范式。布根塔尔（Bugental）提供了来自心理治疗方面的验证性证据。还有一些关于致幻剂的研究、一些关于心理疗法的效果的研究（当然是有效的心理疗法）、一些测试结果——事实上，我所知道的每一个事实都确切地支持了我的研究，而不是重复支持。我个人对这项研究的主要结论非常自信。我认为不会有任何研究结果会推翻这一范式，但我相信出现一些小的修正是有可能的。我自己也做过一些小的修正。我的自信并不是来源于科学研究数据。如果你质疑我从猴子和狗身上得到的研究数据，我有权提出反对，因为我认为你是在怀疑我的科研能力和诚实；但是如果你质疑我对于自我实现者的发现，那么我认为你是有理由这么做的，因为你质疑的是我对研究对象的选择以及相应的结论，你之所以质疑是因为你不了解我这个人。我的结论是属于一种预知性的结论，但我的断言则是以一种能够经受检验的形式提出来的。从这个意义上说，它们是科学的。

我选择的研究对象都是一些比较年长的人，他们已经度过了生命的大部分时光，而且取得了明显的成就。我们现在还不知道这些发现是否也适用于年轻人，也不知道自我实现在其他文化中意味着什么，中国和印度正在进行自我实现方面的研究，但目前还没有结论报告出来。我们不知道这些新研究会有什么样的发现，但有一件事我毫不怀疑，那就是，当你选择并悉心研究了那些格外优秀和健康的人、那些强大的人、有创造力的人、圣洁的人、贤明的人——事实上就像我选出的那些人——那么你将对于人类产生一种全新的认识。因为你在做的事情是，看看人类最高能够长到多高，一个人能够成为的最好样子是什么样子。

还有一些事情我感到很有信心，可以说是一种直觉。但是我在这些方面的客观数据比我在前面讨论的自我实现的客观数据还要少。自我实现已经很难定义了，要回答以下这个问题则更难：超越了自我实现，还能发现什么？或者是这个问题：超越了真实性，还有什么？这些问题仅仅靠诚实是不足以解答的。对于自我实现者，我们还能从他们身上发现些什么呢？

存在性价值。自我实现的人，无一例外都献身于某项身外的事业当中。他们全身心地投入，做着他们非常珍视的事情——某种古老意义上或宗教意义上的召唤或天职。他们在做命运召唤他们做的事，他们乐于做这样的事，因此在他们身上，工作和快乐并不是彼此分开的。他们有的投身于法律，有的投身于正义，有的投身于美或真理。他们所有人都以这样或那样的方式，致力于探寻我所说的存在性价值，即内在的终极价值，这种价值不能被分解成任何更终极的东西。这些存在性价值大约有14种，包括真、善、美，以及完善、单纯、丰富，等等。这些存在性价值在本书第9章以及我的另一本著作《宗教、价值观和高峰体验》(*Religions, Values, and Peak-Experiences*)的附录中都有说明。它们是存在本身的价值。

超越性需要和超越性病态。这些存在性价值的存在让自我实现的结构变得庞大复杂。这些存在性价值就像需要一样在起作用，我把它们称为超越性需要（metaneeds）。超越性需要的缺乏会导致某些尚未被充分描述的病状，我称之为超越性病态——这是一个人的灵魂生了病，比如因长期生活在充满谎言的环境里而导致的信任缺失。就像我们需要咨询师来帮助人们解决那些未被满足的需要一样，我们可能也需要专门的超越性咨询师（metacounselor）来帮助解决因超越性需要未被满足所导致的灵魂上的疾病。从实践经验上来看，人更需要生活在美之中，而不是生活在丑之中，就像他饿了需要有食物填饱肚子，疲惫了需要得到休息一样。事实上，我认为这些存在性价值对大多数人来说就是生命的意义，然而很多人甚至都没有意识到他们拥有这些超越性需要。咨询师的部分工作可能是让他们意识到自己的这些需要，就像传统的精神分析学家让他的病人意识到他们那些类似本能的基本需要一样。到最后，也许一些专家会把自己看成是哲学的或宗教的咨询师。

我们中的一些人试图帮助我们的来访者走向自我实现。这些来访者常常被价值问题所困扰，他们当中的许多年轻人本质上其实都是非常优秀的人，但他们看上去却像一些乳臭未干的孩子。尽管如此，从他们的各种行为表现来看，我认为他们其实是传统意义上的理想主义者。我觉得他们是在寻找价值，他们很想有什么东西能够让自己为之献身，让自己去效忠、崇拜、仰慕和热爱。这些年轻人每时每刻都在做选择——是前进还是后退？是远离自我实现还是走向自我实现？要令他们成为更完满的自己，咨询师或者超越性咨询师能告诉他们一些什么呢？

趋向自我实现的行为

当一个人在趋向自我实现时，他在做什么呢？他会咬紧牙关在重重困难中前行吗？自我实现在实际行为和过程中意味着什么呢？下面我将谈谈趋向自我实现的八种方式。

第一，自我实现指的是充分、活跃、忘我、专心致志、全神贯注地体验，它意味着一种不带青春期式的自我意识的体验。在体验时，个体是一个完全而充分的人。这就是自我实现的时刻，是自我成为它自己的那一瞬间。作为个体，我们都曾偶尔体验过那样的时刻。作为咨询师，我们可以帮助来访者更多地体验到自我实现。我们可以鼓励他们完全专注于某件事，忘记他们的伪装、防御和羞怯——全心全意地去做这件事。作为旁观者，我们能够看出这是一种非常美妙的时刻。在那些努力伪装出坚强、玩世不恭和世故老练的年轻人身上，我们可以看到童年的一些朴实纯真得到了恢复；当他们全身心地投入到某一时刻和对这一时刻的体验中去的时候，他们的脸上会重现孩童时期的天真和甜美的表情。这里的一个关键在于"忘我"（selflessly），我们的年轻人往往有太多的自我意识和自我认知，而太少能够忘我。

第二，让我们把生活看作一系列选择的过程，一个接一个的选择。每次选择都有前进和后退之分。选择后退则意味着一种防御追求安全、恐惧的心态；而选择前进，就会趋向成长。一次又一次地选择成长而非退缩，就意味着一次又一次地接近自我实现。自我实现是一个不断行进的过程，它意味着在每一个需要做出选择的特定时刻，都要在说谎和诚实之间做出选择、在偷窃和不偷窃之间做出选择，它意味着每一次的选择都是一种成长性的选择。这就是趋向自我实现的运动。

第三，谈论自我实现意味着有一个自我需要被实现。人不是一块白板，不是一团黏土或橡皮泥，他是某种已经存在的东西，至少是某种"有韧性的"结构。一个人，有他的性情，有他的生物化学平衡，等等。每个人都有一个自我，我有时会说"要倾听内在的冲动之音"，意思就是说让自我浮现出来。我们中的大部分人（尤其是小孩和年轻人），在大多数时候都不是倾听自己的声音，而是听妈妈的、爸爸的、领导的、长辈的、权威的或传统的声音。

作为迈向自我实现的第一步，我有时会建议我的学生，当别人递过来一杯葡萄酒并问他们是否喜欢时，要尝试用不同的方式去回答。首先，我建议他们不要看瓶子上的标签，这样就不会获得任何提示自己应该说喜欢还是不喜欢。接下来，如果可能的话，我建议他们闭上眼睛，然后"定一定神"。现在，他们就可以开始转向自己的内心了，摒除外界的喧闹，细细品味自己舌尖上的酒味，并听从来自内心的"最高审判"。这时，也只有这时，他们才能站出来说，"我喜欢它"或"我不喜欢它"。如此得出的结论，不同于我们通常因沉湎于虚假而得出的结论。在最近的一次聚会上，我偶然看了一个酒瓶上的标签，并肯定地夸赞女主人，说她确实选到了一瓶非常棒的苏格兰威士忌。但紧接着我闭上了嘴：我在说些什么？我明明对苏格兰威士忌知之甚少，我所知道的都是广告上说的。我其实并不知道这瓶酒到底是好是坏，可往往我们都会做出这种愚蠢的事。拒绝做这种事是自我实现这个持续过程的一部分。类似的情形还有很多，比如有人问你：你肚子疼吗？你感觉好吗？这个东西好吃吗？你喜欢生菜吗？……你要怎么去回答。

第四，当你有怀疑的时候，诚实总比不诚实好。在这里我们不过多讨论怀疑的手段，而是来看看怀疑时候的状态。通常来说，当我们有怀疑的时候，我们是不诚实的。来访者大部分时候都是不诚实的，他们在扮演、在伪装，他们并不太容易接受"要诚实"这样的建议。从自己的内心去寻找答案意味着承担责任，这本身就是向自我实现迈进了一大步。这种责任问题很少有人研究过。在我们的教科书里找不到这个话题，因为没有谁会去研究小白鼠的责任。然而，在心理治疗中，这种责任几乎是可以触摸得到的一个实实在在的部分。在心理治疗中，你可以看到它，感觉到它，意识到需要承担责任的时刻。于是你就会清楚地知道责任是什么样的。这是向前迈出的重要的一步。每一次承担责任，都包含了一次自我的实现。

第五，到目前为止，我们已经讨论了不带自我意识的体验，做出成长的选择而不是恐惧的选择，倾听冲动之音，诚实和承担责任。所有这些都是迈向自我实现的步骤，所有这些都确保了更好的生活选择。一个人在每次面临选择的时候都会做这些小事情，他会发现这些小事情加起来会让他做出更好的选择。他渐渐就会明白自己的命运是什么，什么样的人将会成为自己的另一半，自己的人生使命将是什么。如果一个人敢于在生活的每一刻都倾听自己内心的声音，遵从自己的那个自我，并从容地说"不，我不喜欢这个（或那个）"，那么他就能为自己选择一种明智的生活。

在我看来,艺术界的各种主张和品味是由一小群人在主导着,对于这群人我是持怀疑态度的。这些主张和品味都是一些个人偏好,但对于那些自认为有资格说"你要喜欢我所喜欢的东西,否则你就是个傻瓜"的人来说,这似乎没有什么不妥。我们告诉人们要倾听他们自己内在的喜好,但绝大多数人都不会这样做。当你站在画廊,面对一幅令人费解的画时,你很少会听到有人说"这幅画真让人感到困惑"。不久前,我们在布兰迪斯大学举办了一场舞会——整件事情看起来很奇怪,现场放电子音乐、录音带,人们做着超现实主义和达达主义的事情。突然灯光亮起来,这时候每个人看起来都一副惊呆的表情,不知道该说什么好。在这种情况下,大多数人会说一些俏皮话来缓解尴尬气氛,而不是说"让我想想到底发生了什么"。如果要诚实地表达内心的想法,就需要敢于与众不同、不受欢迎、不墨守成规。咨询师需要引导来访者(无论老少)做好不受欢迎的准备,如果来访者拒绝接受这一点,那么咨询师最好放弃对他的继续治疗。诚实对应的是勇敢,而不是害怕。

第六,自我实现不仅是一种终极状态,而且也是在任何时间、任何程度上实现个人潜能的过程。例如,一个聪明的人通过学习变得更加聪明,这里的自我实现意味着把自己的聪明才智运用起来。自我实现并不是说一定要做一些遥不可及的事情,但它可能意味着要经历一段艰苦严苛的准备阶段,才能实现一个人的可能性。自我实现可以是在钢琴键盘上苦练指法,也可以是努力把自己想做的事情做好。如果你的目标是成为一个二流的医生,那么这个目标很难把你引向自我实现,如果要趋向自我实现,你应该要求自己成为一流的或者尽可能优秀的人。

第七,高峰体验是自我实现的短暂时刻。这是一些无法用金钱买到、无法担保,甚至无法寻求的极乐时刻。这种时刻就像英国作家C. S. 刘易斯(Clive Staples Lewis)所写的那样,令人"喜出望外"。你既可以设置条件,让高峰体验更有可能发生,也可以从反向设置条件,让它们不太可能发生。打破一个幻想,摆脱一个错误的观念,了解自己不擅长的是什么,了解在哪些地方自己不具备潜能——这些做法也是在发现真实的自己。

实际上,每个人都会有高峰体验,但并不是每个人都知道这一点。有些人会把这些小小的神秘体验抛在一边。帮助人们意识到这些极乐的小瞬间是咨询师或超越性咨询师的工作之一。然而,在没有任何外部指引的情况下,一个人的心灵要如何去窥探另一个人的隐秘心灵,并尝试与之进行交流呢?我们必须找到一种新的沟通方式。我尝试就这个问题进行过探索,在我的著作《宗教、价值观和高峰体验》的附录中,我以"狂喜的交流"(Rhapsodic Communications)为题对其进行了描述。我认为这种交流更多的像是一种教学和咨询的模式,帮助成年人尽可能地充分发展,而不是像看着老师在黑板上写板书那样。如果我喜欢贝多芬,并在他的四重奏中听到了一些你没有听到的东西,我该怎么教你去听呢?显然对你而言有些音符就像噪音,但我从中听到了一些非常美妙的东西,而你却面无表情。你仅仅听到了声音本身,那么我要怎样才能让你听到这其中的美呢?这是我们在教学中遇到的更大的问题,它比教你学习ABC,或在黑板上演示算术,或教你解剖一只青蛙要难得多。后面这些东西对教者和学者来说都是外在的,教者手握教鞭,指向所教的东西,双方都可以把它看得一清二楚,这种教学很容易。而我所说的那种教育则要难得多,但它是咨询工作的一部分,这就是超越性的心理咨询。

第八,弄清楚一个人是谁,他是什么,他喜欢什么,他不喜欢什么,什么对他是好的,什么是不好的,他要去哪里,他的使命是什么——他向自己敞开心扉——这意味着心理病理的暴露。这意味着对防御的识别,以及在识别防御之后找到勇气去卸下这些防御。这是痛苦的,因为防御是针对不愉快的事情而建立的,但卸下防御是值得的。如果要说精神分析文献的最大贡献,那就是它告诉了我们压抑不是解决问题的好办法。

去神圣化。我来谈谈心理学教科书中没有提到过的一种防御机制,它在今天的一些年轻人身上是一种非常重要的防御机制——这就是去神圣化(desacralizing)。一些年轻人对价值观和美德的可能性表示怀疑，他们觉得自己在生活中遭到了欺骗或挫折。事实上，他们大多数人的父母就很糊涂，这些年轻人也并不怎么尊重自己的父母。这些父母对自己的价值观感到困惑，他们常常害怕自己的孩子，从来不惩罚他们或阻止他们做错误的事情。因此你就会看到，这些年轻人通常觉得自己有充分的理由看不起他们的父母。这些年轻人对所有成年人有一个笼统的概括——他们不会听任何一个成年人的话，尤其是一个像他们的父母一样说着虚伪的话的成年人。他们曾听到他们的父亲讲要诚实、要勇敢、要大胆，却看到父亲的行为与之恰恰相反。

这些年轻人已经学会了把人简化成具体的对象，拒绝看到人的可能样子，拒绝看到人的象征价值，拒绝用长远眼光看待他或她。比如，我们的孩子已经将"性"去神圣化了。性什么也不是，它只是一种自然的东西，他们把它变得如此自然，以至于它在很多情况下失去了它的诗意，而这意味着它实际上失去了一切。自我实现意味着放弃这种防御机制，学会或被教导再神圣化（resacralizing）①。

再神圣化。再神圣化意味着，愿意再一次"在永恒的角度下"去看一个人，正如斯宾诺莎（Spinoza）所说的那样；或者从中世纪基督教的统一思想中去看一个人，也就是说，能够看到神圣的、永恒的、象征性的东西。它意味着，比如当你看到"女人"这个词时，你能看到它所暗含的一切内容，即使当你看着一个特定的女人，也能看到她身上所具有的一切意义。再如，一个学生去医学院解剖大脑，如果这个学生对此没有怀着敬畏之心和理解之情，而是仅仅把这个大脑看作一个具体的物的话，那么这其中肯定损失了某些东西。朝向再神圣化，就意味着在把大脑看作一件神圣的物体的同时，也看到它所具有的象征价值，看到它的隐喻、它的诗意。

再神圣化通常意味着大量的老生常谈——孩子们会说这"很老土"。然而，对于咨询师来说，尤其是对于为老年人提供服务的咨询

---

① 我不得不创造这些词，因为英语语言对于描述好的人来说显得太糟糕了。英语中缺乏像样的表达美德的词汇，即使是那些好的词也都被抹黑了，比如"爱"。

师来说，当这些关于宗教和生命意义的哲学问题出现时，再神圣化是帮助来访者走向自我实现的最重要的方式。年轻人可能会说它老土过时，逻辑实证主义者可能会说它没有意义，然而对于那些在这个过程中寻求我们帮助的人来说，它显然是很有意义，也很重要的，我们最好对他予以回应，否则就没有尽到我们的职责。

把所有这些点放在一起，我们会发现自我实现并不是某一个伟大的时刻。自我实现并不意味着，某个星期四的4点钟，号角吹响了，一个人永远走进了万神殿。自我实现是一个程度的问题，或者说是许多小成就一点一滴积累起来的。通常来说，来访者都倾向于等待某种灵感降临，那样他们就可以说，"在这个星期四的3点23分我获得自我实现了！"实际上，那些真正可以称得上是自我实现的人，不过是用了这些小方法：他们倾听自己的声音，他们承担责任，他们诚实，他们勤奋工作。他们找到了自己是谁，知道自己能够做什么，不仅在人生的使命上，也在生活的方方面面，例如，他们知道当自己穿着某种样式的鞋子时脚就会疼，知道自己是否喜欢茄子，知道自己是否会因为喝太多啤酒而睡不着觉，等等。所有这一切都是真实自我的含义。他们找到了自己的生物本性、先天本性，这种本性是不会逆转，也很难发生变化的。

治疗的态度

以上就是人们在趋向自我实现的过程中所做的事情。那么，什么样的人才称得上是一名合格的咨询师呢？他怎样才能帮助那些来找他咨询的人朝着成长的方向前进呢？

寻求一种模式。我使用过"治疗""心理疗法"以及"病人"这些词。但事实上，我讨厌所有这些词，也讨厌它们所意指的医学模式，因为医学模式把来访者看作一个因受到疾病困扰而寻求治疗的病人。实际上，我们都希望咨询师是帮助促进他人获得自我实现的人，而不是帮人治疗疾病的人。

此外，帮助模式也是不合适的，它会误导我们将咨询师看作一个专家或权威，就好像他懂得一切，并且要从他高高在上的地位上走下来去指导那些无知和需要帮助的可怜蠢人。咨询师也不是通常意义上的教师，因为教师擅长的是"外在学习"（extrinsic learning）（见第 12 章），而一个人成长为最好的自己这个过程是通过"内在学习"（intrinsic learning）来实现的。

存在主义治疗师一直在努力解决模式的问题，我可以推荐布根塔尔的书《寻找真实性》（The Search for Authenticity），作为对这个问题的讨论。布根塔尔建议我们把咨询或治疗称为"存在成长"（ontogogy），意思是试图帮助人们尽可能成长到他们所能达到的高度。这个词或许比我曾建议过的词要更好，我所建议的这个词来源于一位德国作家，它叫作"psychogogy"，意思是对心灵的教育。不管我们用什么词，我认为我们最终得到的概念就是阿德勒（Alfred Adler）在很久以前所谈到的"长兄"（older brother）的概念。长兄是一个有爱心、有责任感的人，就像一个人对待他年幼的弟弟那样。当然，长兄年长一些，懂得更多一些，但他和自己的弟弟在本质上没有什么不同，他们能够平等地交流。这个有智慧又充满爱心的长兄试图以弟弟自己的方式来促进其成长，并试图让他变得更好。这和"对无知者实施教育"的模式是多么的不同啊！

咨询所关心的不是训练、塑造或一般意义上的教导，即告诉人们该做什么、怎么做，它也不是一种宣传，它是一种道家式的发现和帮助。"道家式的"意味着不干涉、顺其自然。道教不是一种放任自流的哲学，也不是一种关于忽视的哲学，或者一种拒绝为人提供帮助和关怀的哲学。在这种模式下，我们设想有这样一位治疗师，他身为一个像样的治疗师以及一个不错的人，永远不会把自己的想法强加给病人，或以任何方式宣传自己的想法，或试图让病人模仿自己。

好的临床治疗师所做的是帮助来访者去展开自己，打破对自我认识的防御，恢复自我并了解自我。理想情况是，治疗师所选用的那些抽象的参照系（如他读过的教科书、他上过的学校、他对世界的信念等）永远不应该被来访者察觉到。尊重来访者这个"弟弟"的内在本性、存在和本质，让对方意识到过上美好生活的最佳方式是更充分地做自己。那些被我们称为"病态"的人都没有真正地在做自己，他们建立起各种神经症性的防御机制来对抗人类的本性。对于来访者这个"弟弟"来说，咨询师这个"长兄"是如何学会帮助人的其实并不重要，就像对于玫瑰花丛来说，园丁是意大利人、法国人还是瑞典人都没什么关系。帮助者需要提供的是某些特定的服务，这些服务与他的身份无关，他可以是瑞典人、天主教徒、伊斯兰教徒、弗洛伊德的追随者或其他任何身份，不论何许人也都没有关系。

以上这些基本概念中暗含着弗洛伊德的思想，与弗洛伊德及其他心理动力学体系的基本概念是一致的。弗洛伊德有一个理论，他认为，自我的无意识层面是受到压抑的，而要找到真正的自我，就需要揭开这些无意识内容的面纱。这个理论中蕴含着这样一种信念，即事实是具有疗愈作用的。学会突破自己的压抑，了解自己，倾听内心的冲动之音，体会战胜自我的喜悦，获得真知、洞见和事实——这些都是必要条件。

劳伦斯·库比（Lawrence Kubie）在《教育中被遗忘的人》（*The Forgotten Man in Education*）一书中曾指出，教育的终极目标之一就是要帮助人成为一个人，尽其所能地成为一个完整的人。

特别是对于成年人而言，我们是能够帮到他们的。我们已经有了一个开始，我们已经具备了能力、才干、方向、任务和使命。如果我们认真地对待这个模式，那么我们的工作就是去帮助他们变得更加完满，更加充分，更加了解自己实际所具有的潜能。

第二部分　创造性

第四章 创造性的态度

一

我的感觉是,创造性的概念同健康、自我实现、完满的人的概念似乎越来越接近,而且可能最终会变成同一个东西。

另一个我觉得有可能的结论(尽管我对事实还不太确定),就是创造性的艺术教育(或者更确切地说,通过艺术对人进行教育)在培养更好的人方面尤为重要,其重要性甚至可能超过了这种教育对于艺术家的培养或对艺术品的造就。假如我们对人类的教育目标有清晰的认识,假如我们希望我们的孩子将来成长为完满的人,朝向实现他们潜能的方向前进,那么据我所知,目前唯一可能实现这个目标的教育就是艺术教育了。我之所以想到艺术教育,不是因为艺术能产生像图画一样的产品,而是因为我认为艺术教育可能会成为一切其他教育的范例,而不是像现在这样被边缘化、可有可无。如果我们认真对待并尽力去做,使艺术教育突破我们对它的怀疑,那么有一天我们就有可能用艺术教育的方式来教算术、阅读和写作。我认为艺术教育可以用来指导所有教育。这就是为什么我对艺术教育感兴趣的原因——因为它似乎是一种有潜力的好的教育。

我对艺术教育、创造性、心理健康等方面感兴趣的另一个原因,是我深深地感到历史发展的节奏出现了变化。在我看来,我们正处在一个前所未有的历史性时刻,现在的生活比以往任何时候都要快得多,比如让我们想一想各种事实、知识、技术、发明和技术进步的急剧发展吧。很显然,这需要我们改变对人类的态度,以及对人类与世界的关系的态度。更直接地说就是，我们需要一种不同的人类。我觉得与20年前相比，今天我必须更加认真地对待赫拉克利特（Heraclitus）、怀特海（Whitehead）、柏格森（Bergson）等人的观点，他们强调世界是一种流变、一种运动、一种过程，而不是一种静止的状态。如果是这样的话，那么很明显当今的这种变化和运动要比1900年，甚至1930年都要显得更加突出——如果是这样的话，那么我们需要一种不同的人类，能够生活在一个不断变化的世界里，一个不会停滞不前的世界里。我甚至可以对教育界说：讲授事实有什么用？事实很快就会过时！讲授技术有什么用？技术很快就会被淘汰！就连工科学校也被这种认识弄得四分五裂了。拿麻省理工学院来说，教授们已经不再仅仅通过给学生讲授工程学来使他们获得一系列技术了，因为实际上这些教授自己在学校里学到的那些技术现在都已经过时了，比如今天学习怎么制造马车鞭子已经毫无用处了。据我所知，如今一些麻省理工学院的教授所做的，是放弃过去久经考验的那些教学方法，而从对人的培养方面去进行尝试，他们尝试着培养出能够适应变化，喜欢变化，能够即兴创造，能够有信心、力量和勇气去面对突如其来的挑战的人。

今天似乎一切事情都在改变，国际法在变，政治在变，整个国际舞台在变。人们在联合国里所谈论的话题可以穿梭于世纪之间。比如某个人谈到了19世纪的国际法，另一个人用不同时代的不同法则去对他进行回应，两人讲的东西完全不同。事情就是变化得如此之快。

回到我的题目上来，我所谈论的是如何使我们自己转变成一种新的人，这种新的人不需要让世界保持平静，不需要冻结世界从而使世界保持稳定，我们不需要做我们父辈所做的事，我们能够满怀信心地面对明天，即使不知道什么将要降临，什么将会发生，我们也对自己充满信心，相信自己能够在从未出现过的情境中即兴地应对一切。这意味着成为一种新的人类，你可以说这是一种赫拉克利特式的人类。能够造就出这种人的社会将会得以存在，否则就将灭亡。

你们会注意到我非常强调即兴和灵感，而不是从已经完成的艺术作品和创造性活动的角度来谈创造性。事实上，我今天根本不会从成品的角度来探讨它。我为什么这么做呢？因为从我们对创造性和有创造性的人的心理分析中能够很清楚地意识到，我们必须区分原发的创造性（primary creativeness）和继发的创造性（secondary creativeness）。原发的创造阶段或灵感阶段必须与灵感的运用和发展阶段相分离。这是因为后一个阶段虽然强调创造性，但它在很大程度上还非常依赖于单纯的艰苦作业，依赖于艺术家的自律，艺术家可能会花半辈子的时间来学习使用工具、技术和材料，直到最终准备好充分地表达他所看到的东西。我敢肯定，很多人在半夜醒来都会有灵感乍现的感觉，会突然想到自己可以写一部什么小说、戏剧、诗歌或者其他的东西，但大多数灵感都没有实现。灵感多如牛毛。灵感和最终作品之间还有一个过程，例如，托尔斯泰的《战争与和平》是一项很庞大的艰苦工作，它包含了高度的自律，海量的训练，无数次的练笔、实践、审核、反复修改，等等。继发的创造性伴随着单纯的劳作和自律，正是这种创造性使最终作品得以产生，如伟大的画作、伟大的小说、桥梁、新的发明，等等，而这种单纯的劳作和自律还依赖于坚定、耐心、勤奋等美德，同时也依赖于个性中的原发创造性。因此，为了保持整个创造阶段的纯粹性，你可能会说，虽然我意识到大多数灵感都不会实现的事实，但我似乎仍然有必要专注于第一次灵感闪现时的即兴创造，暂时不要担心它会变成什么样子。正是因为如此，所以在这个创造性的灵感阶段，最佳的研究对象是儿童，因为他们的创造性和发明力往往不能用他们能产出什么来定义。比如，当一个小男孩发现了十进制，对这个男孩来说这可能是一个灵感乍现和高创造性的时刻，我们绝不应该因为一些先验的定义说创造性应该是对社会有用的、新颖的或之前没人想到过的，等等，就对这样的创造性时刻置之不理。

出于同样的原因，我自己决定不以科学的创造性作为范例，而是使用其他的例子。目前正在进行的很多研究都把有创造性的科学家作为了研究对象，他们的创造性已经获得过证明了，这些人包括诺贝尔奖获得者、伟大的发明家，等等。问题是，如果你认识很多科学家，你很快就会发现这个标准有问题，因为从整体上来说，科学家们并不像你所想的那么有创造性，其中包括那些曾经有过发明创造的人，那些发表过促进人类知识进步的相关学说的人。实际上，这一点并不太难理解。这一发现告诉我们一些关于科学的本质，而不是关于创造性的本质。我甚至可以调侃地说科学是一种技术，凭借这种技术，那些没有创造性的人也可以进行创造。这绝不是在取笑科学家。在我看来，科学是一个奇妙的东西，它可以迫使能力有限的人类为伟大的事业服务，即使他们自己不是伟大的人。科学是一种技术，是一种社会化的、制度化的技术，在这种技术的引导下，即使是不够聪明的人也能在知识的进步中发挥作用。这是我对科学所做的最极端和最激烈的评价。任何一位科学家都无法挣脱历史的怀抱，站在如此多前人的肩膀上，他就像是一个庞大的篮球队当中的一员，是一大群人当中的一员，这种情形会掩盖他个人的缺点，使之不会显露出来。他通过参与一项伟大而值得敬重的事业而变得受人尊敬和崇敬。因此，当他有了一些发现时，我会觉得他的发现是一种社会制度的产物，是一种人际合作的产物。即使他没有做出这一发现，很快也会有其他人去发现。因此，在我看来，选择科学家作为研究对象，即使他们已经有所创造，也不是研究创造性理论的最好方式。

我还认为，我们应该意识到，实际上我们一直使用的所有关于创造性的定义、我们使用的大多数创造性的例子，在本质上都是男性或男性化的定义以及男性或男性化的产物，只有意识到这一点，我们才能从根本意义上研究创造性。我们几乎完全忽略了女性的创造性，从语义上将男性产出的作品定义为是有创造性的，而忽略了女性的创造能力。近来通过我对高峰体验的研究，我发现女性的创造性是一个很好的研究领域，因为它较少涉及产出物，较少涉及成就，而更多涉及的是过程本身，涉及进行中的过程，而不是明显的胜利和成功的顶峰。

这就是我所要谈论的问题的背景。

二

我现在试图解开的这个谜是通过观察发现的,有创造性的人在创造性狂热的灵感阶段会丢掉过去,不思未来,只活在当下。他在那里,完全沉浸、着迷和专注于现在,沉湎于当前、此时此地、手中的事情。或者用西尔维亚·阿什顿-沃纳(Sylvia Ashton-Warner)的《老处女》(*The Spinster*)中的一句话来形容这种场景,这位专注于教给孩子们一种新的阅读方法的老师有一句完美的话——"我完全迷失在当下。"

这种"迷失在当下"的能力似乎是任何一种创造性的必要条件。其实不管在何种领域中,创造性的某些先决条件在某种程度上都与这种永恒,无我,置身于空间、社会和历史之外的能力有关。

这种现象像是一种程度更弱的、更世俗化的、更常出现的神秘体验,这种神秘体验常常被提及,以至于变成了赫胥黎所说的长青哲学(The Perennial Philosophy)。在不同的文化和不同的时代,它呈现出不同的色彩——它的本质总是能够被辨认出来——但它的本质是不变的。

它总是被描述为自我的消失,有时也被描述为自我的超越。这里有一种与被观察到的现实(我应该更中立地说,和手中的事情)的融合,一种二重性合而为一的感觉,一种自我与非自我的融合。通常来说,这是一种对隐藏的真理的觉察,一种严格意义上的启示,一种真实性的暴露,最后,几乎总是如此——这整个体验是令人感到极乐、心醉、着迷、狂喜的。

这种震撼的体验常常被认为是超越人的,超越自然的,比任何人类能够想象得到的事物都要伟大得多,所以它只能被认为是由超越人类限制的原因所导致的。这种"启示"(revelations)常常是各种"启示"宗教的基础,有时是唯一的基础。

然而,即使是这种最非凡的体验,现在也被带入了人类经验和认知的领域。我研究我所说的高峰体验,玛格哈妮塔·拉斯基(Marghanita Lask)研究她所说的狂喜的状态,我们的研究彼此独立又不谋而合，说明这些体验是很自然的，也是很容易进行探索的。那些最大化实现了自我的人，他们已经获得了最大程度的成熟和发展，总之他们是最完满的人，从他们身上我们能够对创造性以及充分发挥功能的人的其他方面有更多的了解。

高峰体验的一个主要特征正是对手中的事情完全着迷，沉湎在当下，超然于时空。在我看来，我们从高峰体验的研究中所学到的很多东西，都可以促进对此时此地的体验和创造性的态度的深刻理解。

如果努力去回忆的话，几乎所有人都能记起自己曾有过的那种心醉神迷的时刻，尽管如此，对我们而言其实没有必要把自己局限在这些罕见而极端的体验中。高峰体验有一些最简单的形式是我们更常拥有的，即被任何有趣的事物所吸引而表现出的入迷、专心和全神贯注，这里我指的不仅是陶醉于伟大的交响乐或悲剧，也可以是被一部扣人心弦的电影或侦探故事所吸引，或者仅仅是专注于自己的工作。从这些我们都有过的普遍而熟悉的体验出发是有一定好处的，这样我们就能获得一种直接的感觉、直觉或共鸣。也就是说，这其实是华丽的"高级"体验的一种温和朴素的变式，而我们能够获得关于这种变式的直接经验。最主要的是，这样就可以避免像通常我们所做的那样，用一些浮夸、晦涩和极具隐喻性的词汇来描述高峰体验。

那么，在这些时刻会发生什么呢？

放弃过去。看待当前问题的最佳方式是把你所有的认识搁在一边，去研究它和它的本质，感知它内在固有的相互关系，从问题本身发现（而不是发明）问题的答案。这也是鉴赏一幅画或在治疗中倾听一位病人的最好方法。

另一种方法仅仅是把过去的经历、过去的习惯、已有的知识打乱重组，以找出当前的情况在哪些方面与过去的某些情况相似，即，对问题进行归类，然后把过去解决类似问题的有效办法用于现在。这就像档案管理员的工作。我把它叫作"标签化"（rubricizing）。只要现在的情形和过去类似，这种方法就很有效。

但很明显，一旦当前的问题与过去的不同，这种档案管理式的方法就不起作用了。当一个人面对着一幅不知名的画时，他匆匆回顾他的艺术史知识，想记起他以前是怎么反应的。这个时候他几乎是没有在看那幅画的。他所需要的只是搜索到相应的名字、风格或内容，以便能够迅速进行推算。然后，如果过去的经历和知识告诉他应该欣赏，他就欣赏；如果告诉他不应该欣赏，他就不去欣赏。

在这样一个人身上，过去是一个无生气的、未消化的异物，是一个他随身携带着的东西。这种过去不是这个人本身。

更准确地说，只有当过去重新塑造了人，并被现在的人所消化吸收时，它才是活跃的、有生命的。它不是或不应该是人以外的东西，与人相异的东西。它现在变成了人（并失去了自己作为一种相异物的身份），就像我以前吃过的牛排现在变成了我的一部分，而不是牛排。被消化的过去（经过了吸收）与未经消化的过去是不同的。这就是卢因（Lewin）所说的"与历史无关的过去"（ahistorical past）。

放弃未来。我们常常不是为了利用好现在而生活在现在，我们现在所做的一切往往是在为将来做准备。想想看，在谈话中，当对方说话时，我们有多频繁地摆出一副在倾听的面孔，心里却偷偷地准备我们要说的话，反复打着腹稿，或许还谋划着反攻。但如果你知道你将要在五分钟内对我说的一番话做出评论，你现在的态度应该就不会是这样了。所以你看，要当一个好的、全身心投入的倾听者是多么不容易啊！

如果我们全身心投入地在听或看，我们就放弃了这种"为未来做准备"的方式。我们不只是把现在当成一种达到未来目标的手段（从而贬低现在的价值）。很显然，这种对未来的遗忘是全身心投入当下的先决条件。同样明显的是，"忘记"未来的一个好办法就是不要对未来充满忧虑。

当然，这只是其中一种意义上的"未来"。还有一种未来，它属于我们当前自我的一部分，处于我们自身内部，它是完全不同的另一种东西。

纯真。这指的是一种感知和行为的"纯真",这通常是具有高度创造性的人才具备的品质。他们在各种情形之下都能真实地袒露自己,不矫揉造作,不好高骛远,在他们心里没有"应该"怎样或"必须"怎样,他们不盲目追随潮流,不拘泥于固定的行为模式、教条、习惯,对于什么是适当的、正常的、正确的,没有先入为主的想法,随时准备好接受任何可能发生的事而不会惊讶、震恐、愤怒或拒绝。

孩子们更容易接受这种无所求的方式,明智的老人也是如此。如此看来,当我们变得专注于"此时此地"时,我们所有人也都能在这种方式中变得更加纯真。

意识变窄。当我们全身心投入于当前手中的事情时,我们对其他事情的意识就会减少(不那么容易分心)。这里很重要的一点是,我们对他人的存在,对我们与他人之间的联结,对我们自己的义务、责任、恐惧、希望等这些东西的觉察都会减弱。我们变得更自由了,这反过来意味着我们变得更自我了,呈现出了真实自我(即霍妮所说的 Real Selves)、本真的自我和真正的本性。

我们与真实自我疏远的最大原因是我们与他人之间有着神经症性的纠缠,这是源于童年时代的历史遗留,因为非理性的移情而导致的过去与现在混淆不清,以及成年人表现得像个孩子。(顺便说一下,孩子表现得像个孩子是可以的,因为孩子对他人的依赖是非常真实的。但是毕竟所有孩子都应该要长大成熟。如果一个人已经从孩子成了大人,而他的父亲也已经去世了 20 年,这时他还会害怕父亲会说什么或做什么,这就肯定是不合适的了。)

总之,在这样的时刻,我们变得更加不受他人的影响。因此,虽然这些影响曾左右着我们的行为,但在这样的时刻它们就不再起作用了。

这意味着摘下面具,停止为了想要对他人施加影响,想要给他人留下印象,想要讨好他人,想要变得可爱,想要赢得赞许而做出的努力。可以这样说:如果我们没有观众,我们就不再是演员。不需要去表演,我们将能够忘我地投身于我们正在做的事情当中。

自我的消失:忘我及自我意识的消失。当你完全沉浸在非我之中时，你会变得较少在意自己，较少有自我意识，你不太可能像一个旁观者或评论家那样观察自己。用心理动力学的语言来说，你会比平时更少地游离在观察的自我（self-observing ego）和体验的自我（experiencing ego）之间，也就是说，你会更接近于全部的体验自我（你会逐渐失去青少年式的害羞和腼腆，更少感知到被人注视的那种难堪，等等）。这反过来又意味着一个人更统一、更完整、更整合。

这也意味着对体验少一点吹毛求疵、修正和评价、选择和拒绝、判断和权衡、分解和分析。

这种忘我是发现一个人的真实身份、真实自我、真实本性、最深层本性的途径之一，它几乎总是能够让人感到愉快和满足。在这个问题上，我们不需要像佛教徒和东方思想家谈论心性那样走得那么深远，但他们所说的确实有些道理。

（自我）意识的抑制作用[①]。从某种意义上说，意识（尤其是自我意识）在某些方面和某些时候是具有抑制作用的。它有时是怀疑、冲突、恐惧等的根源，有时会损害创造力的充分发挥，有时会抑制自发性和表现力（但观察的自我对治疗来说是必要的）。

然而，某种自我意识、自我观察、自我批评——即观察的自我——对于"继发的创造性"来说是必要的。以心理治疗为例，自我完善在一定程度上是一个人对进入意识领域的体验进行批判的结果，这就是治疗中那个观察的自我在起作用。精神分裂症患者会有许多的感受，但他们不能在治疗中利用起来，他们总是在体验很多东西，却不会"自我观察和批评"。创造性工作也是如此，在"灵感"阶段之后，还需要有纪律的建设劳动阶段，才能够最终成就一项创举。

恐惧的消失。 当我们专注于当下，我们的恐惧和焦虑也会趋向于消失，同时，我们的抑郁、困惑、矛盾、烦恼、问题，甚至身体的疼痛也会趋向于消失，甚至我们的精神病和神经症（如果它们不那么极端，不会妨碍我们全身心投入手中的事情的话）也会暂时地

---

① Inhibiting Force of Consciousness（of Self）。

消失。

在这样的时刻，我们是勇敢和自信的，没有害怕、焦虑、神经质和病态。

防御和压抑的减弱。同样，我们的压抑也会趋向于消失，还有我们的警惕、（弗洛伊德所说的那种）防御，对冲动的控制，以及对危险和威胁的防御也会减弱。

勇气和力量。创造性的态度既需要勇气，也需要力量，大多数对有创造性的人的研究都发现，在这类人身上具有某种勇气：顽强、独立、自给自足，有一种傲气，个性中有一种力量，拥有自我的力量，等等。与之相比，一个人的声望则显得较为次要了。恐惧和软弱会让人丧失创造性，或者至少会削弱创造性。

在我看来，当我们把勇气和力量看作此时此地的忘我和忘他现象的一部分时，我们似乎就能更好地理解创造性中的勇气和力量了。这种状态在本质上意味着较少的恐惧和压抑，较少对防御和自我保护的需要，较少的戒备，较少的矫揉造作，较少害怕嘲笑、羞辱和失败。所有这些特征都是忘记自己和忘记外在观众的一部分。专注可以驱除恐惧。

或者我们可以更肯定地说，变得更加勇敢会让我们更容易被那些神秘的、不熟悉的、新颖的、不明确和矛盾的、不寻常和意想不到的东西所吸引，而不是陷入多疑、恐惧、警惕，或不得不使用防御机制来缓解焦虑的境地。

接纳：积极的态度。沉浸在此时此地以及忘我的状态下时，我们会倾向于变得更"积极"而更少消极，我们会放弃吹毛求疵（如校正、挑剔、修改、怀疑、改进、质疑、拒绝、判断、评价等）。这就好像我们是接纳一切的，不会有拒绝或不同意，也不会有带着选择的挑挑拣拣。

不去阻碍我们手中的事情，这意味着让它自然流入我们的身体，让它随着它的意愿恣意蔓延，让它成为它自己。我们甚至可以去认同它本来的样子。

从谦逊、不干涉、接纳的意义上来说，这种状态很有一种道家的味道。

信任 vs. 追求、控制、争取。以上所说的一切暗含了一种对自我的信任和对世界的信任,它允许我们暂时放弃竭力争取,放弃意志和控制,放弃有意识的应对和努力。要让自己顺从于手中事情的本质,那么此地此时必然就意味着放松、等待和接纳。那种要努力去掌握、支配和控制的做法与对物体(或问题,或人)的真正感知和顺应是相对立的。涉及未来的问题更是如此。我们必须相信自己在未来面对新奇事物时具有即兴发挥的能力,这样一来,我们就能更清楚地看到,这种信任里包含着自信和勇气,以及对这个世界的无所畏惧。同样明显的是,这种对我们自己面对未知未来的信任是使我们能够完全、彻底、全心全意地转向现在的一种条件。

(一些临床上的例子可能会有助于说明问题:分娩、排尿、排便、睡觉、漂浮在水中、性的享受,等等,这些自然而然的事情都是在放松、信任、自信的状态下发生的,这其中没有紧张、力求和控制。)

道家式的接纳。道家式的和接纳,这两者都意味着很多东西,这些东西都很重要,但同时也很微妙,很难表达,除非运用修辞手段来进行阐释。许多作者在探讨创造性时,都曾以这样或那样的方式,一而再再而三地描述过创造性态度中所具有的所有精细微妙的道家属性。虽然表述方式不同,但这些人都一致认为,在创造性的初始或灵感阶段,一定程度的接纳或不干涉或"任其发生",是一种可被描述的态度,同时,从理论上和动力学上来说这种态度也是必要的。我们现在的问题是,这种接纳或"任由事情发生"的态度与当下的沉湎与忘我之间有什么样的关系。

以艺术家对材料的尊重为范例,我们可以说这种对手中的事情的尊重是一种谦恭或敬意(不受控制意志的干扰),类似于"认真对待它"(taking it seriously)。这就相当于把手中的事情作为一种目的,作为它本身,尊重它本身的存在,而不是把它作为达到它自身以外的其他目的的手段(不把它作为达到一些外在目的的工具)。我们尊重它的存在,这意味着它是值得尊重的。

这种谦恭或尊重在对待问题、物品、情境或人的时候是同样适用的。这就是作家福利特（Follett）所说的"顺从（让步、屈服）于事实所具有的权威和情境中的规律"。我们可以从允许它做它自己，逐渐延伸为一种充满爱的、关怀的、赞许的、愉悦的渴望，就像对待我们的孩子、情人、树木、诗歌、宠物那样，渴望他（它）作为他（它）自己那样的存在。

这样的态度对于感知或理解手中的事情是必需的，它有助于获得关于当前问题的全貌，以及关于问题的本质和属性的信息，这其中无须任何多余的帮助，我们无须把自己的意志强加于它。这就好比当我们想要听清他人的低声耳语就必须安静下来一样。

这种对他者的存在的认知在第9章中将有充分的说明。

存在性认知者的整合 vs. 分离。在创造性活动中，创造者通常是作为一个完全的人在行动，他全身心扑在令他着迷的事情上，那时他是最完整的、最统一的、一体化的、全然的、高度组织化的。因此，创造性是系统化的，即它是一个人的整体性或完形特征的体现，而不是像一层涂料或入侵的细菌那样是附着在机体上的外来物。它与分离有着相反的意义。此时此地的全部意味着更少的分离（分裂）和更多的统一。

沉浸于初级过程。人的整合过程中，有一部分任务是无意识和前意识内容的恢复，尤其是初级过程的（或诗意的、隐喻的、神秘的、原始的、古老的、天真的）心理内容的恢复。

我们的理智是意识层面的，它太善于去分析，太理性，太过于关注数字、原子论、概念等这些东西，并因此忽略了很多真实性，尤其是关于我们自身的真实性。

审美感知而非抽象化。抽象化是更具有行动性和干扰性的（少了一些道家色彩），与诺斯罗普（Northrop）的美学态度（以一种不干涉、不侵扰、不控制的方式去品味、享受、欣赏、关怀）相比，抽象化是更具有选择性和拒绝性的。

抽象化的最终产物是数学方程、化学公式、地图、图表、设计图、连环画、概念、概括化的草图、模型、理论体系等，所有这些都离原始的现实越来越远（就像"地图并不是领土本身"）。审美感知和非抽象化的最终产物是知觉的全部内容，其中每一分所得都得到同等程度的欣赏，不存在孰轻孰重这样的评价。在这里，我们追求的是更丰富的感知，而不是更大程度的简化和概括。

对许多糊涂的科学家和哲学家来说，公式、概念或设计图已经变得比现象学的现实本身更加真实了。幸好我们已经明白，具体与抽象之间是相互作用和相互充实的，因此没有必要再贬低其中之一了。就当前的情况而言，我们这些西方知识分子太过于用抽象化的方式来看待现实，现在应该调整一下我们的天平，也强调一下那些具体的、审美的、现象学的、非抽象的方面，去感知现象本身所包含的整体和细节，去感知现实的丰富性，包括感知它无用的那部分。

完全的自发性。如果我们完全专注于手中的事情，着迷于它本身，不带有其他目标或目的，那么我们就更容易拥有完全的自发性，完全发挥我们的功能，让我们的能量以一种本能一般的、自动的、不带思考的方式从身体内部自如地流出，不用刻意地努力，没有有意识的意志或控制，也就是说，这是一种完全彻底、不受阻碍、有条理的行为。

如何组织和适应手中的事情，这主要取决于这件事的内在性质。当我们遵从事物的内在性质时，我们的能力就能最完美、最迅速、最轻松地适应情境，并随情境的变化而灵活变化，就像画家不断地适应绘画发展的需要，像摔跤手适应对手，像一对娴熟的舞者相互协调配合，像流水填满裂缝。

充分表达（独特性）。完全的自发性保证了功能自由的机体能够诚实地表达自己的本性和风格。自发性和表达这两个词，都意味着诚实、自然、真实、不矫饰、不模仿，等等，因为这两个词同时也意味着行为的非工具化，不去故意地"尝试"，不做刻意的奋斗或努力，不阻止内心深处涌出的冲动和自由的发散性表达。

现在唯一的决定因素就是眼前问题的内在本质、当事人的内在本质，以及这二者相互调和适应的内在需要，由此去达成一种融合、一种统一，就像一支优秀的篮球队或者一个杰出的四重奏乐团那样。这种融合之外的一切东西都是无关紧要的。这种融合和统一的情境不是达到任何外在目的的手段，它自身即是目的。

人与世界的融合。我们以人与他的世界的融合作为终点，这种融合常常是创造性中的一个显而易见的事实，并且我们现在有理由认为它是一个必要条件。我认为，我一直在拆解和讨论的这个相互关系的网络，可以帮助我们更好地把这种融合理解为一种自然的事件，而不是某种神秘、晦涩、深奥的东西。我认为，如果我们把这种关系理解为一种同构、一种相互塑造、一种越来越融洽的相互配合或互补、一种熔化而成的整体，那么它甚至是可以被研究的。

这让我更加理解了日本画家葛饰北斋（Hokusai）说过的一句话，他说："如果你想画一只鸟，你必须成为一只鸟。"

第五章　创造性——一种整体论的方法

对我来说，把现在的创造性研究领域的情况与二十或二十五年前的情况进行比较是很有趣的一件事情。首先，我想说的是，目前在这个领域所积累的资料——大量的研究工作——远远超出了我们过去的预期。

其次，我有一个这样的印象，那就是与这一领域中积累起来的诸多方法、精细的测量技术和大量的信息相比，这一领域的理论进展是不明显的。我想提出关于理论的问题，也就是，让我对这个研究领域的概念化感到不安以及这些令人不安的概念化的不良后果是什么？

我认为最重要的一点就是，创造性领域的思考和研究本来可以或本来应该是整体的、机体的、系统化的，但实际上它们却往往太原子论、太特殊化。当然，我不想在这里做任何愚蠢的二分法或两极化的讨论。也就是说，我既不想表示任何对整体论的虔诚，也不想表示任何对精细解析或原子论的反对。对我来说，问题在于如何最好地将这二者整合起来，而不是在它们之间做选择。避免这种非此即彼的选择的一个途径是使用过去皮尔逊（Pearson）对一般因素（G因素）和特殊因素（S因素）的区分法，这两个因素既是智力的构成因素，也可以是创造性的构成因素。

当我读到关于创造性的文献时，令我印象非常深刻的是，它与精神健康或心理健康的关系是如此关键、如此深刻、如此重要、如此明显，然而这种关系却并没有被用作建立创造性理论的基础。例如，心理治疗领域的研究和创造性的研究之间几乎没有什么关联。

我的一个研究生理查德·克雷格（Richard Craig）发表了一篇我认为非常重要的文章，证明了这种关系的存在。我们对托兰斯（Torrance）的书《指导创造性人才》（*Guiding Creative Talent*）中的表格印象深刻，他在表格中总结归纳了所有与创造性相关的人格特征，大约有三十多个特征是与创造性显著相关的。克雷格所做的是把这些特征排成一列，然后在旁边的另一列中，列出我用来描述自我实现者的那些特征①。

这种重叠几乎是完美的。在这三四十个特征中，只有两三个没有被用来描述心理健康的人，它们是几个中性的词。所有这些特征不存在彼此对立的情况，我们大致可以说，有将近四十个特征，或者说有三十七八个特征与心理健康的特征是相同的，这些特征共同构成了心理健康或自我实现的症候群（syndrome）。

我认为克雷格这篇文章对于我们讨论创造性来说是一个很好的起点，因为很早以前我就坚信，创造性的问题其实是有创造性的人的问题（而不是有创造性的产品、有创造性的行为等方面的问题）。换句话说，有创造性的人是一种特定或特殊的人类，而不仅仅是一个获得了一些外部新技能的守旧的普通人。获得了一项新的技能（如滑冰），或者积累了更多可以"拥有"的东西，对于一个人来说，这都不是他固有的特质，不是他的本性所在。

如果你认为那种有创造性的人才是问题的本质，那么你将要面临的就是人性的转变、性格的改变，以及整个人的充分发展这一整套问题，而这又必然把我们带入到世界观、人生哲学、生活方式、道德规范、社会价值观等问题中去。这与我们经常听到的那些关于理论、研究和训练的概念形成了鲜明而直接的对比，后者通常是专门的、因果的、封闭的、原子论的，例如后者会涉及这样一些问题——"创造力的原因是什么？""对于创造性我们能做的最重要的

---

① 这些特征与其他许多人在描述心理健康时所列举的特征有相当多的重叠，例如罗杰斯所描述的"充分发挥功能的人"（Fully Functioning Person），或者荣格所说的"个体化的人"（Individuated Person），或者弗洛姆所说的"自主的人"（Autonomous Person），等等。

一件事是什么？""我们是否应该在课表中增加 3 学分与创造性有关的课？"我想，我们很快可能就会听到有人问"创造性在一个人身上的什么位置呢？"或者有人可能会试图植入电极来打开或关闭创造性。在我与工业研发人员打交道的过程中，我也有一个深刻的印象，我感觉他们一直在寻找那种可以启动创造性的秘密按钮，就像电灯开关那样。

我想说的是，要想成就一个有创造性的人，可能有成百上千的决定因素。也就是说，任何有助于个体走向更健康的心理或更完满的人性的事情，都在改变着整个人。这个拥有更完满的人性、更健康的人，会在行为、体验、感知、交流、教导、工作等方面迸发出更多的可能，而这些都将是更具有创造性的。这个人因而会变成另一种人，在各个方面都表现得与之前的他迥然不同。于是，那种为了使创造性得以产生而特设的秘密按钮、技巧或 3 学分的课程，会因此而让位于这个更全面的、机体论的观点，在这种观点下更有可能出现这样的问题："为什么不应该是每一门课程都有助于培养创造性呢？"毫无疑问，这种对人的教育应该有助于造就一种更好类型的人，应该促使一个人成长得更大、更高、更聪明、更有敏锐的感知力——附带地，也使这个人在生活的各个方面更具有创造性。

我脑海里突然蹦出一个例子。我的一个同事迪克·琼斯（Dick Jones）写了一篇博士论文，我认为从哲学的角度看，这篇论文非常重要，但却没有得到足够的重视。他给高中高年级学生开设了一门团体治疗课程，他发现一年下来，这些学生的种族偏见减少了，尽管在开设这门课的整整一年里他都在极力避免提到与种族偏见相关的词句。偏见这种东西不是按下按钮就能产生的。你不需要训练人们去产生偏见，你也不能直接通过训练使他们没有偏见。我们曾经做过这类实验，但没有得到很好的效果。这种"不带偏见"就像火花从车轮上飞溅出来一样，它是成为一个更好的人（无论是通过心理治疗，还是通过其他任何对人有改善作用的影响，来使人成为一个更好的人）的一种副现象、一种副产品。

大约二十五年前，我研究创造性的方式与传统的科学（原子论的）方法非常不同。我不得不发明一种整体论的访谈技巧，也就是说，我尝试着尽可能深刻、深入、全面地去了解一个又一个的人（将他们每一个都看作独一无二的个体），直到我觉得我已经从一个完整的人的角度理解了他们。这就好像我们得到了非常完整的生命史和个人史，而不是为了寻找头脑中预设的特定问题的答案，也就是说，我们不是有选择性地在提取一个人的某一方面而非另一方面。换言之，我做的是个案特征的研究。

但这种研究也有可能成为一种通则式的研究，即问一些特定的问题，做一些简单的统计，最后得出一般性的结论。我们可以把每一个人都看作一个无穷大，无穷大可以相加，也可以计算百分比，就像我们可以操作超限数一样。

一旦你以这种方式对一份人的样本有了深入、深刻和逐个的了解，那么某些在典型的传统实验中不可能的操作就变得可能了。我有一个大约一百二十人的被试组，每个人我都花了大量的时间来了解，只是为了得到对他们的一个总体性的认识。接着，在我搜集到所有事实之后，我随便问一个问题，我只需要回溯到我的调查数据就能够找到问题的答案，即使这一百二十人全部去世后，这一点依然可以做到。这种方法与研究某个特定问题的那种实验形成了对比，后者的做法是更改一个变量但假定其他所有变量保持不变（当然我们很清楚，在传统的实验范式中，有数以千计的变量只是假定受到了控制而不是实际受到了控制，更不用说保持不变了）。

如果可以允许我坦率提出质疑，那么我会坚定地认为，虽然因果式的思维方式在非生命的世界里很适用，我们也已经学会用这种思维方式或多或少地解决了一些人的问题，但是现在它作为一种一般科学哲学，已经不再有用了。我们不应再使用它，因为它将我们带入了一种特定的思维中，也就是说，一个原因产生一个特定的结果，或一个因素产生另一个因素，而不是像我说的那样，能让我们对系统和机体的变化保持敏感。在我的设想中，任何单一刺激都可以对整个机体带来改变，然后这个改变了的机体又会触发生活中各个方面的行为改变。（这也适用于大大小小的社会组织。）

举例来说，假如你想到了身体健康，并且问医生："你如何使人们的牙齿变得更好？""如何让他们的脚好一些？"或者他们的肾、眼睛、头发，等等，任何医生都会告诉你，最好的办法是改善整个身体系统的健康状况。也就是说，你需要尝试改善一般（G）因素。如果你能让他们改善饮食习惯和生活方式等，那么在这些过程中，他们的牙齿、肾、头发、肝、肠道以及其他器官也能一举得到改善。也就是说，整个身体系统将会得到改善。同样地，按照整体论的看法，从整个系统中产生的一般创造性也可通过这种方式获得普遍的改善。此外，任何能产生更有创造性的人的因素，也会使一个人成为更好的父亲、更好的老师、更好的公民、更好的舞蹈家或更好的任何角色，至少达到和 G 因素的增强相应的程度。当然，还有一些特殊（S）因素，将好父亲与好的舞蹈家或作曲家区分开来。

格洛克（Glock）和斯塔克（Stark）写过一本关于宗教社会学的好书，书中充满智慧地呈现了一幅关于原子论和特定思维方式的图景。这类作者正在以一种抛砖引玉的方式，使得那些聚焦特定问题的思考者、S-R（刺激—反应）式的思考者、因果论式的思考者、"一因一果"式的思考者开始步入一个新的领域。首先，这两位作者认为必须给宗教下定义，必须以一种纯粹而独立的方式来定义宗教，来表明宗教的独特性。因此接着他们就开始把宗教孤立出来，把它和其他事物进行分割，并详细地剖析它。所以他们最终得出的是亚里士多德式的逻辑，即"A"和"非 A"。"A"就是完全的"A"，除了"A"它什么都不是，它是纯粹的"A"；而"非 A"则是纯粹的其他一切。所以二者之间不存在重叠、融合、合并、相熔，等等。原有的可能性（所有资深宗教人士都非常认真地看待的），即认为宗教态度可能是任何行为的一个方面或特征——这种看法在这本书的第一页便消失了。这使得这两位作者能够继续前行，进入绝对的、完全的混乱，这是我所见过的最美丽的混乱。他们进入到一个与外界隔绝的巷子里，待在那里。在那个地方，宗教行为与其他所有行为是分开的，所以整本书中，他们所处理的都是宗教以外的行为——例如要不要去教堂，要不要储存小块的木料，要不要对这样或那样的事物表示恭敬,等等。因此,他们在整本书中完全舍弃了我所称的小"r"宗教(r是宗教一词的英文首字母),也就是说,在他们的思维方式里,宗教人士可能与宗教机构、超自然现象或偶像崇拜没有关系。这是原子论思维的一个很好的例子,我还有很多其他的例子。一个人可以在生命的任何时刻进行原子论式的思考。

如果我们愿意,我们也可以在创造性方面做同样的事情。我们也可以把创造性变成一种在固定日子里的行为,它发生在一个特定的房间,在一座特定的建筑物里(比如教学楼),在一个特定的时间里(比如星期四)。在那个房间里、在那个时候只有创造性,没有任何其他的东西,并且它也不会出现在任何其他时间、其他地点。创造性只涉及一些特定领域,例如绘画、作曲、写作,而与做饭、开出租车或修水管无关。但我想再次指出,创造性实际上是任何行为的一个方面,无论什么样的行为,无论是感知的、态度的、情绪的,还是意动的、认知的、表达的行为。我认为如果你用这种方法去处理创造性,你将会提出各种有趣的问题,而这些问题是你用另一种二分法的方式看待创造性时不会想到的。

这有点像你用不同的方法学习成为一名优秀的舞者。在一个特定的社会里,大多数人会去亚瑟默里学校接受舞蹈训练,在那里你先学习移动你的左脚,然后是你的右脚三步,一点一点地,你会经历很多外部的、受意志控制的动作。但我想我们都同意,甚至可以说我们都知道,成功的心理治疗的一大特点是它会带来许多积极的效果,其中就包括它可能会提高一个人的舞蹈水平,也就是说,使得一个人在跳舞时能够更自由、更优雅、更少拘束、更少抑制、更少害羞、更少讨好,等等。同理,根据我的经验,我认为好的、成功的心理治疗(我们都知道会有很多不好的心理治疗),即使在治疗过程中根本没提到过创造性这个词,它也能够提升来访者的创造性。

另外我想提一下的是,我们有个学生写了一篇博士论文,这篇论文有很多出人意料的发现。它最初是一项对自然分娩的高峰体验以及成为母亲的喜悦等方面的研究,但后来作者却在研究中发现了一些其他的东西。例如,当分娩对一个女人来说是一次美好的体验时，那么其他许多神奇的变化也会随之发生，她生活中的许多事情会随之发生改变。这可能有一点宗教皈依体验，或者是强烈的启迪作用，或者是伟大的成功经验的味道，它会从根本上改变一个女人的自我意象，并因此改变她的所有行为。

我还想说，这种一般的方法似乎是一种更好地、更富有成效地谈论"气氛"（climate）的方式。我曾尝试去发现一种非线性系统的组织机构，并找出其中产生良好效果的原因。我想说的是，整个组织机构中都充满了创造性的气氛。这并不是由于有某个原因在其中起了主要作用。这里面有一种普遍的、像空气一样弥漫着的、全盘的、整体性的自由气氛，而不是某个单独的原因（比如你在某个周二做了一件特殊的、可以单独拿出来说的事情）促成的。能够增进创造性的最佳气氛是一个乌托邦的社会，或者我更喜欢叫它优心态社会（Eupsychia），一个专门为促进所有人的自我实现和心理健康而设计的社会。这就是我的一般陈述，关于"G"因素的陈述。在这样的背景下，我们接下来才能够对某个特定的"人物"开展工作，通过聚焦于一个特定的"S"因素，或者聚焦于一些特定因素，去把一个好木匠和一个好数学家区分开来。如果不是在这样一个普遍的社会背景下，而是在一个糟糕的社会里，那么创造性出现的可能性就会比较小。

我认为，在治疗方面的类似道理对我们也很有用。有一些人对心理治疗的研究和思想领域感兴趣，我们可以从这些人那里学到很多东西。比如，他们会提出一些问题，这些问题是我们必须要面对的——什么是自我同一性？什么是真实的自我？在帮助人们趋向同一性时，治疗能够做些什么？教育能够做些什么？另一方面，我们有某种关于真实自我的模型，某种从生物学意义上构想出来的特征，它是本质的、本性的、"类本能的"。它使得我们成了一个独特的物种，是不同于其他物种的物种。如果是这样，如果你能接受这个模型而非白板模型（后者将人看作像黏土一样，可以按照专断的控制者的想法塑造成各种形态），那么你也就能够把治疗模型看作一种揭示和释放，而不是一种铸造、制造和塑造。在教育方面，也是如此。

由上述这两种不同的人性概念所产生出来的基本模型是不同的——在教学、学习以及所有事情上都不同。

那么，创造性是人类总体遗产的一部分吗？创造性经常会被弄丢，或被掩盖、被扭曲、被抑制，等等，因此我们才要致力于去揭示这个所有人生来就有的东西。我认为我们要处理的是一个非常深刻、非常普遍的哲学问题，是一个非常基本的哲学立场问题。

最后，我想说一点，这是一个关于"S"的问题，而不是一个关于"G"的问题。我想问一下，什么时候我们会不想要创造性？有时候，创造性可能会是一个可怕的烦扰，它可能是一件麻烦、危险、棘手的事。我曾经有一位"有创造性"的研究助理，她的创造性就把我从事了一年多的一项研究搞砸了。她那"有创意"的想法令她在中途改变了整个事情，甚至都没跟我打一声招呼。她把所有的数据都弄乱了，浪费了我一年的工作，把事情搞得一团糟。总的来说，我们都希望火车能够准点运行，我们也都希望牙医不要太有创造性。我的一个朋友几年前做过一次手术，他还记得当时他一直感到不安和害怕，直到他见到了给他做手术的医生。幸运的是，这位医生是一个精细严谨的人，非常干净利落，一丝不苟，两颊留有一小撮络腮胡，须发整齐，是一个非常正直、有节制而清醒的人。我的朋友松了一口气，因为他感到，这个医生不是一个"有创造性"的人，他将要进行的是一项正常的、常规的、普通的操作，而不会玩任何把戏，不会尝试任何新奇的东西或实验，不会使用任何新的缝合技术或任何类似的东西。我认为这很重要，不仅是在我们的社会中，不同的劳动分工需要我们能够听从命令、执行计划、不出意外，而且这对于我们每一个人来说也很重要。不管是创造性的工作者还是研究创造性的人，我们往往倾向于神化创造性过程的一个方面，即热情、伟大的洞见、启发性、好点子、深夜里被灵感击中的时刻，等等，而常常会低估随后数年需要付出的艰苦努力，然而后者是让任何美妙的点子变成有用的东西所不可缺少的。

简单地从时间上来看，那些美妙的点子只占我们时间的一小部分，我们的大部分时间都花在了艰苦的工作上。我觉得我们的学生不懂得这一点，越来越多的这类学生出现在我门下，可能是因为我的学生常常认同我的一些看法，因为我写过高峰体验、灵感等方面的文章，他们就觉得这是唯一的生活方式。他们认为如果不能每时每刻拥有高峰体验，那就不是生活，所以他们不能做枯燥的工作。

有个学生对我说，"不，我不想做枯燥的工作，因为它不能让我感到愉快"，听到这样的话，我简直暴跳如雷，满脸涨得通红，我说："这是什么话，你必须要去做，否则我就开除你！"他觉得我这样说是背叛了我自己的原则。因此我认为，在对创造性进行更加慎重和适当的描述时，我们这些做创造性工作的人必须要对我们给他人留下的印象负责。显然，我们给他人造成的一个印象是，创造性就像闪电一样在某个伟大而光荣的时刻击中了你的头脑。事实上，能够进行创造的人往往是优秀的务实工作者，而这一点却常常被忽视了。

第六章　创造性中的情绪障碍

当我刚开始研究创造性的问题时,它还完全是一个学术问题。然而在过去的几年里,我被拉扯进一些我完全不了解的大型产业当中,或是像美国陆军工程师这种我不熟悉的职业里,这令我没有想到,同时,就像我的许多同事在这个问题上的感受一样,我也感到有些不安。我不确定我所做的工作,所得出的结论,以及我们目前对创造性的认识,在当前这些大型组织机构的形式中是否有用。我所能提供的从本质上来看都是一些悖论、问题和谜思,而此时我却不知道要如何解决这些问题。

我认为对创造性人才的管理是一个异常困难但又十分重要的问题。我不太清楚我们要怎么处理这个问题,因为从本质上说,这是一些不合群的像"独狼"(lone wolf)一样的人。和我一起工作过的那些有创造性的人,他们很容易在一个组织里做出成就,但又担心自己做出成就,通常他们会独自窝在一个角落或某个隔间里工作。"独狼"在一个大的组织机构中的地位问题,恐怕是这个组织机构的问题,而不是我的问题。

这也有点像是试图调和革命者与稳定的社会之间的关系,因为我所研究的人本质上是具有革命性的,他们选择了背对那些已经存在的东西,他们对现状是不满意的。这是一个全新的前沿领域,我认为我要做的仅仅是扮演研究人员、临床医生和心理学家的角色,把我所学到的和我所能提供的东西抛出去,希望有人能够拿这些东西来做点有用的事。

在另外一种意义上,这个新前沿是你们必须要去进行深入探索的——一个新的心理学前沿领域。我可以提前概括一下我想要说的：在过去十年左右的时间里，我们发现，原来我们真正感兴趣的那种创造性的来源，即真正的新想法的产生，是蕴藏在人性深处的。虽然我们还没有找到一个词来描述它，但发现了它就已经很好了。如果你愿意，你可以用弗洛伊德的术语"无意识"（unconscious）来谈论它，或者用另一心理学派的术语"真实自我"（real self）来谈论它。但无论如何，它是一个更深层的自我，它的更深层体现在操作方式上，正如心理学家或心理治疗师所见，你必须挖掘它才能发现它，从这个意义上来说它是更深层的。就像矿石深藏在地底一样，你必须奋力穿透地表才能得到它。

从不为人知这个意义上来说，这是一个全新的前沿领域；同时它还有一个特殊的意义，一个在历史上从未有过的意义——它不仅是某种我们不知道的东西，而且也是某种我们害怕知道的东西。也就是说，我们对了解它有一种抗拒。这就是我想要试着说明的问题。我说的是我称之为原发创造性的东西，而不是继发创造性的。原发创造性来自无意识，它是新发现之源，是真正的新事物之源，是异于现存之物的新思想之源。这和我所说的继发创造性是不同的。这就是心理学家安妮·罗（Anne Roe）在最近的一些研究中所证明的一种生产力，她在一拨又一拨的名人中发现了这种生产力——那些能力强、成果丰硕、充分发挥功能的名人。例如，在一项研究中，她研究了《美国科学家全书》（*The American Men of Science*）中所有出色的生物学家；在另一项研究中，她研究了全国所有的古生物学家。她揭示了一个非常独特的看似矛盾的观点，一个我们都需要去处理的问题，那就是，许多优秀的科学家在某种程度上也是精神病理学家或治疗师所说的相当严格、相当拘谨的人，是对他们的无意识感到惧怕的人，就像我曾提到过的那样。因此，你可能会像我一样，得出一个特别的结论。现在我已经习惯了有两种科学和两种技术的想法。如果你愿意，可以把科学定义为这样一种技术，即没有创造性的人可以通过与许多人合作，通过站在前人的肩膀上，通过小心谨慎的方式进行创造和发现——我称之为"继发创造性"和

"次级科学"（secondary science）。

但我想我可以揭示出来自无意识的原发创造性，我在那些我曾挑选出来仔细研究的特别有创造性的人身上发现了这一点。这种原发创造性很有可能是一种每个人都具有的遗传物质，它是一种共同的和普遍的东西，我们能够在所有健康的孩子身上找到它。这是任何一个健康的孩子都具有的那种创造性，然而随着他们长大，大多数人都失去了这种创造性。它在另一种意义上也是普遍的，假如你以一种心理治疗的方式挖掘它，在这种方式下，如果你深入一个人的潜意识，你就会发现它。我只给你们举一个你们可能都经历过的例子。你知道，我们在梦中会比在现实生活中更有创造性，在梦中我们能变得更聪明、更机智、更大胆、更有独创性，等等。在没有了掩盖，没有了控制，没有了压抑和防御的情况下，我们通常会发现比表面看到的更多的创造性。最近我走访了一些我的精神分析学家朋友，想从他们那里获得一些关于释放创造性的经验。精神分析学家的普遍结论是（我相信所有其他的心理治疗师也会做这样的结论），心理治疗能够帮助来访者释放出他们在治疗前没有出现过的创造性。要证明这一点是非常困难的，但这是他们所有人的印象，你可以称之为专家的意见。这是那些从事这项工作的人的印象，例如，帮助那些想要写作但却进展不顺的人。心理治疗可以帮助这类人获得释放，克服这个障碍，使他们重新开始写作。因此，一般的经验是：心理治疗，当你深入到这些通常被压抑的更深的地方时，将会释放一种我们共同拥有但却丢失了的遗传物质。

有一种神经症可以有助于我们突破这个问题，而且它也很容易理解。我想先谈谈这个，这就是强迫型神经症。

这些人都是刻板、紧绷的人，无法开怀玩乐。他们总想试图控制自己的情绪，所以在极端的情况下，他们看起来很冷漠。他们是紧张的、局促不安的。如果这样的人处在一种正常状态下（当然，发展到极端，就是一种疾病了，将不得不接受精神科医生和心理治疗师的帮助），那么他们通常会表现得非常整洁有序、非常守时、非常有条理和有节制，例如他可能会是一名出色的图书管理员之类。

我们可以用心理动力学的术语把这些人简单地描述为"极度分裂"（sharply split）的，他们可能比其他大多数人分裂得更明显。这种分裂是他们的意识，他们对自己的了解同他们所隐藏的、无意识的或被压抑的部分之间的分裂。随着我们对这些人了解得越来越多，了解到压抑的原因，我们也开始懂得，其实这些原因对我们所有人都会产生影响，只是程度更轻。我们再一次从极端案例中了解到一些更加普通和正常的东西。这些人只能这样，他们没有其他的路可走，他们别无选择。这是这样一个人实现安全、有序、没有威胁、没有焦虑的唯一途径，也就是说，这些理想的目标对他来说必须通过有序、可预测、控制和掌控等特殊的手段才能得以实现。对于这样的人来说，"新的"是具有威胁性的，但是如果他能按照他过去的经验来做安排，如果他能冻结这个流变的世界，也就是说，如果他能使人相信一切都没有改变，那么他身上就不会发生任何新的事情。如果他能在过去行之有效的规律和规则、习惯、适应模式的基础上继续前进，并在未来坚持使用这些法则，那么他就会感到安全，而不会感到焦虑。

他为什么要这么做？他怕什么？心理动力学家的回答是——笼统地说——他害怕自己的情感，或最深的本能冲动，或最深的自我，那些都是他拼命压抑的东西。他不得不这样做，否则他觉得自己会疯掉。这种内在恐惧和防御的剧情在一个人的身体里上演，但是这个人却倾向于把它进行概括，投射到整个世界上，于是他就倾向于用这种方式来看待整个世界。最开始他真正在对抗的其实是自己内心的危险，然而后来任何会让他想起类似于这些危险的东西，他都会在外部世界中与之斗争。他通过变得特别有条理来与自己内在的趋向混乱的冲动做斗争。外部的混乱会使他感到威胁，因为这种混乱唤醒了他那被压抑的、内在的抗争。任何对这种控制造成威胁的东西，任何会强化隐藏的危险冲动或者会削弱防御堡垒的东西，都会使这类人受到惊吓和威胁。

这样的过程会损失很多东西。这样的人自然有一种他自己的平衡，他可以终其一生不发生崩溃，他能把事情控制住。但需要竭尽全力地控制，他的大部分精力都花在这上面了，所以虽然只是单纯的控制，也会使他很容易感到疲劳，这是他疲劳的来源。但是通过保护自己不受无意识的危险部分的伤害，不受无意识的自我或他所认为的危险的真实自我的伤害，他还是能够应付并支撑下去的。他必须把一切无意识的东西驱逐出去。有一个寓言，说有一个古代的暴君，他在追捕一个侮辱过他的人，他知道这个人躲在某个城镇里，所以他下令杀死那个城镇里的所有人，只是为了确保那个人不会逃跑。强迫症患者所做的就是类似的事情，他们杀掉并逐出所有无意识的东西，以确保那些危险的部分不漏网。

我说这些是要表明，我们自发的玩乐、享受、幻想、欢笑、悠闲的能力，以及对我们来说很重要的创造性〔它是一种智力游戏，它让我们成为自己，它允许我们幻想、放松和疯狂（每一个真正的新想法在最初的时候看起来都很疯狂）〕，都来自我们通常所害怕的和想要控制的这一无意识的、深层的自我、我们自身的这一部分。强迫症患者放弃了他的原发创造性，放弃了成为艺术家的可能性，放弃了他的诗意，放弃了他的想象，他把自己的一切健康的稚气都消磨掉了。此外，这种行为符合我们所说的良好的适应性，也可以说是一种很好的驾驭能力，即善于处世——很现实、按常理办事、成熟、承担责任。我担心这种适应的某些方面会使人背离那些对良好适应构成威胁的东西。也就是说，这是一种为了达成与世界和平共处的需要，为了满足常识的需要，为了满足物质的、生物的以及社会的现实需要而做出的努力，而它通常是以放弃我们深层自我的一部分为代价的。虽然这一点在我们身上不像在强迫症患者身上表现得那样剧烈，但我担心它正在变得越来越明显，也就是说，我们成年人的正常适应也将涉及背离那些对我们构成威胁的东西。真正对我们造成威胁的包括温柔、幻想、感性、"稚气"等。有一件事我没有提过，但最近在研究有创造性的男性（以及没有创造性的男性）时我对此深感兴趣，那就是这些人会对任何他们认为"女性化""女子气"（因而会显得有"同性恋"意味）的东西显示出极度的恐惧。如果他是在一个艰苦的环境中长大的，那么"女性化"实际上意味着几乎所有有创造性的东西：想象力、幻想、色彩、诗歌、音乐、温柔、深情、浪漫，而这些东西因为危及一个人自我认定的男性气概形象而统统被隔离了。任何被称为"柔弱"的东西，在正常成年男性的适应过程中都会被压抑。许多被称为柔弱的东西，我们知道其实那根本就不是柔弱。

现在我认为我可以通过讨论这些无意识的过程来为这个领域服务，也就是精神分析学家所说的"初级过程"和"次级过程"。力求有条不紊地对待杂乱无章，力求以理性应对非理性，这是一项艰难的工作，但我们必须这么做。以下是我写过的一些笔记。

这些初级过程，这些认知的无意识过程，即感知世界和思维的无意识过程，引起了我们的兴趣，它们与常识法则，也就是精神分析学家所说的"次级过程"非常不同，在次级过程中，我们是合逻辑的、理智的、现实的。当次级过程与初级过程相隔离时，这两者都将受损。在极端情况下，把逻辑、常识和理性同深层人格隔离开来或彻底分割开来，会导致强迫型的人、强制性理性的人。这类人完全不能够在感情世界中生活，他们不知道自己是否坠入了爱河，因为爱是不合逻辑的，他们甚至不能够允许自己经常笑，因为笑也是不合逻辑的，是不理性的、不明智的。当这些东西被隔离，当分割出现，那么便有了病态的理性和病态的初级过程。这些被隔离和被二分化了的次级过程，很大程度上可以被看作一个因恐惧和沮丧而导致的结构，一个为了起到安抚作用而形成的防御、压抑、控制的系统，是与令人沮丧和危险的物质世界和社会环境进行的狡猾的秘密谈判，后者是满足需要的唯一来源，使我们为从中获得的所有满足付出高昂的代价。这样一种病态意识、病态自我、病态的意识自我，变得越来越警觉，逐渐开始只遵循它所认定的自然和社会法则来行事。这意味着一种盲目。强迫型的人不仅失去了很多生活的乐趣，而且在认知上对自己、他人甚至自然都视而不见。即便他是一个科学家，他也看不到自然界中的许多东西。的确，这样的人也能把事情做好，但我们首先必须问一问，正如心理学家们经常问的那样：对他自己而言，他要为此付出多少代价？（因为他并不快乐）；

其次，我们也会问关于做事的问题：他们做的是些什么样的事？这些事值得去做吗？

我遇到过的关于强迫症的最佳例证是我的一位老教授。他是一个典型的有收集癖好的人。他把读过的所有报纸都按周分别捆好。每一捆都用一根小红绳扎起来，然后再按月放在一起用一根黄绳捆起来。他的妻子告诉我他每天的早餐都很规律，星期一是橙汁，星期二是燕麦粥，星期三是西梅干，等等。如果星期一给他吃西梅干，他就要跟你闹别扭。他保存了他的旧剃须刀片，他把所有的旧刀片都保存起来，包裹得很漂亮，上面还贴着标签。当他第一次来到他的实验室时，我记得他给每样东西都贴上了标签，就像这类人都会做的那样。每件东西他都要归置好，然后贴上小贴纸作为标记。我记得他花了几个钟头试图在一个小探针上贴上一个标签，而那个小探针根本没有地方容得下一个标签。有一次，我在他的实验室里打开了钢琴的盖子，发现上面有一个标签，写着"钢琴"。哎，这种人是陷入真正的麻烦当中了。他自己也非常不快乐。这个人做的事情和我上面提到的问题是相关的。这类人会把事情做好，但他们做的是些什么事情啊！这些事情有价值吗？有时候有，有时候没有。不幸的是，我们的许多科学家都是这类人。在科学工作中，这种性格可能会非常有用。比如，这样的人可以花上十二年的时间来对单细胞动物的细胞核进行显微解剖。这种工作需要那种很少有人会具备的耐心、毅力、执着和求知欲。我们的社会经常用得上这样的人。

用二分法来隔离初级过程，对初级过程感到恐惧，这是病态的。但它其实不必是病态的。在内心深处，我们用希望、畏惧和满足的眼光看世界。如果你能像一个年幼的孩子那样看待世界，看待自己和他人，或许你会有所收获。从没有否定、没有矛盾、没有各自的身份、没有对立、没有相互排斥的意义上说，这是合理的。亚里士多德并不存在于初级过程中。换句话说，初级过程不依赖于控制、禁忌、训练、抑制、延迟、计划和对可能性或不可能性的计算。它与时间和空间无关，与序列、因果关系和秩序无关，也与物理世界的法则无关。这是一个完全不同于物质世界的世界。当初级过程必须伪装自己以防范意识的觉察，从而使事物不那么具有威胁性时，它可以把几样东西浓缩成一个，就像在梦里所做的那样。它可以将情感从真实的对象转移到其他无害的对象上，它可以通过象征性来进行掩饰。它可以是全能的、无所不在的、无所不知的。（记住，我所说的一切对梦都适用。）初级过程与行动无关，因为它可以仅仅通过幻想而让事情在没有活动或没有行动的情况下发生。对大多数人来说，它是前语言的，非常具体的，接近原始体验的，而且通常是可见的。它是先于价值、先于道德、先于伦理、先于文化、先于善和恶的。现在，在大多数文明人身上，仅仅因为这种初级过程被这种二分法的方式隔离开了，它就成为幼稚、不成熟、疯狂、危险和可怕的了。我在上文中举了一个完全抑制了初级过程的人的例子，他完全隔绝了无意识。按照我所描述的这种特定的方式来看，这样的人就是一个病态的人。

　　另一种人，他的次级过程——控制、理性、秩序、逻辑——已经完全崩溃了，这就是精神分裂症患者，这种人也是病得非常非常严重的人。

　　我想，通过这些论述，你们应该可以看到这将导致什么了。在健康的人身上，特别是在有创造性的健康的人身上，我发现他们以某种方式成功地融合及合成了初级过程与次级过程、意识与无意识、深层自我与意识自我，他们优雅而富有成效地做到了这些。我敢肯定地说，做到这些是有可能的，尽管不那么普遍。毫无疑问，心理治疗可以有助于实现这个过程，尤其是那种更深入、更长期的心理治疗效果会更好。在这种融合中，初级过程和次级过程相互渗透，然后在性质上发生了改变。无意识不再令人感到恐惧，一个人能够接纳他的无意识了，能够接纳他的稚气、幻想、想象、愿望的实现、女性气质、诗意和疯狂了。正如一位精神分析学家有一句妙语所言，这样的人是一个"能够为了服务于自我而退行的人"。这是一种自愿的退行。这个人拥有可以灵活支配的、随时可用的创造性，这种创造性非常吸引人。

　　我前面提到的那种强迫型的人，在极端的情况下，是无法娱乐的，他无法顺其自然。例如，这样的人往往会避免参加派对，因为他太理智了，而人们在派对的时候或多或少会有点痴狂。这样的人会害怕喝醉酒，因为一旦他的自控力松懈下来，对他来说就是很大的危险。他必须一直掌控一切。这样的人可能很难被催眠。他可能会害怕麻醉，或被任何其他有损于意识完整性的东西吓到。这样的人即使参加派对，也会努力保持尊严、秩序、清醒和理性，而在那种场合里其实完全没必要这样。我的意思是，如果一个人对他的无意识感觉足够舒服的时候，无论如何他都能够顺其自然——在派对里有点疯狂、有点傻、说说笑笑，并享受于此，还时不时以搞怪为乐——"服务于自我"，正如精神分析学家所说。这就像是一种有意识的、自愿的退行，而不是试图在任何时候都显得庄重和有所控制。（不知道为什么我脑中突然蹦出这么一幅图景：一个一直保持"昂首阔步"的人，即使他坐在椅子上也是这样一副姿态。）

也许我现在可以就这种对无意识的开放多说一些。心理治疗、自我治疗、自我认识这一整套东西是一个艰难的过程，因为就我们大多数人目前的情况来看，意识和无意识是相互隔离的。你如何让这两个世界——心理世界和现实世界——彼此相安呢？通常来说，心理治疗的过程是一个缓慢面对的过程，在专业人员的帮助下，一点一点地，逐渐面对无意识的最上层。这些处于无意识最上层的内容被暴露、被容忍、被吸收，原来这些东西并没有那么危险和恐怖。接着是下一层，再下一层，在这样的过程中，让一个人去面对让他极度恐惧的东西，然后他会发现，当他真的去面对这些东西时，其实并没有起初认为的那么可怕。他一直惧怕这些东西，因为他一直用孩子般的眼光去看待它们。这是孩子般的误解。这个孩子惧怕并因此压抑的东西，被排除在了常识学习、体验和成长的范围之外，它必须待在那里，直到它被某种特殊的过程重新触发。意识必须变得足够强大才敢于同它的敌人友好相处。

纵观历史，在男人和女人的关系中可以发现类似的问题。男人害怕女人，因此在不知不觉中控制了她们，我相信这与他们害怕自己的初级过程有着非常相似的原因。请记住，心理动力学家往往认为，男人和女人的关系很大程度上是由这样一个事实决定的，即女人会令男人想起他们自己的无意识，也就是他们自己的女性特质，他们的柔和、敏感，等等。因此，与女人斗争，或试图控制她们，或贬低她们，是我们努力控制这些无意识力量的一部分，这些无意识力量存在于我们每个人的内心。在担惊受怕的主子和满怀憎恨的奴隶之间不可能有真爱。只有当男人变得足够强大、足够自信、足够整合时，他们才能容忍并最终喜爱自我实现的、人性完满的女人。但是从理论上说，如果没有这样一个女人，男人就无法实现自己。因此，强大的男人和强大的女人是彼此互为条件的，因为两者都不能脱离对方而存在。与此同时，他们也是互为因果的，因为女人成就了男人，男人成就了女人。最后，他们也是互为回报的，如果你是一个足够好的男人，你就会得到那种好的女人，你也值得拥有那种好的女人。因此，回到我们刚才的主题上来，健康的初级过程和健康的次级过程，即健康的幻想和健康的理性，需要彼此的帮助才能达到真正的整合。

按照时间顺序，我们对初级过程的认识首先来自对梦、幻想和神经症性的过程的研究，后来又来自对精神疾病、精神失常过程的研究。一点一点地，这种知识才渐渐摆脱了病态、非理性、不成熟以及原始等这些污名。直到最近，通过研究健康的人、创造的过程、娱乐、审美、健康的爱的意义、健康的成长和成就、健康的教育，我们才充分意识到，其实每个人都既是诗人又是工程师，既有理性又有非理性，既是孩子又是成人，既有男性气质又有女性气质，既处在心理世界中又处在自然世界中。渐渐地，我们才开始明白，如果我们总是试图做到纯粹的理性、科学、合乎逻辑、理智、务实、尽责，那么我们将会失去什么。直到现在，我们才逐渐确信，一个完整的、充分进化的、完全成熟的人必须同时在这两个层面上对自己开放。当然，现在已经很少有人再去污名化人性的这一无意识层面，把它说成是病态而不是健康的了。这是弗洛伊德最初的想法，但我们现在正在学习不同的方法。我们现在知道，完全的健康意味着一个人可以在所有层面上发挥作用。我们不能再说某一方面是"恶"而不是"善",是"低级"而不是"高级",是"自私"而不是"无私",是"兽性"而不是"人性"。纵观人类历史,尤其是西方文明史,特别是基督教史,就有这种二分法的倾向。我们不能再用二分法的方式把我们自己分成洞穴人和文明人,分成恶魔和圣贤了。我们可以看到这是一种不合理的二分法,是不合理的"非此即彼",通过这种分裂和二分的过程,我们创造了一个病态的"此"和一个病态的"彼",也就是说,我们创造了一个病态的意识和一个病态的无意识、一个病态的理性和一个病态的冲动。(理性可能是相当病态的,看看电视上那些问答节目你就很快会发现这一点。我听说过一个可怜的家伙,他是古代历史学方面的专家,挣了一大笔钱,他告诉别人自己之所以能有今天的成就,完全是因为熟记了整本《剑桥古代史》(Cambridge Ancient History)。他从第一页开始,一直读到最后一页,现在他已经背熟了其中的每一个日期和名字。真是个可怜的家伙!欧·亨利(O. Henry)曾讲过一个故事,说有这样一个人,他认为既然百科全书包含了所有的知识,那么他就不用去上学了,只要记住百科全书就行了。于是他从该书 A 打头的内容开始背,然后是 B、C,等等。这就是一种病态的理性。)

一旦我们超越并解决了这种二分法,一旦我们可以把这种二分法回归到它最初的统一当中,例如,在健康的孩子中,在健康的成人中,或在特别有创造性的人中,那么我们就能够认识到,二分法或分裂本身是一种病理过程。这时也就有可能结束这种个人的内部斗争了。那些我称为"自我实现"的人,在他们身上就非常清晰地体现了这一点。对这类人最简单的描述就是,他们是心理上很健康的人,这正是我们在这些人身上所发现的。当我们从人群中挑选出百分之一或千分之一最健康的人时,我们将发现这些人在他们的一生中,也许从心理治疗中有过获益,也许没有,但都能够整合这两个世界,并且在这两个世界里都安然自得。我把健康的人描述为拥有一种健康的稚气。这很难用语言来表达,因为"稚气"这个词通常意味着成熟的反面。假如我说生活中最成熟的人也是天真烂漫的,这听起来有点矛盾,但其实不然。也许我可以用我之前提到的派对的例子来说明这一点。最成熟的人是那些能够获得最多乐趣的人，我想这样说可能更容易理解。这些人也能够随心所欲地回归稚气，和孩子们一起玩，和他们亲近。我想，孩子们喜欢这样的人并愿意和他们一起玩耍并不是出于偶然，而是因为这样的人能够退行到孩子的那个水平上。当然，非自愿的退行是一件非常危险的事情，而自愿的退行显然是非常健康的人的特征。

至于如何实现这种融合，我还不太清楚。我所知道的在日常实践中唯一切实可行的方法就是进行心理治疗。不过这样的建议不一定行得通，甚至都不受欢迎。当然，自我分析和自我治疗也是有可能实现这种融合的。原则上，任何能够增进自我认识的技术，理论上都可以提高一个人的创造性，使他能够汲取想象之源，能够玩转思想，能够天马行空，能够远离常识。常识意味着生活在现有的世界里，但有创造性的人是那些不想要现有的世界，而想要造就另一个世界的人。为了能够做到这一点，他们就必须要能够从现实起飞，去想象，去幻想，甚至成为疯狂和怪诞的人，等等。我向那些管理着创造性人才的人提出的实际建议其实很简单，就是留意发现这样的人才，把他们找出来，并留住他们。

我认为我可以用这个建议为一家公司服务。我可以试着向他们描述这些具有原发创造性的人是什么样的。这些人往往是在组织机构中制造麻烦的人。我列出了他们的一些特征，我敢说这些特征肯定会带来麻烦：他们往往标新立异，往往有点古怪，不现实、不守纪律，有时做不到很精确，从科学的定义来说他们是"不科学的"。他们往往会被那些具有强迫倾向的同事称为幼稚、不负责任、野蛮、疯狂、喜欢臆想、没有批判精神、不合规矩、情绪化，等等。这听起来像是对流浪汉、波希米亚人或怪人的描述。但我认为，我们应该强调，在创造性的早期阶段，你就是必须要像一个流浪汉、波希米亚人或怪人。"头脑风暴"技术可能会帮助我们获得创造性的秘诀，因为它来自那些已经获得成功的创造性人才。在思考的早期阶段，他们常常就是这样做的。他们让自己完全不带批判性，他们允许各种疯狂怪诞的想法进入他们的大脑。在情感和热情的剧烈迸发中，他们可能会潦草地写出诗歌、公式或数学答案，或者是制定理论、设计实验，等等。到那时，也只有到那时，他们才进入继发创造性的过程，变得更理性、更可控、更有批判性。如果你试图在原发创造性阶段保持理性、可控和有序，那么你永远也无法得到这些东西。我所知的头脑风暴法是这样的：不去批判，任由各种想法自由涌出，把大量的想法全盘托出，只有在这之后，才能抛掉那些坏的或无用的想法，保留那些好的或有用的想法。如果你害怕犯这种疯狂的错误，那么你也就永远不会得到任何绝妙的点子。

当然，并不一定要始终如一地、持续地进行这种波希米亚式的行为。我说的是那样一种人，他们能够成为在自己需要的时候希望成为的样子（为了服务于自我而退行，自愿地退行、自愿地疯狂、自愿地进入无意识）。这些人随后也可以戴上帽子，穿上长袍，变得成熟、理性、理智、有秩序，等等，并用批判的眼光审视他们在热情迸发和创造性燃烧的时刻所产出的东西。然后他们有时会说，"我刚想到这个点子的时候感觉非常妙，但其实它并不怎么样"，然后他会把这个点子抛弃。一个真正整合的人可以既是次级的又是初级的，既是稚气的又是成熟的。他能够退行，又能够返回到现实中来，当他回到现实中时，他的反应会因此变得更有控制性和批判性。

我刚提到过，这一点对于一个公司很有用，或者至少对于公司里负责管理创造性人才的人很有用，因为他非常强调员工要好好服从命令，好好适应工作安排，所以这种创造性的人才恰恰是容易被他解雇的人。

我不知道一个组织机构的管理者要如何解决这些问题，我也不知道这会对员工的士气产生怎样的影响。这不是我要去解决的问题。当新想法出现，而这个组织机构又必须完成随之而来的有序工作，因此我不知道怎样在一个组织机构中使用好这样的创造性人才。对于一个非常复杂的过程来说，一个想法只是一个开始。我想，在未来十年左右的时间里，我们这个国家将比地球上任何其他地方更需要解决这个问题。我们必须面对它。目前，大量的资金都投入到了研究和开发中，而创造性人才的管理成了一个新的课题。

我毫不怀疑的是，那些在大型组织机构中行之有效的实践标准绝对需要修改和修订。我们必须找到一种方法，能够让人在组织中体现出个人特色。我不知道该如何做到这一点，但我认为它必须是一种具有实用价值的解决方法，或许可以这样试一试，那样试一试，最后得出某种经验性的结论。我想说的是，如果能发现这样做不仅仅是疯狂的，而且还是有创造性的，那将会很有帮助。（顺便说一句，我不想给每个有这种行为的人都给予好的评价，因为他们中的一些人事实上是真的疯了。）现在我们需要学会分辨。这是一个学会尊重或者至少是以开放的眼光看待他们，并设法使他们融入社会的问题。如今，这样的人通常都是"独狼"。我想，你应该会更多地在学术圈里发现这类人，而不是在大型的组织或公司中。他们在学术圈里会感到更舒服，因为那里可以任由他们疯狂。人人都期待教授们会有疯狂的想法，但不管怎样，这对任何人都没有多大影响。或许除了教学以外，教授们不会受制于任何人。教授通常有足够的时间到他的阁楼或地下室去天马行空地创想各种各样的事情，不管它们是否实用。但在一个组织机构里，你通常不得不停止这些想法。这就像我最近听到的一个故事里说的那样：有两个精神分析学家在一次聚会上相遇，其中一个人走到另一个人面前，毫无预兆地给了他一巴掌，被打的那个人毫无思想准备，愣了片刻，然后耸了耸肩说："那是他的问题。"

第七章　对创造性人才的需要

现在的问题是：谁对创造性感兴趣？我的回答是，几乎每个人都感兴趣。这种兴趣不仅限于心理学家和精神病学家，现在它已变成了一个全国性的乃至国际性的政策问题。所有的人，尤其是军事家、政治家和有思想的爱国者，必然都会很快认识到：目前存在着一种军事僵局，而且看起来这种僵局还将继续存在——今天军队的作用主要是防止战争，而不是制造战争，因此，各大政治体系之间的斗争仍将继续，冷战将继续进行，但是是以一种非军事的方式。对中立国的人民更具有吸引力的体系将会占据上风。那么，什么样的人是更好、更亲切、更和平、更少贪婪、更可爱、更值得尊敬的呢？谁将对非洲和亚洲人民更具有吸引力呢？

总的来说，心理上更健康（或进化程度更高）的人是政治上的需要。他必须是一个不被人憎恨的人，一个能与人和睦相处的人，一个能与任何人（包括非洲人和亚洲人，他们对任何傲慢、偏见或仇恨都非常敏感）深入友好相处的人。当然，一个公民要想领导一个国家并取得成功，他必须要具备一个特征，那就是不能有种族偏见。他必须对他人怀有兄弟般的情谊，他必须乐于助人，他必须是一个值得信赖的领导者而不是一个受到怀疑的人。从长远来看，他不应该是独裁主义者、虐待狂，等等。

普遍的需要

但除此之外，对于任何可行的政治、社会和经济体制来说，还有另一种可能更为紧迫的需要，那就是培养出更多创造性的人才。这与我们的大型产业所关心的问题是一样的，因为他们对可能会面临的过时、淘汰非常警惕。他们都知道，无论他们当下多么富有和繁荣，明天一早醒来都有可能发现有一些新的产品问世，致使他们被淘汰。如果某天有人发明了一种便宜的、供人旅行的技术，这种技术的售价只有汽车的一半，那么汽车制造商将会面临怎样的命运呢？其后果就是，所有资金充足的公司，都会把大量的资金投入到新产品的研发和旧产品的改进上。在国际舞台上与此类似的情况就是军备竞赛。虽然目前在威慑性武器、炸弹、轰炸机等方面存在着一种谨慎的平衡，但假如明年发生一件类似美国人发明原子弹那样的事情，那将会怎样呢？

因此，当前所有的大国都有一定的国防或军事支出用于大量的研究和开发。每个国家都在争取最先发现那种能够使所有现有的武器过时的新武器。我想，强国的统治者们已经开始意识到了，那些有能力做出这种发现的人，正是他们一直以来条件反射式地持敌对态度的那一类人，即那些有创造性的人。现在，他们不得不学习创造性人才的管理、创造性人才的早期选拔、创造性人才的教育和培养等方面的知识。

从本质上说，这就是我认为我们今天有那么多的领导人对创造性理论感兴趣的原因。我们所面临的历史形势有助于在有思想的人、社会哲学家和许多其他类型的人中间引起对创造性的兴趣。我们的时代比历史上任何一个时代都更明显地处在流变、进步和快速的更迭当中。新的科学事实、新的发明、新的技术发展、新的心理事件以及富裕程度的快速增长和积累，使今天的每一个人都面临一种不同于以往任何时候的情况。除此之外，这种从过去到现在，再到未来的发展变化是缺乏连续性和稳定性的，因此我们必然需要各种各样的改变，而许多人还没有意识到这一点。例如，整个教育过程，特别是技术教育和职业教育，在过去的几十年里已经完全改变了。简单地说，对事实进行学习已经没有什么用了，因为它们太容易过时；学习技术用处也不大，它们几乎一夜之间就会被淘汰。比如，对于工程学教授来说，把他们在学生时代学到的所有技术都教给学生是毫无用处的，这些技术现在几乎用不上了。实际上，几乎在生活的每一领域里，我们都面临着过时的事实、理论和方法。我们都像是马车鞭子制造者这样的人，而这类技能如今已经没有用了。

新的教育理念

那么，教会人们成为工程师的正确方法是什么呢？很明显，我们必须教他们成为有创造性的人，至少在面对新事物以及即兴创造的意义上是如此。他们不应该害怕变化，而是必须能够适应变化和新事物，如果可能的话（因为那样最好），甚至能够享受新事物和变化。这意味着我们不能以旧的和标准化的方式来教育和培训工程师，而是必须以新的方式来教育和培训出"有创造性的"工程师。

通常来说，这也适用于商业和工业企业中的高管、一般领导以及管理人员。他们必须是那些有能力应对任何新产品或应对任何旧方法被不可避免地迅速淘汰的人，必须是不对抗变化但会预见变化的人，必须是能够接受变化带来的挑战并享受这种变化的人。我们必须培养出一大批能够即兴创造的人，那种专注于"此时此地"（here-now）的创造者。我们必须以一种与过去截然不同的方式来定义有技能的人、受过训练的人或受过教育的人（即不是那种凭借过去的知识经验来应对未来紧急事务的人）。我们一直以来所称之为学问的东西，如今已经变得没有用了。任何一种简单地把过去应用于现在的学习，或者把过去的技术应用于现在情境中的学习，在生活的许多方面都已经过时了。教育不再被认为仅仅是一种学习的过程，现在它也成了一种训练性格、训练人的过程。当然，这一点并不是完全正确的，但它在很大程度上是正确的，而且将会变得越来越正确。（我想，这可能是最激进、最直白、最准确无误地陈述我想要表达的意思的方式了。）在生活的某些方面，过去已经没什么用了。过分依赖过去的人在许多职业中也几乎变得毫无用处。我们需要一种新的人，这种人能够从他的过去中脱离出来，能够坚强、勇敢、自信地面对当前的情境，如果需要的话，他能够即兴地处理好当前的问题而不需要事先去做准备。

这些观点结合起来，意味着更加强调心理健康和力量。它意味着对觉察当下的能力、倾听的能力，以及及时看清事实的能力的重视。这意味着我们需要一种不同于一般人的人，一般人会觉得现在不过是过去的重复，他们把现在当作未来的威胁和危险的准备期，因为他们不相信自己能够应对那些没有准备的时刻。即使没有冷战，即使我们能够在一个兄弟般的种族中团结一致，这种新的人也是我们需要的，因为他们能够坦然面对我们所生活的这个新世界。

我在上面谈到关于冷战的话题，以及我们现在所面临的新型世界，使我们更有必要讨论创造性。从本质上讲，我们所讨论的是一种人、一种哲学、一种性格，那么讨论的重点就从创造性的产品、技术方面的创新、审美方面的产出和革新等方面转移开了。我们必须对创造性的过程、创造性的态度、创造性的人投注更多的兴趣，而不仅仅是对创造性的产出物感兴趣。

因此，在我看来，更好的策略是把更多的注意力放在创造性的灵感阶段，而不是创造性的实施阶段，即更多地关注"原发创造性"而非"继发创造性"。

我们不需要通过那些已经完成的对社会有用的艺术或科学成果来看待创造性，而应该更多地关注那种即兴的创造，关注那种对于当下出现的任何情况（无论它重要与否）的灵活、恰当和有效的应对。之所以不以已完成的成果作为判断创造性的标准，是因为成果的产生包含了一些其他特征，而这些特征会带来混淆，比如良好的工作习惯、顽强、自律、耐心、良好的修正能力等，它们与创造性没有直接的关系，或至少不是创造性独有的特征。

考虑到所有这些方面，研究儿童的创造性比研究成人更有意义。研究儿童能够避免许多容易混淆的问题，比如，对于儿童我们不会去强调社会创新、社会效益或创造性的产品。同时，研究儿童还能够避免对天赋的过度关注，从而让我们研究的问题更清晰（天赋与我们都普遍拥有的那种创造性之间似乎没有什么关联）。

这些就是我认为非语言教育是如此重要的原因，例如，通过艺术、音乐、舞蹈进行教育。我对训练艺术家不是特别感兴趣，因为这种训练是通过另一种不同的方式达成的，这种方式不是我所指的教育。我对儿童的玩乐也不感兴趣，对艺术治疗也不感兴趣，我甚至对艺术教育本身都不感兴趣。我真正感兴趣的是我们必须发展的一种新的教育，它有助于培养我们所需的那种新的人，那种正在发展的、有创造性的、能即兴创造的、自信的、勇敢的、自主的人。只不过艺术教育者是第一批朝这个方向前进的人，而这只是一个历史的偶然。对于数学教育而言，也有可能做到，我希望有一天这会成为现实。

如今在大多数地方，数学、历史、文学的教学仍然是以一种权威的、识记的方式在进行[①]。还是那个问题，即如何教儿童应对此时此地、进行即兴创造，等等，也就是说，如何成为有创造性的人，以及如何拥有创造性的态度。

新的艺术教育运动强调非客观，较少包含对与错、是与非，从而使儿童就可以面对自己，面对自己的勇气或焦虑，面对自己的固有模式或新鲜体验，等等。这样说或许更好理解——当现实被撤

---

① 尽管这已经不是布鲁纳（J. Bruner）所谈及的那种最新型的教育，也不是数学家和物理学家为中学所创造的教育，即这不是那种关于即兴创造、设想、创造性以及快乐的教育。

开后，我们便有了一个良好的投射测验情境，因而我们就有了一个良好的心理治疗或成长情境。这正是投射测验和顿悟疗法所做的，即移除了现实性，正确性，对环境的适应性以及物理、化学、生物的决定因素，这样心灵就可以更自由地展现自己。我甚至可以说，在这方面，通过艺术进行的教育是一种治疗和成长的技术，因为它允许心灵更深层的部分出现，并使之受到鼓励、培养、训练和教育。

第三部分 价值

第八章　事实与价值的融合

我将首先解释我所谓的高峰体验（peak experiences），因为这样的体验能够最容易和最充分地证明我的论点。"高峰体验"这个术语是对人类最美好的时刻的概括，是对生活中最快乐的时刻的概括，是对入迷、狂喜、极乐和最大喜悦的体验。我发现这样的体验来自深刻的美的体验，比如创造性的喜悦、成熟的爱的时刻，完美的性体验，父母的爱，自然分娩的体验，等等。我用一个术语——高峰体验——作为一种概括和抽象的概念，因为我发现所有这些狂喜的体验都有一些共同的特征。实际上，我发现可以建立一个概括的、抽象的模式或模型来描述它们的共同特征。这个词使我能够在同一时刻谈论所有或任何这类的经历。

当我的研究对象向我描述了他们的高峰体验之后，我问他们，处于这一时刻你们觉得世界有何不同？我所得到的答案可以被概括和总结。事实上，这样做几乎是必要的，因为没有别的方式来囊括我所得到的成千上万的词汇或描述。我把一百多人对高峰体验时刻以及体验结束后对世界的描述进行了提炼与概括，他们感受到：真、美、完整、超越二分法、活力、独特、完美、必要性、成就感、公正、秩序、简单、丰富、不费力、欢娱、自足。

虽然这是我的概括和提炼，但我敢肯定其他人也会得出大致相同的特征清单。我相信，其他人概括出的特征不会与我的有很大不同，至少在同义词或特定描述词的选择上不会有很大差异。

这些词都是非常抽象的，如果不抽象就无法去概括那种体验了。每一个词都有一个任务，那就是在一个主题下包含许多种直接的体验。这就意味着这样一个主题是具有广泛概括性的，也就是说是高度抽象化的。

这些都是在高峰体验中所看到的世界的种种特征。不同的人在侧重点或程度上可能存在差异。在高峰时刻，这个世界看起来比其他时候更诚实和没有遮掩、更真实、更美丽。

我想强调的是，这些都是描述性的特征。我的研究对象报告说，这些特征是关于世界的事实，它们是对这个世界所呈现出的样子的描述，甚至是对世界本身的描述。它们与报纸记者或科学观察员在目睹某一事件后所使用的描述是同属一类的。它们不是"应当"或"应该"的陈述，也不只是研究者期望的投射。它们不是幻觉，也不仅仅是不带认知的情绪状态。我的研究对象认为它们是一些启示，是关于现实的真实特征，那是他们曾经视而不见的。①

尤其对于我们这些心理学家和精神病学家而言，现在正处于一个科学新时代的开端。在我们的心理治疗经验中，我们在病人和我们自己身上看到过偶然的启示、高峰体验、孤独体验、洞见和狂喜。对此我们已经习以为常，并且我们知道，虽然并非所有这些体验都是有效的，但其中一些肯定是有效的。

只有化学家、生物学家或工程师才会继续怀疑真理是以这样的方式出现的——在极快的速度中、在一种情感的启示中、在迸发的

---

① 关于神秘启示的真实性问题是一个古老的问题，它涉及宗教的根源和起源，但我们必须非常小心，不要被神秘主义者和高峰体验者的绝对主观确定性所诱惑。对他们来说，真理已经显现。我们大多数人在获得启示的时刻都经历过同样的确信状态。

然而，人类在有记载的三千年历史中认识到的一件事是，这种主观的确定性是不够的，还必须进行外部验证。必须有某种方法来检验这种说法的真实性，某种衡量成果的方法，某种实用主义的检验。我们对待这些说法必须有所保留、谨慎和清醒。有太多的空想家、预言家和先知拥有过绝对肯定的感受，但那被证明是错误的。

这种幻灭的体验是科学的历史根源之一：对个人启示的不信任。正式的、传统的科学一直以来就拒绝这种个人的启示和启发，认为这些资料本身是没有价值的。

过程中、在冲破壁垒的过程中、在抵抗的过程中、在克服恐惧的过程中。我们擅长于处理危险的真理，处理那些威胁自尊的真理。

这种客观的科学怀疑态度，即使在客观的领域，也是没有根据的。科学史，至少是那些伟大的科学家们的科学史，是一个关于洞见真理的故事，然后真理慢慢地、仔细地、谨慎地被更多缺乏想象力的人验证，这些人的作用更像是珊瑚虫而不是雄鹰。我觉得，凯库勒（Kekule）的苯环之梦就像雄鹰一样是有洞见性的。

太多目光短浅的人把科学的本质定义为谨慎地检查和验证假设、发现别人的想法是否正确。但是，既然科学是一种发现的方法，我们就必须学会如何培养高峰体验的洞察力和远见，以及随后如何把它们作为数据来进行处理。其他的存在性知识（Being-knowledge）——在高峰体验中对迄今尚未被觉察的真理的真实感知——来自那种经由存在性的爱而获得的敏锐、来自某些宗教体验、来自某些团体治疗的亲密体验、来自理智的启示，或来自深刻的审美体验。

在过去的几个月里，对存在性知识（启示性的知识）的验证呈现出了一种全新的可能性。在三所不同的大学里所进行的研究表明，LSD[①]能够治愈大约50%的酗酒者。当我们得知这一巨大福音、这一意想不到的奇迹时都非常高兴，但因为我们都是不容易满足的人，所以我们不免要问："那些没有被治愈的人怎么样了？"这里我引用霍弗（A. Hoffer）博士1963年2月8日的一封信作为说明：

> 我们有意将高峰体验（英文缩写为 P. E.）作为一种治疗手段。通过音乐、视觉刺激、文字、暗示等，我们诱发出那些服用LSD或麦司卡林的酗酒者的高峰体验。我们已经治疗了500多名酗酒者，并总结出了一些基本规律。其中一条就是，大多数在接受治疗后能够清醒作答的酗酒者

---

① LSD：Lysergic acid diethylamide 的缩写，中文名是麦角酸二乙基酰胺，是一种强烈的半人工致幻剂。——编者注

都报告其有过高峰体验。相反，没有高峰体验的酗酒者几乎都没有作答。

我们也有强有力的证据表明，情感是高峰体验的主要组成部分。当接受LSD治疗的被试者事先服用两天的青霉胺，他们的体验大体上同从LSD治疗中获得的体验是相同的，但存在明显的情感抑制。他们观察所有看得见的变化，拥有所有的思维变化，但他们的情绪是平淡的，他们更像是非参与的观察者而不是参与的观察者。这些被试者没有高峰体验，此外，他们当中只有10%的人在治疗后恢复得较好，与之相比，我们在几项大型的后续研究中所预期的康复率则是60%。

现在跳回到我们的主题上来：这个在特定时刻被体验到的描述现实、描述世界的特征清单，与被称为永恒价值、永恒真理的清单几乎是相同的。我们在这里看到了古老而熟悉的真、善、美三位一体的价值和真理。换句话说，这一描述性的特征清单同时也是一份关于价值的清单。这些特征正是那些伟大的宗教学家和哲学家所珍视的价值，而这些价值实际上也是最严肃的思想家们一致认可的生命的终极价值或最高价值。

我对此进行的第一次陈述是在科学领域内做出的，是公开发表的。任何人都可以做同样的事情，任何人都可以进行自行检验，任何人都可以使用与我相同的程序，并且如果他愿意的话，他可以用我所说的那些问题向被试者提问并进行录音，然后将其公之于众。也就是说，我所报告的内容是公开的、可重复的、可被证实或被证伪，如果你愿意，它甚至可以是被量化的。它是稳定和可信的，因为当我重复操作时，我得到了大致相同的结果。即使按照十九世纪科学最正统的、实证主义的定义来看，它也是一种科学的陈述。它是一种认知的陈述，是对现实特征、宇宙特征、报告者和描述者的外部世界特征、感官世界特征的描述。这些资料可以用传统的科学方法来处理，它们的真实程度是可以确定的[①]。

然而，对于世界样子的描述，也是一种对价值的描述。这些是最鼓舞人心的价值，是人们愿意为之献身的价值，是人们愿意用努力、痛苦和煎熬为代价去换取的价值。这些也是"最高"的价值，因为它们最常出现在最优秀的人身上，在他们最好的时刻、最好的条件下出现。这些价值是对高级生活、美好生活、精神生活的定义，另外，它们也是心理治疗的长远目标，是广义上的教育的长远目标。我们之所以钦佩人类历史上的那些伟大人物，正是因为他们具有这些特质，甚至我们的上帝都具有的特征，这是我们的英雄、圣贤。

因此，这一认知的陈述和这一价值的陈述是相同的，"是"变成了"应该"，事实变成了价值。于是，这个被描述和被感知的世界，变成了被评价和被期望的世界，现在的世界变成了应该存在的世界。应该发生的事情已经发生了，换句话说，在这里，事实和价值已经融合在一起了[②]。

"价值"一词的难题。 很明显，不管"价值"一词是如何定义的，我所讨论的问题都与价值有关。然而，"价值"一词有很多定义，对不同的人有不同的含义。事实上，它在语义上是如此令人困惑，以至于我觉得我们很快就会放弃这个包罗一切的词，而选择用更精确、更具操作性的定义来阐释"价值"这个词所包含的每一项附属的

---

① 任何对此感兴趣的人都可以做进一步的研究，我和我的学生曾做过一些。举个例子，在一个非常简单的实验中，我们发现女大学生更易从被爱的经历中获得高峰体验，而男大学生则更多地从胜利、成功、克服困难以及成就中获得高峰体验。这与我们的常识相吻合，也与我们的临床经验相吻合。这类研究还有很多，这个领域对研究来说是非常开放的，尤其是现在我们知道高峰体验也可由药物诱发产生。

② 从一开始我就想避免一种混淆，避免我所说的"ought"（应该）这个词与霍妮的"neurotic shoulds"（神经症的应该）之间的混淆，霍妮的用语见《神经症与人的成长》（*Neurosis and Human Growth*）第3章。人被设想成的样子往往是非固有的、武断的、先验的、完美主义的——总之，是不真实的。而我在这里用了"ought"这个词来表明机体的固有属性和可以实现的真实潜力，而且这种潜力最好是在疾病的痛苦之下实现的。

意义。

更形象地说，我们可以把"价值"这个概念想象成一个大容器，里面装着各种各样杂乱而模糊的东西。大多数论述价值的哲学作家都试图找到一个简单的公式或定义，把容器里的所有东西都联系起来，尽管很多东西是偶然进入到这个容器里面的。他们会问："这个词到底是什么意思？"却忘记了它其实并没有任何意义，只是一个标签。只有多元化的描述才能解决这个问题，也就是说，需要把不同人实际使用"价值"这个词的所有不同方式进行归类。

接下来是一系列关于这个问题的各方面（在"价值"这个词的不同含义和"事实"这个词的不同含义中，事实和价值可以以各种方式融合或接近融合）的观察、假设和提问。这就像是从词典编纂者之间的争论转向关注心理学和心理治疗领域的操作和实际事件：从语义世界转向自然世界。实际上，这是将这些问题引入科学领域的第一步（科学的广义定义包括了经验资料和客观资料）。

对于"应该"和"是"的心理治疗探索。现在我想把这样的想法用到心理治疗和自我治疗的实践中。人们在寻找同一性和真实自我等过程中所提出的问题，很大程度上都是"应该"的问题：我应该做什么？我应该成为什么样子？我应该怎样解决这一冲突？我应该从事这个职业还是那个？我应该离婚吗？我应该活着还是死去？

大多数没受过教育的人都很愿意直接回答这些问题。"如果我是你我会……"他们说，然后继续提出建议和忠告。但是接受过心理治疗技术训练的人明白，这是不可行的，甚至是有害的。我们不会说我们认为别人应该做的事。

我们懂得，从根本上说，一个人要弄清他应该做什么，最好的办法是先明白他是谁。因为只有通过"实然"，即"是什么"，通过对事实、真理、现实以及个体本性的发现，才能够做出道德和价值的决定，做出明智的选择，做出"应该"的决定。一个人对自己的天性、内心深处的愿望、性情、构成、所追求和渴望的东西，以及真正令自己满意的东西了解得越多，他的价值选择就越容易、越自然、越自如。（这是弗洛伊德最伟大的发现之一，但却常常被人忽视。)这样一来,许多问题就立即消失了。只要知道什么是合乎自己本性的、什么是合适的、什么是对的,其他许多问题也就迎刃而解了①。(我们还必须记住,对一个人自身深层本性的认识,同时也是对一般人性的认识。)

也就是说,我们通过"事实性"(facticity)来帮助他寻找"应该"。发现一个人的真实本性,既是"应该"的探索,也是"是"的探索。由于这种价值探索是一种对知识、事实和信息的探索,也就是说,它是对真理的探索,因此它是完全归属于科学范畴的。至于精神分析方法以及所有其他非干扰的、揭示性的道家式的治疗方法,我可以确切地说,那既是科学的方法,又是价值发现的方法,那种疗法是一种道德探索,甚至是一种自然主义意义上的宗教探索。

请注意,治疗的过程("是")和治疗的目标("应该")是不能分割的,把两者分开来是可笑而可悲的。治疗的直接目标是发现这个人是什么,治疗的过程也是弄清楚这个人是什么。你想知道你应该成为什么样的人吗?那么先去弄清楚你是谁吧!"成为你自己!"对一个人应该是什么样子的描述和对一个人究竟是什么样子的描述几乎是一样的②。

这里的"价值"指的是终极目标,是你极力达到的终点、极致、

---

① 同一性、真实性、自我实现等的达成,肯定不能自动解决所有的道德问题。即使在虚假问题消失之后,仍然有许多真实问题留存。但是,即使是真实问题,也最好是由一个眼明心亮的人来做处理。诚实对待自己、清楚地了解自己的本性,是做出真实道德决定不可避免的先决条件。但我并不是说,只要真实和自知就足够了。对许多决定来说,真实的自我认识是绝对不够的,虽然它是绝对必要的,但是还不够。而且,我在这里也不谈心理治疗毋庸置疑的教育特征,也就是说,我不谈治疗师在不知不觉中向病人灌输的价值观,哪怕只是将其作为一个榜样。问题是:什么是中心的?什么是外围的?什么是应该放大的?什么是应该缩小的?我们的目标是通过揭示来实现纯粹的自我发现吗?从实用主义的角度来说正确的目标是什么?我还想指出,如果拒绝将自己强加于患者或向患者灌输思想,可以通过弗洛伊德式的镜像分离(mirror detachment)或存在主义治疗师的与存在爱的"相遇"来实现。

② 真实的自我中有一部分也是构建和创造出来的。

天国，然而，它就存在于当下。一个人努力寻求的自我，以一种非常真实的意义存在于当下。就像真正的教育并不是一个人在四年大学生涯结束时获得的文凭，而是每时每刻的学习、感知和思考所构成的过程。人们想要在生命结束后进入宗教的天国——他们认为生命本身是没有意义的——然而事实上这个天国贯穿在我们生命的始终。我们现在就能进入天国，天国无处不在。

"存在"（Being）与"形成"（Becoming）可以说是相依相存的。旅行能够带来终极乐趣，但旅行不仅仅是达到目的的一种手段，它也是这个过程本身；许多人发现，工作多年换来的退休生活，却不如多年的工作那样有滋有味，但当他们发现这一点时，已经太迟了。

接纳。另一种事实和价值的融合来自我们所说的接纳（acceptance）。这里的融合与其说是来自对事实（"是"）的改进，不如说是来自对"应该"的缩减，来自对期望的重新定义，使期望越来越接近事实，从而变得可及。

在心理治疗中，当我们对自己的过分完美要求和理想化形象在洞察之下发生了崩溃时，我上述所说的这个意思就能够得到证明了。当我们允许自己去发现自身的胆怯、嫉妒、敌意或自私时，那个完美的勇敢男人、完美的母亲或有着完美逻辑和理性的人的自我形象就会崩溃。

通常来说，这种真切的认识是令人沮丧甚至是具有毁灭性的。我们可能会感到罪恶、堕落或无价值。我们感到我们的"是"与我们的"应该"相距甚远。

然而，成功的治疗有一个独特之处，那就是我们在其中经历了接纳的过程。我们不再对那些认识感到害怕，而是走向了顺从。在顺从之后，我们有时会想："虽然这样，但也不算太糟。一个慈爱的母亲有时会怨恨她的孩子，这是人之常情，也是可以理解的。"有时，我们会发现自己甚至超越了这一想法，走向一种对人性充满爱的接纳，并且出于对失败的充分理解，最终会认为人性是令人满意的、美好的、闪耀的。一个对自身所具有的男性气质感到恐惧和怨恨的女性，最终会喜欢上自己的这一特质，甚至会因为感到极度欣喜而虔诚地敬畏它，最初被视为恶的东西可以变成一种荣耀。当她重新确定了对男性气质的看法以后，她的丈夫也能够在她眼前变成他应该成为的样子。

如果我们放弃我们的吹毛求疵，放弃我们对自己应该是什么样子的定义，放弃我们的要求，那么我们都能够像孩子一般拥有这样的体验。如果我们偶尔能做到这一点，那么我们就能在短暂的瞬间看到这些特质是如此的完美，看到它们在此时此刻是多么强烈而深刻的美丽、非凡、可爱。这时，我们对意愿和希望的主观体验（即我们的不满），也就能够同我们的满意、赞同，以及当"应该"出现时的那种主观体验相融合。我引用艾伦·沃茨（Alan Watts）的一段有趣的话来说明我的意思："在临近死亡时，许多人都会有一种奇怪的感觉，他们不仅能够接受发生在自己身上的每一件事，而且还觉得那就是他们希望发生的。傲慢专横的人不会有这样的感受。这是一个意想不到的发现，在意愿和必然之间找到了一种一致性。"

这里我们也想起了卡尔·罗杰斯的团队所做的各种实验，这些实验表明，在成功的治疗过程中，自我理想（ego ideal）和现实自我（actual self）会趋向于融合。在霍妮的措辞中，真实自我（real self）和理想化的形象（idealized image）逐渐被修改，并向融合的方向发展，也就是说，二者逐渐发展成同一个东西，而不是远不相同的东西。类似的还有更为正统的弗洛伊德关于严厉和自我责罚式的超我的概念，在心理治疗的过程中，超我减弱了，变得更仁慈、更容易接纳、更有爱心、更自我肯定。这其实就是在说，一个人的自我理想和他对自己的实际感知逐渐向彼此靠拢，从而使他能够允许自己拥有自尊和自爱。

我更喜欢举的例子是分裂人格或多重人格，这样的人表现出来的人格总是一种过分因循守旧、谨小慎微、伪善的类型，所以他拒绝潜在的冲动，把它们统统压制下去，这样一来，要想获得满足就只能通过彻底突破自我的病态、孩子气、任性、享乐、不受控制的方面来达到。将这种压抑和冲动一分为二会扭曲这两种"人格"，而将它们进行融合才能引起这两种"人格"的真正改变。只有从专断的"应该"中解脱出来，才有可能拥抱和享受这种"是"。

极少数的心理治疗师，如窥视狂般地，会把揭示作为一种真相的暴露或者对病人的贬低的手段，就像一个面具被撕掉，让病人展露出真相。这是一种支配策略，一种让自己高人一等的做法。它成了一种提高社会地位的方式，一种让自己拥有强大、有力、支配、高高在上，甚至神一般感觉的方式。对于那些不太看重自己的病人来说，这种方式会让他体会有亲密感。

这在一定程度上意味着那些被揭示出来的恐惧、焦虑和冲突是低等的、坏的、邪恶的。例如，就弗洛伊德而言，直到他生命的最后阶段，他也没有真正喜欢过无意识，而是仍然把它定义为某种必须加以控制的危险和邪恶的东西。

幸运的是，我所认识的大多数治疗师都不是这样的。通常来说，这些治疗师对人了解得越深，也就越喜爱和尊重人。他们喜欢人性，不会因为人性不符合某种既存的定义或柏拉图式的本质而去谴责它。他们认为人可以被看作英勇的、圣洁的、聪明的、有才能的或伟大的，即使这些人是病人，暴露了他们自身以及他们的"弱点"和"邪恶"。

或者，用另一种方式说，假如随着一个人对人性了解的深入而对人性不再抱有幻想，那么这就相当于说这个人曾有过一些幻想或期望，而这些幻想或期望是无法实现的或是见不得光的，即是虚假和不真实的。我记得大约25年前，在我的一项性学研究中（我不确定今天是否会以同样的方式发生），有一名被试者失去了她的宗教信仰，因为她简直无法再信仰一个创造了如此污秽、肮脏、令人作呕的生育方式的上帝。在这里，我想起了关于中世纪的一些僧侣的记述，他们被自己的动物本性（如排便）和宗教愿望的不相容所折磨。我们的专业经验使我们能够对这些不必要的、自作自受的愚蠢一笑置之。

简言之，基本的人性已被称为肮脏、邪恶或野蛮的，因为它的一些特征已被先验地确定为如此。如果排尿或月经被认为是肮脏的，那么人的身体也就会随之被认为是肮脏的。我曾经认识一个男人，每当他被他的妻子性吸引时，都会深感内疚和羞耻。他的"邪恶"是一种语义上的邪恶，而用这样的方式定义"邪恶"是非常武断的。因此，以一种更接受现实的方式重新下定义，是一种缩小"是什么"和"应该成为什么"之间差距的方法。

统一的意识。最好的情况就是——事实即价值（即应该成为的已经实现）。我已经指出过，这种融合可以通过以下两种方式中的任何一种得以实现，一种是通过改善现实使其更接近理想，另一种是通过减弱理想使其更接近实际存在。

也许现在我可以再增加一种方式，那就是统一意识。这就是同时感知事实（"是"）的特殊性和普遍性的能力，既把它看作此时此地，又把它看作永恒——或者更确切地说，在特殊和永恒中看到普遍，在暂时和瞬间中看到永恒。用我的措辞来说，这是"存在领域"（Being-realm）和"匮乏领域"（Deficiency-realm）的融合：沉浸于"匮乏领域"的同时也意识到"存在领域"。

这不是什么新鲜的东西。任何读过禅宗、道教或神秘文学的人都知道我在说什么。每一位神秘主义者都曾试图描述这个具体对象的生动性和特殊性，以及它的永恒、神圣、象征的特质（类似一种柏拉图式的本质）。而现在，除此之外，我们还有许多这样的描述是来自实验家（比如赫胥黎）对致幻剂的描述。

我可以用我们对孩子的认知为例来说明这个问题。从理论上讲，任何婴儿都可能成为任何样子。他有巨大的潜力，因此，在某种意义上，他"是"任何事物。但凡我们具有一点敏感性，我们都能够在婴儿身上感知到这些潜力并心生敬畏。某个婴儿可能被视为未来的总统、未来的天才、未来的科学家或英雄。事实上，此时此刻，在现实的意义上，他已经具备了这些潜力，并且就"是"这些潜力本身。他所体现出的各种可能性同时也是他的真实性的一部分，任何丰富而充分的感知都能够发现这个婴儿所具有的这些潜力和可能性。

同样地，对任何女人或男人的任何全面的感知，都包括了他们的神性、履行圣职的可能性，以及隐藏在真实而有限的人类个体中并闪耀着光彩的神秘性：它们代表什么，它们可能成为什么，它们使我们想到什么，什么对我们而言是充满诗意的。（当一个感性的人看到一个女人给宝宝喂奶或烘烤面包，或者看到一个男人竭力保护他的家庭免遭危难时，他怎么可能不心生敬畏呢？）

每个好的治疗师都必须对他的病人有这样一种统一的认识，否则他永远也成不了一个像样的治疗师。他必须能够同时给予病人"无条件的积极关注"（罗杰斯所言）——将他视为一个独特而神圣的人——同时他也意识到病人缺少某些东西，是不完美的，是需要改善的①。作为一个人类个体，病人必然具有某些神圣性，无论病人做了多么可怕的事，我们都应该敬畏他身上的这种神圣性。这是废除死刑运动、禁止过度贬低一个人，或禁止残酷和不寻常的惩罚中所蕴含的一种哲学。

要想有统一的认识，我们就必须能够同时感知一个人的神圣性和世俗性两个方面：如果不感知这些普遍的、永恒的、无限的、本质的象征特质，无疑是一种对具体物以及事实的简化。因此，这是一种局部的盲目。②

这一点之所以和我们所讨论的问题有关，是因为这是一种同时看到"是"和"应该"的方法，既认识到直接的、具体的现实性，也认识到可能和能够成为的东西，认识到最终的价值不仅可以实现，而且现在就在那里，就在我们眼前。这也是我能够向他人传授的一种方法。因此从理论上讲，这种方法能够使我们看到，有意地、自愿地把事实和价值融合在一起是有可能的。在读荣格、伊利亚德、坎贝尔（Campbell）或赫胥黎的作品时，我们很难让自己的认识永远不受到影响，很难不把事实和价值紧密地联系在一起。我们无须

---

① 在宗教的语言中常常能找到这种对看似矛盾的认识的接纳和融合。例如，下面这段话摘自一位信教的妇女的来信："我看到了成长—安全观念、二分法（自私—无私）观念与现实—潜力观念的相似之处。上帝看到并爱我们现实的样子，但也看到我们的潜力，并要求我们向着潜力成长。当我们更接近上帝时，我们能不能在接受一个人现实状态的同时又召唤他继续前行呢？"

② 参见下文"对应该的无视"（ought-blindness）。

等待高峰体验带来融合！

"本体化"。另一相关的说法涉及同一问题的另一个方面。事实上，任何一种手段—活动（手段—价值）都可以转化为一种目的—活动（目的—价值），如果一个人足够聪明想要这么做的话。为了谋生而从事的工作，可以因其本身而被人喜爱。即使是最乏味、最沉闷的工作，只要它本质上是有价值的，也都可以被神圣化以及本体化（指从一种单纯的手段变成一种目的，变成一种价值本身）。有一部日本电影（*Ikuri*）很好地说明了这一点。当癌症快要夺去生命时，最乏味的行政工作变得"本体化"了，生命必须变得有意义、有价值，变成它"应该"成为的样子。这也是另一种事实与价值相融合的方式，人们可以将事实转化为最终价值，只要把它看成那样并使它成为那样。（我有一种感觉，神圣化或统一的意识与本体化在某种程度上是不同的，尽管它们有重叠之处。）

事实的矢量性。我用韦特海默的一段话作为开头来解释这个方法：

> 结构是什么？"7加7等于……"这样的情境是一个有空缺的系统。要填补这个空缺可能会有许多方法。其中有一种完形填补的方法是用"14"这个数字与之相对应，来填补这个空缺，就可以从结构上满足这个系统的需要。把这个数字填补在这里，对这个情境的完整性起到了作用，能够使这一情境的价值充分体现。其他的完形填补物（completion），如"15"，用来填补这个空缺就不适合、不正确。其他的完形填补物是变化的、是盲目的，或是违背了这一空缺在结构上所具有的作用的。

> 这里我们有"系统"、"空缺"、不同类型的"完形填补物"、情境的需要、"需求性"等这样一些概念。

> 假如一条完美的数学曲线有一个空缺，有一个地方缺少点什么，情况也是类似的。在填补空缺时，通常来说如果从曲线的结构上去判断，会发现有某一完形填补物是合乎结构

的，是合适的、正确的，而其他的完形填补物则不行。这与过去所说的"内在的需要"（inner necessity）的概念是有关联的。在这样的意义上，不管是逻辑运算、结论等，还是事件、行为、存在，都有可能或合适或不合适，或合理或不合理。

我们可以这样表述：给定一个情境，即一个系统带有一个空缺，那么某一完形填补物是否能够使这一结构的价值充分体现，它是否"正确"，往往是由这个系统的结构和情境的结构所决定的。结构决定了需要。在纯粹的情况下，要决定哪些完形填补物适宜于情境，哪些不适宜于情境，哪些违反了情境的需要等，是很清楚的——例如，这边坐着一个饥肠辘辘的孩子，那边有一个男人在盖一栋小屋但缺了一块砖头。我一只手拿着一块面包，另一只手拿着一块砖头。我把砖头给了饥饿的孩子，把松软的面包给了那个男人。在这里我们有两种情境、两个系统，但这样的分配无疑是对填补的作用视而不见。

接着，在注脚中，韦特海默附加说：

我无法在此处理这样的问题（如阐明"需求性"等术语）。我只想提一下，通常对"是"和"应该"进行简单的二分法处理的做法必须得到修正。这样一种顺序的"决定"和"需求"是客观的性质。

《格式塔心理学文献》（*Documents of Gestalt Psychology*）一书的大多数作者也有类似的陈述。事实上，格式塔心理学的所有文献都证明了事实是动态的而不是静态的。正如科勒（Köhler）特别指出的那样，事实不是标量的（只有大小），而是矢量的（既有大小，又有方向）。还有一些更有力的例证可以在戈尔茨坦（Goldstein）、海德（Heider）、卢因（Lewin）和阿施（Asch）的著作中找到。

事实不是像碗里的麦片粥那样，静静地存在于那里，它们会做各种各样的事情。事实会组织自己，完善自己，事实中那些未完成的部分"需要"一个好的完形——墙上那幅挂歪了的画需要被扶正；未完成的问题会一直困扰着我们，直到我们完成它；不够好的完形会使它们自己变成更好的完形；那些多余的复杂感知或记忆会使它们自己简化；一首乐曲需要正确的和弦才能使之完整；不完美的东西会趋向于完美；未解决的问题必然会指向正确的解决方案。"情境的内在逻辑会需要……"我们如是说。事实同时具有权威性和需求性两个特征。事实可能需要我们，它们可能会说"是"或"否"，它们引导我们前进，给我们建议，提示我们下一步要怎么做，引导我们朝向一个方向而不是另一个方向。建筑师会谈论场地的需要；画家会说画布"需要"更多的黄色颜料；服装设计师会说她设计的裙子需要一款特别的帽子来搭配；啤酒同林堡干酪搭配比同洛克福奶酪搭配更好，或者就像有些人说的那样，啤酒更"喜欢"某一种奶酪胜过了另外一种。

戈尔茨坦的著作中特别阐明了机体的"应该性"（oughtness）。一个受损的有机体不满足于它的现状，不安于受损。它努力着、进取着、推进着，它与自己斗争，想要使自己重新成为一个完整的统一体。从丧失了某一能力的统一体，向一个新的统一体推进，在这个新的统一体里，已丧失的能力不再破坏它的统一。这个机体它管理自己、制造自己、重建自己。它显然是主动的而不是被动的。也就是说，格式塔心理学（或称完形心理学）和机体心理学不仅有对"是"的觉察，而且有对"矢量"的觉察（是否也可叫作对"应该"的觉察？），而不是像行为主义心理学那样对"应该"视而不见。在行为主义的观点里，机体只是被动地"做完"，而不是主动地"做着"和"要求着"。从这个角度来看，弗洛姆、霍妮和阿德勒也可以被视为拥有对"是"和"应该"的觉察。我认为不应该简单地把所谓的新弗洛伊德学派看作对弗洛伊德的背离，而应该把其看作对弗洛伊德（他缺乏充分的整体观）与戈尔茨坦和格式塔心理学家的整合。

我想说的是，事实的许多动态特征，这些矢量特征，都属于"价值"这个词的语义范畴。至少，这些特征在事实和价值之间架起了桥梁，而通常来说大多数科学家和哲学家都不假思索地认为，事实和价值的分离是科学的定义里所包含的特征。许多人认为科学在道德和伦理上是中立的，不涉及"目的"和"应该"的问题。这样一来，必然就会导致这样一个结果：如果目的必须来自某个地方，如果它们不能来自知识，那么它们必须来自知识之外。

"应该性"由"事实性"所创造。这一点很容易导致一个更广泛的概括，即事实的"真实性"（factiness）以及"事实特质"（facty）的增强，同时也会导致这些事实的"应该"特质的增强。或许我们可以这样说——事实性产生了应该性。

"事实"创造了"应该"！一个事物被了解得越清楚，变得越真实和明白无误，它也就越会具有"应该"的特质。换句话说，一个事物变得越"是"，它也就变得越"应该"——它具有的需求性越多，它就越"需要"特定的行动。一个事物的"是"被感知得越清楚，它就变得越"应该"，也就越能够指导行动。

从本质上来看，这就是说，当任何事物足够清楚、足够明确、足够真实、足够确切、不容置疑时，它就会在自身内部提出它自己的需求性、需要性、适合性。它"需要"某些行动而不需要其他的行动。如果我们把伦理、道德和价值定义为行动的向导，那么充分具有事实特质的事实就是行动的最佳向导。事实所具有的事实特质越强，就能越好地指导行动。

我们可以利用一个不确定的诊断作为例子来说明这一点。我们都知道年轻的精神科医生在访谈病人时会表现出不自信、摇摆不定、忍气吞声、易受影响和优柔寡断，他们不能完全确认应该对病人下什么样的诊断。但是当他从其他医生那里获取了一些临床意见并拿到了一系列相互印证的量表测试结果，而这些内容又恰好与他自己的感觉一致并且经过了他的反复检查的话，他就会变得十分确定，比如，他会诊断病人患了精神病。接着，他的行为就会发生非常重要的变化，他会变得更加肯定、果断和确信，他会更确切地知道该做什么、何时去做以及如何去做。这种确定感使他不受病人亲属或其他持不同看法的人的否认和反对的影响。因为他感到确定,所以他能够在反对的声音中继续前进。换句话说,他觉察到了事物的真相。这一认识使他能够积极向前迈进,而不用顾忌病人可能会因为诊断结果而感到痛苦,不用顾忌所有的眼泪、反对或敌意。如果你对自己有信心,你就不会介意充分发挥你的力量。明确的认识意味着明确的道德决策,同理,诊断的确定性意味着治疗的确定性。

在我的亲身经历中,有一个例子是关于道德的明确性如何来自事实的确定性的。在读研究生期间,我曾研究过催眠术。当时学校里明令禁止催眠,据我所知,禁止的理由是认为催眠并不存在。但我确信它确实存在(因为我当时正在做这件事),而且我深信这是一条通往知识的康庄大道,是一种必要的研究,所以我对自己的研究疯狂痴迷。我的无所顾忌令我自己也感到吃惊,为了进行研究,我偷偷摸摸的,甚至不惜撒谎。我只是做了不得不做的事,因为我百分百地确定这是应该做的正确的事(the right thing to do)。(注意,"应该做的正确的事"这个词,既是一个认知词,也是一个道德词。)①我只是比他们知道得更多一些,而他们在这件事上是无知的,因此我没有必要对这些人生气,我也并不关注他们。(这里我忽略了毫无根据的确信感这一非常困难的问题——那是另外一个问题。)

再举一个例子:做父母的只有在感到不确定的时候才会显得软弱,当他们感到确定时,他们是肯定的、有力的、清晰的。也就是说,如果你确切地知道自己在做什么,那么即使你的孩子哭闹、处在病痛中或者跟你对着干,你也不会显得笨手笨脚。如果你知道你必须从他身体里拔出一根刺或一支箭,或者必须动刀才能救孩子的命,你就会明确而坚定地这样做。

在这里,知识带来了决策、行动、选择的确定性,让我们知道

---

① "错的"(wrong)、"不好的"(bad)、"正确的"(correct)也是这样的认知—评价词。再举一个例子,一位英语教授告诉他的学生,希望他们在写作中不要用以下这两个不雅的词,一个是"糟糕的"(lousy),一个是"出色的"(swell)。在一阵沉默之后,一个学生问道:"那么,它们究竟是什么意思呢?"

该做什么，因此也为我们带来了力量。这很像外科医生或牙医的处境。外科医生打开腹部，发现了发炎的阑尾，他知道最好把它切除，因为如果它破裂了，人就会丧命。这是关于事实指导我们必须做什么的一个例子，是"是"指导"应该"的一个例子。

所有这些都与苏格拉底的信念有关，他认为，没有人会愿意选择虚假而放弃真理，或者选择邪恶而放弃善良。这里的假设是，无知使错误的选择成为可能。不仅如此，杰斐逊的整个民主理论也都是基于这样的信念：充分的知识会引起正确的行动，如果没有充分的知识，那么也就不可能有正确的行动。

自我实现者对事实和价值的感知。多年前我曾报告说，我发现自我实现的人有两个特点：第一，他们对现实和真理有很好的感知；第二，他们通常不会混淆对与错，能够比普通人更迅速、更肯定地做出道德决策。第一个发现很快就得到了充分的支持，而且我认为与二十年前相比，我们今天能够更好地理解它。

然而第二个发现一直以来令人感到困惑。当然，由于我们今天对心理健康的动力学解释有了更多的了解，因此我们能够更坦然地面对这一发现，也更倾向于期待它会在未来的研究中被证实。

我们当前的讨论使我能够提出我的强烈印象（当然，这必须得到其他观察者的证实），即这两项发现可能是有内在联系的。也就是说，我认为对价值的清晰感知在一定程度上是对事实的清晰感知的结果，或者说，它们甚至有可能是同一个东西。

我称为存在性认知的东西（对于存在、相异性、人或事本性的感知）更常发生在较为健康的人身上，存在性认知不仅是对事物的深层真实性的感知，而且是对事物的应该性的感知。也就是说，"应该性"包含在被深刻感知到的"真实性"之中，它本身也是一个可被感知的事实。

这种应该性、需要性，或内在的行动需求性，似乎只会影响那些能够参透认知的内在本质的人。因此，存在性认知可以引起道德上的确信和决断，就像高智商的人对一系列复杂事实有清晰的感知一样，或者就像一个天生敏感的审美者会非常清楚地看到色盲或其他人看不到的东西一样。有无数的色盲看不出一块地毯实际上是绿色的，他们可能认为那是灰色的，但这并不会影响一个能够清楚、强烈而无误地感知事物真相的人做出判断。

因为更健康、感知力更强的人会更少对"应该"视而不见，因为他们有能力让自己感知到事实发出的愿望、需要、建议、要求或乞求，他们能够允许自己像道家那样听从事实的引导。因此，他们就能够更容易做出基于事实本质的价值判断。

由于一个知觉对象的"事实"方面和"应该"方面是可分离的，因此，把对"是"的感知和对"是"的无视，以及对"应该"的感知和对"应该"的无视分别加以说明是有帮助的。我认为，普通人都拥有对"是"的感知，但缺乏对"应该"的感知。心理健康的人对"应该"的感知力会更强。心理治疗有助于提高人们对"应该"的感知。我的那些自我实现的被试者，他们拥有较好的道德决断力，而这可能直接源于他们拥有更强的对"是"的感知、更强的对"应该"的感知，或者二者兼而有之。

我还想在此补充一句，即使这可能会让这个问题变得更复杂——对"应该"的无视一部分原因可能是忽视了潜力和理想化的样子。举例来说，亚里士多德对奴隶身份的"应该"的无视就是如此。当他察看奴隶时，他发现这些人符合奴隶的样子。这个描述性的事实后来被亚里士多德认为是奴隶的真实、内在、本能的本性。因此他认为，奴隶从本质上是奴隶，他们就"应该"是奴隶。金西也犯了一个类似的错误，他把简单、表面的描述和"正常"混淆了，他没有看到"可能性"。弗洛伊德在女性研究方面显得薄弱也是如此，在他那个时代，女性通常是不重要的，然而，看不到女性拥有进一步发展的潜力，就如同看不到一个孩子有机会长大成人一样。对未来的可能性、变化、发展或潜力的无视，不可避免地导致了一种"现状哲学"（status quo philosophy），在这种哲学中，"是什么"（已是或可以是）必须被视为一个准则。正如西利（Seeley）在谈到描述性社会科学家时所说的,纯粹的描述是保守派的作风①。"纯粹的"价值无涉的描述只能算作一种草率的描述。

道家式的倾听。一个人通过倾听来发现什么对自己来说是正确的,以便让自己被塑造、被引导、被指导。好的心理治疗师以同样的方式帮助他的病人——通过帮助病人听到那些淹没在内心里的声音,病人的本性就会发出微弱的指令,它遵从斯宾诺莎的原则,即真正的自由包括接纳和热爱那些不可避免的现实的本质。

同样地,一个人要想知道对这个世界而言什么样的做法才是正确的,就要学会倾听这个世界的本性和声音,要对它的需求性和它的建议保持敏感,要让自己保持安静以便它的声音能够显现出来,要善于接纳、不干涉、不要求、顺其自然。

我们在日常生活中时刻都在这样做。例如,如果我们知道火鸡的关节在哪里,知道如何使用刀叉,那么切开一只火鸡就会变得更加容易。也就是说,充分了解那个情境下的事实。如果这些事实被充分了解了,它们就会指导我们,告诉我们该做什么。但这里也蕴含了这样的意思,即事实是不会高声说话的,因此很难察觉到它们。为了能够听到事实的声音,我们必须非常安静,抱着接纳的态度去倾听——以一种道家式的方式。就是说,如果我们希望让事实告诉我们它们的"应该性",那么我们就必须学会以一种非常特殊的方式来倾听它们,这种方式可以被称为"道家式的"——安静、不作声、平静、充分倾听、不干涉、善于接纳、有耐心、尊重、谦恭。

这也是古老的苏格拉底学说的一种现代说法。苏格拉底曾说过,知识是善的基础,而无知是一切恶的首要根源。虽然我们现在知道

---

① 到目前为止,我已经在"对应该的认知"的题下列出了几种不同的认知。第一种是对格式塔的矢量方面(动态或方向)的感知;第二种是对当前已经存在的未来的感知,即感知未来成长和发展的潜力及可能性;第三种是统一的意识,在这种认知里,知觉对象永恒的和象征的方面与它的具体的、直接的和有限的方面同时被感知到。我不确定这与我所说的"本体化"有多相似或有多不同,"本体化"是指有意识地将一项活动视为一种目的,而不仅仅是一种手段。因为这二者是不同的操作,所以我暂时将它们分开。

除了无知以外，恶行还有其他的来源，但我们仍然同意苏格拉底的观点，即对事实的无知是恶行的主要来源。这就好比说，事实的本性中就带有建议，告诉我们"应该"做什么。

另有一种类型的活动最好也用道家式的方式轻轻地、小心翼翼地摸索着去做，就像用钥匙去开一把难开的锁一样。我想我们都能明白，这是解决几何问题、治疗问题、婚姻问题、职业选择问题以及道德问题、是非问题的一种非常有效的方法，有时也是最好的方法。

这是接受了事实具有"应该"的特性后的必然结果。如果这种特性存在，那么它必须要被感知到。众所周知，这不是一件容易的事，因此我们必须研究能够使对"应该"的感知达到最大化的那些条件。

第九章　存在心理学简说[①]

一、从主旨、问题、研究范围来定义存在心理学

〔存在心理学（Being-Psychology）也可称为本体心理学（Onto-Psychology）、超越心理学（Transcendental Pschology）、完美心理学（Psychology of Perfection）、目的心理学（Psychology of Ends）。〕

1. 存在心理学讨论目的（而不是手段或工具）；讨论终极状态、终极体验（内在的满足和享受）；认为人是自身的目的，从这个角度出发来讨论人（神圣的、独特的、不可比较的、强调人与人之间的价值平等而不将人作为工具或达到目的的手段）；讨论将手段转化为目的，以及将手段—活动转化为目的—活动的技巧。存在心理学讨论对象本身，是因为它们存在于自己的本性中，而不是因为它们能够自我验证，从本质上有效，有固有的价值，有自身的价值，不需要被证明。讨论"此时此地"的状态，在这种状态里，"现在"本身即作为目的被充分地体验，而不是作为过去的重复或未来的前奏。

2. 存在心理学讨论终极和目的的状态，即完成、高峰、终结、结局、全部、圆满、结束（那种无所缺、无须更多、无须改进的状态）。那是一种纯粹的幸福、喜悦、极乐、狂喜、入迷、实现的状态；是一种希望已实现、问题已解决、愿望已达成、需要已满足、目标

[①] 这些文字片段还没有最终成型，也没有一个完整的结构。它们以我的另两部著作《存在心理学探索》（*Toward a Psychology of Being*）和《动机与人格》中的观点为基础，并将这些观点进一步推向了理想的极致。这些文字是我于1961年在加州拉由拉市的西方行为科学研究所做访问学者时写成的。

已取得、梦想已成真的状态；是一种已经在那里，已经到达了目的地而不是正在争取到达目的地的状态；是高峰体验的状态；是一种纯粹成功的状态（一切的否定暂时都消失了）。

2a. 不愉快的、悲惨的完成和终结的状态，也是能够带来存在性认知的。当个体拥有足够的力量和勇气时，失败、绝望、防御的崩溃、价值体系的严重损毁、与真正的内疚的激烈对抗等状态，能够促使个体对真理和现实进行感知（作为一种目的，而不是作为一种手段）。

3. 存在心理学讨论感到完美的、认为完美的状态。讨论完美的概念。讨论理想、模范、极限、范例、抽象的定义。一个人可能是或者可以被认为是完美的、理想的、模范的、真实的、完满人性的、典范的、神一般的、可效仿的，或者他在这些方面是有潜力的和矢量的（在最佳条件下，他是他可能成为、可以成为或者有潜力成为的那种人；他已经接近于人类发展的理想极限，但这种理想极限任何人都不会永恒拥有）。讨论人的天命、命运。这些理想的人类潜力是从心理治疗、教育、家庭训练、成长的最终结果、自我发展等理想远大的目标中推断出来的（见本章第四节"对存在性价值的操作性定义"）。存在心理学讨论人的核心定义和典型特征，讨论他的本性、他的"本质核心"（intrinsic core）或"内在核心"（inner core）、他的实质、他目前存在的潜力、他的要素（如本能、构成、生物本性、与生俱来的人类本性）。这就使得我们能够对"人性"或"人性的程度"或"人性萎缩的程度"进行（定量的）定义。讨论欧洲思想中的哲学人类学。将定义"人性"的要素和特征同范例（模范、柏拉图式的理念、理想的可能性、完美的想法、英雄、范本、死亡）区分开来。前者是最低程度，后者是最高程度。后者是纯粹的、静态的存在，是前者努力想要成为的状态。对前者而言，归类的门槛很低，例如，人是无毛的两足动物。此外，前者按照全有或全无、要么是或要么不是来进行归类。

4. 存在心理学讨论无欲求、无目的、无匮乏性需要、无动机、无竞争、无努力、享受奖励、感到满足的状态。不讨论利益的获得。

（因此，能够"把自己的兴趣、愿望和目标完全抛在脑后，在一段时间内完全放弃自己的个性，以保持作为认知主体的纯粹性……对世界有清晰的认识"。——叔本华）

4a. 讨论无畏的状态、无焦虑的状态、勇气、无阻碍以及自由流动、无拘无束、不加抑制的人性。

5. 存在心理学讨论超越性动机（当所有的匮乏性需要、匮乏、欲求得到满足后的行为动力学）。讨论成长的动力。讨论"无动机的"（Unmotivated）行为。讨论表达。讨论自发性。

5a. 讨论纯粹的（原发的或整合的）创造性的状态和过程。讨论纯粹的此时此地的活动（脱离于过去或未来而获得的"自由"）。讨论即兴创造。讨论人与情境（问题）之间纯粹的相互适应，人与情境趋于融合的状态是一种理想的极限状态。

6. 存在心理学讨论描述性的、经验性的、临床的、人格学或心理测量学所描述的诺言得以实现的状态（或天命、使命、命运、召唤的实现状态）、自我得到践行的状态（自我实现、成熟、充分发展的人、心理健康、真实性、"真实自我"的获得、个性化、创造性人格、同一性、潜力的实现）。

7. 存在心理学讨论存在性认知。存在心理学与心灵外部的现实打交道，聚焦于现实的本质，而非聚焦于"认知我"（cognizing self）的本质或兴趣。洞悉事物或人的实质。明晰性。

7a. 讨论存在性认知发生的条件。讨论高峰体验。讨论失落体验（nadir experience）或孤寂体验（desolation experience）。讨论临终前的存在性认知。讨论精神病性退行的存在性认知。讨论存在性认知式的治疗洞察。讨论对存在性认知的恐惧和逃避。讨论存在性认知的危险。

（1）讨论存在性认知的认知对象的性质。讨论在存在性认知下（在"最佳"条件下）所描述的和理想化地推断出的现实本质。现实被认为是独立于感知者之外的。现实是非抽象的。

（2）讨论存在性认知中感知者的本质。感知者之所以真实，是因为他是超然的、无欲的、无私的、非兴趣使然的、道家式的、无畏的、此时此地的、接纳的、谦逊的（非傲慢的）、不计较得失的，等等。我们自己是对现实的最有效的感知者。

8. 存在心理学讨论对时空的超脱。讨论时空被遗忘的状态（全神贯注、集中注意力、入迷、高峰体验、失落体验），这时时空不会成为阻碍或危害。这时能够感知到宇宙、人、物以及体验的永恒、不朽、无限、普遍、绝对和完美。

9. 存在心理学讨论神圣、崇高、合一、精神性、超然、永恒、无限、神圣、绝对。讨论敬畏、崇拜、供奉等状态。讨论自然状态下的"宗教的"形态。讨论从永恒的角度看待寻常世界、物体和人。讨论统一的生命、统一的意识。讨论暂时与永恒相融合的状态、局部与全体相融合的状态、相对与绝对相融合的状态、事实与价值相融合的状态。

10. 存在心理学讨论纯真（innocence）的状态（以儿童或动物为范例，以成熟的、明智的、自我实现的人为范例）。讨论纯真的感知（最理想的状态是：不分孰轻孰重；一切皆有可能；所有东西都同样有趣；很少对主体和背景进行区分；只有初步的对环境的建构和区分；很少对手段和目的进行区分，因为一切皆有其自身的价值；没有未来、没有预断、没有预警，因此也就没有惊喜、忧虑、失望、期待、预测、焦虑、预演、准备或担忧；每件事发生的可能性都相同，不加干扰地感受；接纳发生的一切；几乎没有选择、偏好、挑选、区分；很少区分有关和无关；很少进行抽象化；充满好奇）。讨论纯真的行为〔自发性、表现力、冲动性，没有恐惧、控制、压抑，没有诡计和不可告人的动机，诚实、无畏，不带目的性，没有计划、没有预谋、没有预演，谦逊的（非傲慢的），（当未来未知时）不急躁，没有改造或重建世界的冲动（"纯真"与"存在性认知"有许多重叠之处，也许将来它们会变成同一个东西）〕。

11. 存在心理学讨论趋向终极整体的状态，即用一种统一的方式来看整个宇宙和所有的现实；每一事物同时也是别的事物，任何事物都与其他事物有关，全部的现实不过是我们从不同角度观察的单一事物。讨论巴克（Bucke）的宇宙意识（cosmic consciousness）。如痴如醉地感知世界的某一部分，仿佛它是整个世界。运用技术，将某物视为其全部，例如艺术和摄影学中的剪裁、放大等技术（这些技术切断了目标物与他物的一切联系，去掉它的背景，把它独立出来，并允许它的本质得到清晰、完全的呈现）。看到某物的所有特征，而不是把它的有用之处、它的危险、它的便捷之处等单独提取出来进行抽象化。某物的存在就是它的全部；抽象化必定意味着通过手段来看待某物，而这会导致某物远离它本身。

存在心理学超越了分离性、离散性、互斥性和排中律。

12. 存在心理学讨论观察到的或根据推断得出的存在特征（或价值）（见本章第三节的存在性价值列表）。讨论存在性领域。讨论统一的意识。讨论有关定义存在性价值的操作（见本章第四节）。

13. 存在心理学讨论所有二分法（极性、对立、矛盾）得到解决（超越、合并、融合、整合）的状态，这种二分法诸如：自私与无私、理智与情感、冲动与控制、信任与恣意、意识与无意识、相反或对立的两种兴趣、快乐与悲伤、眼泪与欢笑、悲剧与喜剧、日神与酒神、浪漫与古典，等等。讨论一切将对立转化为协同的整合过程，如：爱、艺术、理性、幽默等。

14. 存在心理学讨论所有的协同状态（在世界中、在社会中、在个体内部、在自然中、在自我中，等等）。讨论自私等同于无私的状态（当我追求"自私的目的"时，我必须使他人受益；当我无私的时候，我自己也会从中受益。也就是说，这种二分法被解决和超越了）。讨论当美德得到回报时的社会状态，即当美德得到外在和内在奖赏时的状态，当作一个品德高尚、充满智慧、明察事理、美丽或诚实的人，都不需要付出太多代价时的状态。讨论一切能够促进和鼓励实现存在性价值的状态。讨论使人易于从善的状态。讨论能够阻止怨恨和阻止对价值及道德的逆反性评价（对优秀、真理、善良、美丽等感到憎恨和害怕）的状态。讨论一切能够增进真、善、美等之间相互关系的状态，使它们趋向于理想的统一。

15. 存在心理学讨论人性的困境（存在的困境）被暂时地解决、整合、超越或遗忘的状态，例如：高峰体验、存在性的幽默和欢笑、

"圆满的结局"、存在性正义的胜利、"有价值的死亡"、存在性的爱、存在性的艺术、存在性的悲剧或喜剧、所有整合的时刻、行动和感知，等等。

二、《存在心理学探索》一书中"存在"（Being）一词的各种用法整理

1. "存在"被用来指代整个宇宙、所有存在的事物、所有的现实。在高峰体验中、在着迷的状态中、在专注的状态中，注意力可以缩小并聚焦到一个单一的事物或人上面，似乎那就是全部的存在、全部的现实。这意味着从整体上看一切都是相关的。唯一完整的东西就是整个宇宙。任何缺乏整体性的东西都是局部的、不完全的，都是为了短暂的、实际的便利而切断了固有的联结和关系。"存在"也指宇宙意识。"存在"还意味着不同层级间的整合，而不是二分化。

2. "存在"指的是"内在核心"，即个体的生物学本性——他的基本需要、能力、偏好，他的不可再简化的本性，他的"真实自我"，他内在的、根本的、固有的本性，他的身份。因为"内在核心"既是普遍的（每个婴儿都有被爱的需要），也是个体的（只有莫扎特才是那个完美的莫扎特），所以这个说法既可以表示"具有完满人性的"，也可以表示"具有完全特异性的"。

3. 存在可以意味着"表达一个人的本性"，而不是应对、奋斗、尽力、决意、控制、干涉、命令（这个意思好比说一只猫就是这只猫本身，而不是说一个扮演女性角色的人就是一个女性，或者一个"试图"成为慷慨者的吝啬鬼就是一个慷慨者）。它指的是毫不费力的自发性（就像一个聪明人表现出聪明、一个婴儿表现出稚气一样），它允许在行为中看到最深刻、最内在的本性。由于自发性是困难的，因此大多数人可以被称为"人的扮演者"，也就是说，他们试图成为他们所认为的人的样子，而不是单纯地做自己。因此，存在也意味着诚实、袒露、自我暴露。大多数心理学家都默认这样一个未经过

充分检验的假设,即神经症不是最深层本性的一部分,不是一个人的内在核心的一部分,也不是一个人真实存在的一部分,而是人格的一个更表面的层次,它隐藏或扭曲了真实的自我,也就是说,神经症是对真实存在、对一个人的深层生物本性的一种防御。"尝试成为什么样子"可能不如"本身就是什么样子",但那也比"不尝试"要强,绝望、不应对、放弃就是不尝试的表现。

4. 存在可以指"人""马"等概念。这样的概念具有定义性特征,通过特定的操作将成员包含进来和排除出去。对于人类心理学来说,这是有局限性的,因为任何人既可以被看作"人"这个概念或者类(class)中的一员或一个例子,也可以被看作某一独特的类(如一个叫"Addison J. Sims"的类)中的唯一成员。

同样,我们可以用两种完全不同的方式(最低限度或最高限度)来使用类的概念。可以对类进行最低限度的定义,这样实际上就没有人会被排除在外了。这使得我们不能够对人的品质进行分级或以任何方式对人进行区别。某个对象只能归属于或不归属于某个类,只能是这个类中的一员或不是这个类中的一员,两者必居其一,没有其他可能性。

除此之外,这个类也可以通过它的完美范例(楷模、英雄、理想的可能性、柏拉图式的理念、对理想的极限和可能性的推断)来进行最高限度的定义。这种用法有许多优点,但它的抽象性和静态性必须要引起注意。在描绘我能找到的现实中最优秀的人物(自我实现的人,他们中没有任何一个是绝对完美的)和描绘理想的、完美的、纯概念化的范例(这种范例是从对现实中不完美的人的描述中推断出来的)之间,是有深刻区别的。"自我实现的人"这一概念不仅描述了人,而且描述了人所接近的理想极限。这一点应该不难理解,这就像是我们绝对不会把蒸汽机或汽车的设计图和示意图与我的汽车或你的蒸汽机的照片搞混淆一样。

这样一种概念化的定义也使我们能够把本质的东西与外围的东西(偶然的、表面的、非本质的)区分开。它给出了区分现实与非现实、真实与虚假、必要与非必要、永恒与暂时、不变与变化的标准。

5. 存在意味着发展、成长和变化的"终结"。它指的是"成为"的最终产物、极限、目标或终极目的，而不是"成为"的过程，就像下面这句话说的那样："这样一来，关于存在的心理学和关于成为的心理学就可以得到调和。孩子仅仅是他自己，却也仍然可以前进和成长。"这听起来很像亚里士多德所说的"目的因"，或终极目的、最终的产物，就好比说橡子在其本质中拥有了它将成为的橡树。（这是一种有点微妙的说法，因为我们通常会倾向于拟人化，说橡子"试图"长大。但它不是这样的。它仅仅"是"一个婴儿那样的存在。就像达尔文不能用"尝试"这个词来解释进化论一样，我们也必须避免这种用法。我们只能把它向自己的极限成长解释为它的存在的一种副现象，解释为当下机制的"看不见的"副产品和过程。）

三、存在性价值（在高峰体验中对世界的描述）

存在的特征同时也是存在的价值。〔可以类比为完满人性者的特征；完满人性者的喜好；高峰体验中自我（身份）的特征；理想艺术的特征；理想儿童的特征；理想的数学论证、实验和理论、科学和知识的特征；所有理想的（道家式的不干涉）心理治疗的长远目标；理想的人本主义教育的远大目标；某些宗教的长远目标和表达；理想的良好环境和良好社会的特征。〕

1. 真（Truth）：诚实；现实；坦率；简单；丰富；本质；应该；美；纯粹；干净和纯粹的完整性。

2. 善（Goodness）：正直；合意；应该；公正；仁慈；诚实。（我们喜爱它、被它吸引、赞同它。）

3. 美（Beauty）：贴切；有型；活力；简单；丰富；完整；完美；完成；独特；诚实。

4. 完整（Wholeness）：统一；整合；合一的倾向；相互联结；简单；组织；结构；有序而不分离；协同；同质性和一体化倾向。

4a. 超越二分法（Dichotomy-transcendence）：对二分法、两极化、对立、矛盾的接纳、解决、整合或超越；协同作用（即将对立转化为统一，将对抗转化为合作或相互促进的搭档）。

5. 活力（Aliveness）：进程；不死气沉沉；自发；自律；功能完善；变化而又保持不变；表达自己。

6. 独特（Uniqueness）：特异性；个性化；不可比；新颖；特性；本真；不相似。

7. 完美（Perfection）：没有多余；没有缺失；恰到好处，无需改进；正好；恰好；合适；公正；完成；无可超越；应该。

7a. 必然性（Necessity）：不可避免；必须那样；无可改变；无须改变。

8. 完成（Completion）：结束；定局；裁决；完结；完形；实现；终结和目的；没有缺失；全体；命运实现；休止；高潮；圆满成功；新生前的死亡；成长和发展的终止和完成。

9. 公正（Justice）：公平；应该；适合；构造性的品质；必然；不可避免；无利害；无偏袒。

9a. 秩序（Order）：合法；恰好；无过剩；安排妥善。

10. 简单（Simplicity）：诚实；坦率；本质；无误地提取；基本的架构；问题的中心；率直；仅有必要的部分；无修饰；无多余或过剩。

11. 丰富（Richness）：分化；全面；错综；全体；没有遗漏或隐藏；一切俱足；"无所谓重要与否"（一切都同等重要；没有什么是不重要的；一切都保持原样；不存在改进、简化、抽象和重新安排）。

12. 不费力（Effortlessness）：自如；不紧张、不努力或不困难；优雅；完美地发挥作用。

13. 欢娱（Playfulness）：有趣；欢乐；娱乐；愉悦；幽默；生气勃勃；轻松。

14. 自足（Self-sufficiency）：自主；独立；除自身以外不需要任何其他东西；自我决定；超越环境；分离；根据自己的法则生存；同一性。

四、对存在性价值的操作性定义

1. 首先将存在性价值视为自我实现（心理健康）者的描述性特征，通过他们自己的报告、研究者的报告，以及与他们关系密切的人的报告得来〔存在性价值除了上文列举的那十几种以外，还包括一些其他的，如明晰性、接纳、自我超越、认知的新鲜感、更多的高峰体验、社会共同感（阿德勒语，德文为 Gemeinschaftsgefühl）、存在性的爱、不强求、存在性的尊重、创造性〕。

2. 将存在性价值视为偏好、选择、欲求之物、自我实现者的价值观，见于他们自身、见于他人、见于外界中（假定有相当好的环境条件和相当好的选择）。有些人可能与自我实现者一样，有着同样的偏好和需要（只是程度更弱一些），这些人需要很好的环境条件和自身的条件。对任何存在性价值的偏好程度会随着选择者的心理健康程度、环境的协同作用以及选择者的力量、勇气、活力、自信等的增加而增加。

假设：存在性价值是许多人（大多数人？所有人？）所深深渴望的（能够在深层心理治疗中被发现）。

假设：无论我们是否有意识地寻求、选择或渴望存在性价值，它都是能使人获得终极满足的东西，即它能带来完美、完成、实现、平静、圆满的感觉，也能（在治疗和成长方面）产生良好的效果。[①]

3. 存在性价值是高峰体验者所报告的他们在高峰体验中感知到的世界的特征（或是向这些特征趋近的趋势），即在种种高峰体验中世界的样子。在对神秘体验、爱情体验、审美体验、创造性体验、做父母的体验和生育体验、理性的洞察、治疗中的洞察（不常见）、体育运动、躯体感受（有时候）的报告中，都出现过类似的特征。此外，宗教著作在某些方面也描述过这些特征。

4. 存在性价值是高峰体验者所报告的他们在高峰体验中感知到

---

① 参看《存在心理学探索》一书第3章。

的自我的特征（"强烈的同一性体验"），包含了除上一节中第9条"公正"以外的所有特征，此外再加上创造性、此时此地、不费力争取、诗意的交流这些特征。

5. 存在性价值是由研究者观察到的高峰体验者的行为特征（同上一节第4条"完整"）。

6. 在其他一些存在性认知中（当有足够的力量和勇气时），也可获得高峰体验时感知到的那些特征。例如，一些小高峰般的体验；一些失落和孤寂的体验（精神退化、与死亡对抗、防御、幻觉或价值体系的崩溃、悲剧和不幸的经历、失败、与人类困境或存在困境的对抗）；一些智力和哲学的洞察、建构和修通；对过去的存在性认知（"拥抱过去"）。然而这种"操作"或数据来源本身是不充分的，还需得到更多的验证。有时它能够支持其他操作的发现，有时又与其他操作的发现背道而驰。

7. 存在性价值被视为"好"艺术的特征（"好"指的是"被研究者所偏爱的"），例如，绘画、雕塑、音乐、舞蹈、诗歌及其他文学艺术。（除上一节第9条及第7、8条部分内容外的所有特征。）

一项预实验：评分者按10分制的等级评分标准对一些儿童的非写实绘画作品进行评分，从"最普通的美感"到"最不普通的美感"，另外还有三组评分者，分别从"整体性""生动性"和"独特性"的角度对这同一批绘画作品进行10分制的等级评分。这四个变量都是正相关的。一项预调查：可以通过考察画作或短故事，从而对艺术家的健康状况做出更有依据的判断。

可检验的假设：美、智慧、善良与心理健康之间的相关关系随年龄的增长而增强。让不同的评分者对各个年龄层次被试者（每10岁为一个阶段）的健康、美、善良和智慧分别进行评分。评分结果应该会显示，心理健康与其他特质之间始终会呈现出一种正相关的关系，而且随着年龄的增长这种相关性会更强，比如30多岁的人、40多岁的人，这种正相关关系持续地增强。迄今为止，该假设得到过非正式观察的支持。

假设：用上文中列举的所有存在性价值对小说进行评分，会发现

"好"小说比"差"小说（由评分者评出的）更接近于存在性价值。"好"音乐和"差"音乐也是一样。非规范性的陈述也可能有助于实现比较，例如：哪些画家、哪些语言、哪些舞蹈有助于提高或增强个性化、诚实、自足或其他存在性价值；此外，哪些书、哪些诗是较为成熟的人更喜欢的。用健康的人作为"生物试样"（他们是更敏感、更有效的感知者和价值的选择者，就像矿井里的金丝雀一样）的可能性有多大呢？

8. 在我们的文化中，我们对所有年龄段儿童心理健康增进和减弱的特征和决定因素所知甚少，但从总体上看，增进健康意味着趋向于各种（也许是全部）存在性价值。"良好"的学校、家庭等外部条件，可被认为是对心理健康或存在性价值有益的。用可检验的假设来描述就是：心理健康的孩子比不健康的孩子更诚实（更美、更善、更整合，等等），健康可以通过投射测试、行为样本、精神病学访谈或不具备典型神经症性症状等来进行衡量。

假设：心理上较健康的教师，应该促使学生向存在性价值趋近。

用非规范化的方式提出问题：什么样的情况会增进或削弱孩子的整合（诚实、美、欢娱、自足，等等）？

9. "好的"或"简练的"数学论证是"简单""抽象的真理""完美""完成""秩序"的终极表现，它们常常被认为是非常"美"的。这样的论证一旦被做出以后，看起来是很容易的，而且确实也很容易。这种对完美的趋向、渴望、热爱、崇拜甚至需要，也存在于所有的机器制造商、工程师、生产工程师、工具制造商、木匠、企业和军队中管理和组织方面的专家当中，他们对上述那些存在性价值也有着迫切的需要。通过他们的选择就能看出这一点，例如，是选择一台精致简单的机器还是选择一台过于复杂的机器，是选择一个稳定匀称的铁锤还是选择一个极不稳定的铁锤，是选择一个功能完善的引擎还是选择一个功能不完善的引擎，等等。更健康的工程师、木匠等，会不自觉地对他们所有产品的存在性价值表现出偏好和趋近，相比那些不成熟的工程师和木匠生产出来的不那么"趋向存在性"的产品，前者应该更受喜爱、定价更高。"好的"实验、"好的"

理论以及"好的"科学可能也是如此。在这些情境中,"好的"一词在很大程度上意味着"更接近于存在性价值",这个意思就跟我们说"好的"数学的意思是差不多的。

10.大多数(具有洞察力的、善于发现的、不专制的、道家式的)心理治疗师,无论属于哪一流派,当他们谈论心理治疗的最终目标时,即使是在今天,他们也会在描述性的意义上和理想的抽象概念的意义上,去谈论具有完满人性的、真实的、自我实现的、个性化的人,或与之类似的一些状态。当进一步去探究细节时,这通常意味着部分或所有的存在性价值,如诚实、良好的行为、整合、自发性、趋向于充分发展、成熟和协调一致,从本质上成为一个统一体,成为一个人所能成为的样子,并接纳深层自我的所有方面,不费力、自如地发挥作用,有娱乐和享受的能力,独立自主。我认为没有治疗师会反对这些存在性价值中的任何一项,有的人甚至可能还想要再做些补充。

关于心理治疗的成功和失败的实际影响,有大量的证据是来自罗杰斯学派。就我所知,所有这些无一例外都支持或符合这样的假设,即存在性价值是心理治疗的长远目标。可以通过对心理治疗前后进行比较,来检验这样一个假设——即治疗会让病人变得更美,会增加他们对美的敏感、渴望和享受。将美换成幽默,类似的假设也可以得到检验。

预实验:为期两年的团体治疗实验的非定量观察发现,男大学生和女大学生,在我和参与者自己看来,整体上都变得更漂亮或更英俊了(而且从陌生人的评价来看,他们也确实变得更漂亮、更有吸引力了),因为他们的自爱和自尊增加了,同时也更乐意去令团体中的其他成员感到快乐(因为对他人的爱增加了)。总的来说,如果我们强调治疗的揭示方面,那么它所揭示的东西在某种意义上已经存在了。因此,任何通过揭示性治疗显示或暴露出来的东西都很可能是机体在构成上、气质上或遗传上所固有的,即它生而具有的本质和最深层的实在。因此这就表明,通过揭示性治疗而驱散的东西,不是固有的、与生俱来的,而是偶然的、表面的、由机体获得的或强加于机体的。相关证据表明，存在性价值会通过揭示性治疗得到增强或实现，因此我们可以说，这些存在性价值是最深刻、最基本、最内在的人性的属性或本质特征。这个命题从原则上来看是可被检验的。罗杰斯在治疗中使用的"趋向和远离"（moving toward and away from）技术为研究向趋近存在性价值趋近或远离的条件提供了广泛的可能性。

11. "创造性""人本主义"或"全人"（whole person）教育的长远目标，尤其是非语言的（艺术、舞蹈等）教育，在很大程度上与存在性价值重叠，并且可能与存在性价值是相同的，此外，还有一些除心理治疗之外的附加方法，这些都可能是手段而不是目的。也就是说，这种教育希望潜在地达到与理想的心理治疗同样的效果。因此，各种已完成的或将要做的针对治疗效果的研究，在理论上与"创造性"教育是相当的。就像治疗一样，教育也有可能以一种可用的、规范化的概念作为结束，即教育是"好"的，它以最"有益"的方式成就学生；又即教育帮助学生变得更加诚实、善良、美丽、统一，等等。高等教育可能也是如此，它追求的也是存在性价值（如果我们把获得技能和方法放到一边，或者仅仅把获得技能和方法看作达到最终存在性目的的一种手段）。

12. 各大有神论和无神论宗教的某些论述，以及这些宗教的律法主义论述和神秘主义论述，也都是如此。总的来说，它们传播的是以下一些命题：（1）上帝是大多数存在性价值的化身；（2）理想的、宗教的、虔诚的人是最能体现或至少是渴望这些"上帝般"的存在性价值的人；（3）一切的技法、仪式、礼节、教条都可被视为是达到这些存在性目的的手段；（4）天堂是这些价值实现的地方、状态或时刻；拯救、救赎、皈依，都是对上述真理的接受。因为这些命题是由选出的证据支持的，所以它们需要一个外部的选择原则，即它们与存在心理学并立，但不能证明存在心理学的正确性。宗教著作对于那些知道如何从中挑选和利用有价值信息的人而言，是一个有用的宝库。我们可以反向提出理论命题来进行尝试，例如，存在性价值是对"真实的"、功能性的、有用的、有益的宗教的界定。就目前而言，禅宗、道和人本主义的结合也许是最能满足这一标准的了。

13. 我的印象是，大多数人在艰难或不良的环境条件下会远离存在性价值，因为这些条件威胁着缺失性需要的满足，例如，集中营、监狱、饥饿、瘟疫、恐怖、周围的敌意、遗弃、漂泊、价值体系的普遍崩溃、价值体系的缺失、绝望，等等。我们现在还不清楚为什么少数人在同样"恶劣的"条件下，会趋向于存在性价值。然而，不论是远离存在性价值还是趋向存在性价值，都是可以进行检验的。

假设："良好条件"的一个有益的含义是"协同作用"（synergy），鲁思·本尼迪克特将它定义为"融合了自私和无私的社会制度条件。在这样的社会安排下，当我追求'自私的'满足时，我自然而然地帮助了别人；当我试图做出利他行为时，我自然而然地奖励和满足了自己。也就是说，自私和利他之间的二分法或两极对立得到了解决和超越"。于是又假设：一个美好社会是一个能使美德得到回报的社会，社会之间、亚群体之间、人与人之间或自我内部的协同作用越强，我们就越接近于存在性价值；不良的社会或环境条件使我们彼此敌对，使我们的个人利益彼此对立或相互排斥，或使个人的缺失性需要得不到满足以至于要以牺牲他人为代价。在良好的条件下，要保持善良、追求存在性价值等，都无须付出代价或很少付出代价。在良好的条件下，诚信的生意人会赢得更多的利益；在良好的条件下，成功的人会受人爱戴，而不是受人仇恨、害怕或厌恶；在良好的条件下，赞美也更有可能（与情欲或支配等无关）。

14. 有证据表明，我们所说的"美好的"工作和"美好的"工作条件总体上有助于使人趋向于存在性价值。例如，从事不太理想的工作的人最重视的是安全与保障，而从事理想工作的人往往最看重自我实现的可能性。这是"美好的"环境条件的一个特例。这里再次暗示了转向非规范性陈述的可能性，例如，什么样的工作条件会促成更大的完整性、诚实性和特异性等，这样一来，就可以用"导向存在性价值"（conducting to the B-Values）这样的措辞来取代"美好的"这个词。

15. 基本需要的层次和它们的优势顺序是通过一种"重建生物学"（reconstructive Biology）的操作（基本需要受挫会导致神经症）发现

的。也许有一天，在不远的将来，我们会拥有足够灵敏的心理学工具来检验这样一种假设，即任何一种存在性价值受到威胁或挫折都会导致一种病态或存在性疾病，或是人性萎缩的感觉。存在性价值也是上述意义上的"需要"（我们渴望它们，以便完善自己或成为完满人性的人）。无论如何，现在有可能问一些尚未被研究过的问题："如果生活在一个不诚实的世界、一个邪恶的世界、一个丑陋的世界、一个分裂和支离破碎的世界、一个由陈腐和僵化所包围的死寂和静态的世界、一个不完整和未完成的世界、一个没有秩序或公正的世界、一个过于繁杂的世界、一个过于简单和过于抽象的世界、一个困难重重的世界、一个没有幽默感的世界、一个没有隐私或独立空间的世界，会有什么样的后果呢？"

16. 我已经指出过，"美好社会"的一个可用的操作性意义是它能在何种程度上向所有人提供基本需要的满足，以及在何种程度上促成所有人的自我实现和人性的完满。除这种说法外，还可以加上一个命题，即"美好社会"（与不好的社会相比）提倡、珍视、争取、促进存在性价值的实现。也可以用非规范性的措辞来陈述这一点，就像我们在上文中所做的那样：理论上的理想国（又名优心态文化，Eupsychia）将完美地实现存在性价值。美好社会（优心态文化）和协同的社会在多大程度上是相同的呢？

五、存在性的爱如何带来无偏私、中立、超然、更明晰的状态？

什么时候爱会带来盲目？什么时候爱意味着更多或更少的明晰状态？

关键点就在于：当对某个对象的爱变得非常深切、非常纯粹（很鲜明）时，我们会希望它好，而不是它能为我们做什么，这时（在我们的允许下），这个对象就不再是手段而成了一种目的。拿苹果树举例：我们可以非常喜爱一棵苹果树，以至于不想让它变成其他任何东西，我们很高兴它就是现在这个样子。任何干扰它的东西（"介入"）只会造成伤害，使它不那么像一棵苹果树，或者使它不那么完美地按照自己本质和固有的规则存在。它看起来是那样完美，我们甚至都不忍去触碰它，害怕会破坏了它。当然，如果它被认为是完美的，那么它就不需要任何改进。事实上，努力改进（或装饰等）本身就说明被改进的对象是不完美的，改进者头脑中关于"完美发展"的设想要比苹果树本身还要好，也就是说，他能比苹果树做得更好，他懂得更多，他能比苹果树自身更好地塑造它。所以我们会有一种不自觉的感觉，即那些对狗狗进行美容整形的人其实并不是真正的爱狗人士。真正爱狗的人，当他们看到有些人为了让狗狗看起来符合某些杂志上的样子而剪掉它们的尾巴、修剪它们的耳朵、对它们进行选择性育种时，会感到非常愤怒，因为这会让它们变得紧张不安、生病、无法怀胎、无法正常生育、患上癫痫等（但做出这些行为的人确实自诩为爱狗人士）。对于那些培育矮树、教熊骑自行车或教黑猩猩抽烟的人来说，也是一样的。

因此，真正的爱是（至少有时是）不干涉和不苛求的，它能因事物本身而感到快乐。因此，它能够注视着所爱的对象，而不带狡诈、预谋或做任何自私的打算。这有助于较少的抽象化（或是对对象的局部、属性或个别特征进行选择），较少的对非整体的观察，较少的原子化或剖析，这就等于是说，较少有主动的或削足适履式的结构化、组织化、塑造、模式化、套用理论或进行预设，这样一来，对象就更加的完整、统一，从而更加的是它自己。这样一来，衡量一个对象，就会较少以相关或不相关、重要或不重要、主体或背景、有用或无用、危险或不危险、有价值或无价值、有利益或无利益、好或坏，或其他对自己有利的感知作为标准。此外，对象也不那么容易被标签化、被归类、被放到历史中去检验，或者不会被视为某一个类中的一个成员、一个示例或实例。

这就意味着，对象（整体的）各个部分（既包括重要的又包括不重要的）的所有方面或特征（既包括核心的又包括外围的）都会得到同等的关注或注意，每个部分都会是令人愉快和美妙的；存在性的爱，无论是对爱人、对婴儿，还是对一幅画、一朵花，几乎总是能保证这种分散式的、专注的、着迷的注视。

从整体的角度来看，小瑕疵往往被认为是可爱的、迷人的、惹人喜爱的，因为它们是独特的，因为它们赋予了对象个性和特质，它们使对象成为"它是什么"而不是"别的什么"，也有可能恰恰因为它们是不重要的、外围的、非本质的，才会让对象的本质得以显现。

因此，存在性的爱者（存在性认识者）会看到匮乏性的爱者或非爱者所看不到的细节。与此同时，他也会更容易地看到对象本身的性质，看到对象本身的权利和存在的形式。对象自身所具有的柔和和韧性容易被一种不主动、不干涉、不那么傲慢的接纳性态度所征服，也就是说，当观察者用存在性认知去感知对象时，对象被感知到的形态也就是它自己本来的形态，而如果观察者把专制的想法强加给对象，这样就会显得很唐突、很急躁，就像是屠夫为了满足自己的口欲而去切肉，像是征服者要求被征服者无条件投降，也像是雕塑家为了使用模具而去塑造一堆不成型的泥土。

六、存在性价值在什么条件下由什么人去选择？

现有的证据表明，存在性价值通常是由"健康"的人（自我实现的人、成熟的人、具有创造性性格的人，等等）所选择的。他们中的大多数都是历史上最伟大、最受尊敬、最受爱戴的人。（那么，这是他们被崇拜、被爱戴、被认为伟大的原因吗？）

有关选择的动物实验（如接受了肾上腺切除术的小白鼠）表明，牢固的习惯、先前的学习等，会降低它们生物学上的效率、灵活性、对自愈选择的适应。针对熟悉性所做的实验表明，如果要求被试者连续十天选择做某件事，那么即使这件事效率低下、令人讨厌、被试者一开始并不喜欢它，他们依然会在后续的选择任务中去选择它。人类的普遍经验支持了这些发现，例如，在好习惯的养成上就是如此。临床经验表明，对习惯和熟悉的偏好在焦虑、胆怯、死板、拘谨的人身上表现得更强烈、更顽固、更有强迫性、更加神经质。临床证据和一些实验证据表明，自我力量、勇气、健康和创造性使成人和儿童更有可能选择新的、不熟悉的和不习惯的事物。

从适应的意义上来说，熟悉也会减少对存在性价值的选择。例如，适应了难闻的气味后便感觉不到它难闻了，适应了令人震惊的事后也就不再会感到震惊，适应了恶劣的环境后也就不再觉得它很糟糕。即使这些事物的不良影响仍然继续存在着（例如，持续的噪音、持续的丑陋、长期的食物匮乏），我们也会因为熟悉和适应而意识不到这些东西了。

真正的选择意味着可供选择的事物是在同等条件下、在同一时刻呈现出来的。例如，一些人因为习惯了音质差的音响，就认为自己不喜欢音质好的音响；而另一些人习惯了音质好的音响，他们就会对其更加喜欢。但当两组人同时接触到音质差和音质好的音响时，两组人最终都选择了音质更好的高保真音响。

大量研究辨识力的实验文献都表明，当两种可供选择的事物同时出现且相距很近时，对二者进行分辨会更加容易。如果要在两幅画中选择更美的那一幅，或在两瓶酒中选择更纯正的那一瓶，或在两个人中选择更活跃的那一个，我们可以预期的是，当可供选择的这两个对象在空间和时间上越接近，那么这种选择就越容易做出。

提出一项实验方案：假设品质等级从1分（劣质的雪茄、葡萄酒、布料、奶酪、咖啡等）到10分（"好的"雪茄、葡萄酒等），如果只给被试者提供1和10两种选择，那么习惯了1的人很可能会选择1。但如果向被试者提供了1到10的所有选择，那么这个习惯了1的人很可能就会选择2而不是1，当他习惯了2以后可能就会选择3而不是2，等等，这样一级一级地比较下来，最终他会选择10。可供选择的对象应该在同样的等级范围内，也就是说，差距不要太大。也可用同样的方法测试那些最初就喜欢高质量葡萄酒的人，如果让他们在10和9、9和8、5和4之间进行选择，他们很可能也会继续选择品质更高的那一个。

在上述的各种意义上，揭示性洞察治疗（uncovering insight

therapy）可以被看作引向"真正选择"的过程。在成功的治疗后，个体做出真正选择的能力要比以前强很多。真正的选择是由本质而不是由文化决定的，是由自我而不是由外部或内部的"他者"决定的。真正的选择是有意识做出而不是无意识做出的，在真正的选择中，恐惧感会下降到最低程度。成功的治疗增加了个体对存在性价值的偏好，也促进了个体对存在性价值的验证。

这意味着，选择者的性格必须保持恒定，或者我们必须考虑到选择者的性格因素，例如，通过实际的体验感受到哪种选择是更好的（具有更高层级的价值、更趋向于存在性价值），这样的做法对于那些受过创伤的人、处境不利的人、神经质的人，对于害羞、胆小的人，对于受到限制的、贫困的、受到压迫的人，对于僵化的、刻板的、墨守成规的人来说，会有更大的困难。（因为他们可能害怕尝试去体验，或害怕去经历体验，或拒绝体验，他们会抑制它、压制它，等等。）这种由性格导致的控制，从理论上说，会对先天和后天的决定因素都产生影响。

许多实验表明，社会暗示、荒谬的广告、社会压力、宣传，等等，对选择的自由，甚至感知的自由都有相当大的影响，即人们可能会因为误解了这些选择而做出了错误的选择。顺从型的人比独立、坚强的人更容易受到这种消极影响。另外，有临床和社会心理方面的理由使我们能够预测，年轻人比老年人更容易受到此类影响。然而，所有这些影响，以及类似的影响，比如，阈下条件反射、宣传、威信暗示、虚假广告、阈下刺激、隐蔽的正强化，等等，都是由于个体对情境的盲目、无知、缺乏洞察力、隐瞒、撒谎、缺乏意识。通过让无知的选择者有意识地觉察到他是如何受到操纵的，那么大多数这一类的影响都可以被消除。

真正的自由选择——在这种选择中，选择者的内在本质是主要的决定因素——是能够通过从社会压力中获得自由，通过独立的个性（而不是依赖的个性）、年龄上的逐渐成熟，通过力量和勇气（而不是软弱和恐惧），通过事实、真知和意识，从而得到增强。满足这些条件中的每一个，应该都能够让存在性选择的可能性增加一分。

价值的层次（以存在性价值为"最高"层）在某种程度上，是由基本需要的层次系统所决定的，是由缺失性需要优先于发展性需要所决定的，是由稳定性优先于成长性所决定的，等等。一般来说，当有两种缺失需要得到满足时，更占优势的是"较低级的"那一种需要，它会被优先选择去满足。因此，我们就可以预期，对存在性价值的偏好从原则上说应该是优先满足那些较低级的、更占优势的价值。这一结论可产生许多的预测，例如，相比那些安全需要受挫的人，安全需要得到了满足的人会更有可能选择真而不是假、选择美而不是丑、选择善而不是恶，等等。

这意味着要重述那个老问题：在什么样的意义上，"较高级的"快乐（如贝多芬）是优于"较低级的"快乐（如猫王）的呢？怎样才能向被"卡在"较低级快乐中的人证明这一点呢？这是可以教的吗？尤其是能教一个不愿受教的人吗？

什么是对较高级的快乐的"抵抗"？通常的回答（除所有上述考虑之外）是：从感受上来说，较高级的快乐比较低级的快乐更好，例如，对于任何一个曾有机会获得这两种体验的人来说都是如此，但必须有上述所有特殊实验条件才能使人做出真正的选择，即能够有充分的自由比较这两种感受。成长之所以从理论上讲是可能的，是因为"较高级的感受比较低级的感受让人更舒服"，还因为较低级的满足会很快让人感到无聊。（参见《存在心理学探索》第4章，讨论"经由快乐地成长以及无聊带来的对新的更高级体验的寻求"。）

还有一种内在本质方面的因素也会决定选择和价值。人们发现，鸡、实验室白鼠、田间动物自出生起，其选择的效率就有差异，尤其在择食效率上有很大的不同。从生物学的意义来说，有些动物是有效的选择者，有些则是糟糕的选择者。也就是说，如果让这些糟糕的选择者自行做选择，它们很可能就会得病或死亡。儿童心理学家、儿科医生等也曾以非正式的方式报告过人类婴儿的类似情况。所有这些机体在争取满足和克服挫折的能力上也各不相同。此外，对成年人的体格所进行的研究表明，不同体型的人对满足的选择也存在一定的差异。神经症对选择的效率、对存在性价值的偏好、对真正需要的满足的偏好而言，是一个强大破坏者。我们甚至可以通过个体在何种程度上选择危害机体健康的东西来定义其心理上的不健康，例如，选择毒品、酒精、不良饮食、坏朋友、糟糕的工作，等等。

除了所有这些明显的影响外，文化条件也是决定一系列选择（比如职业选择、食物选择）的一个主要因素。此外，尤其需要指出的是，经济—产业条件也是影响选择的重要因素，例如，大型的、追求利润的、大规模运销的产业非常擅长于向我们提供廉价而制作精良的衣物，但却非常不擅长于向我们提供优良、无毒的食品（比如不含添加剂的面包、不含防腐剂的牛肉、不含激素的禽肉，等等）。

因此，我们可以预期存在性价值会更受这些人的偏爱：（1）更健康、更成熟的人；（2）较年长的人；（3）更坚强、更独立的人；（4）更勇敢的人；（5）受教育程度更高的人；等等。能够促使更多人选择存在性价值的条件之一，就是巨大社会压力的消除。

对于那些不习惯使用"好""坏""高""低"等词的人来说，即使上述所有价值都能够在操作上进行定义，他们也会用非规范化的形式来进行表述。比如，这样的人可能会问："什么时候、什么人、在什么条件下，会选择真理而非谬误、整合而非瓦解、完整而非残缺、有序而非无序，等等？"

另一个老问题也可以用这种更易于处理的方式重新表述，即人类在本质上是善的还是恶的？无论我们如何定义这些词，人类最终都有善恶冲动，并以善恶这两种方式行事。（当然，这种说法并没有回答善与恶哪个更深入、更基本、更本能的问题。）为了科学研究的目的，我们最好把这个问题重新表述为：在什么条件下、什么时候、由什么人来选择存在性价值（成为"好的"）？什么能够增进或降低这种选择？什么样的社会、教育、治疗、家庭能最大化地促成这一选择？这些问题反过来又开启了这样一个问题的可能性：我们怎样才能使人"更好"？我们怎样才能改善社会？

第十章 关于一次人类价值研讨会的评论

这四篇论文[①]看似完全不同,但在某种程度上却并非如此。它们都涉及对价值的看法的一些基本变化,而且这些变化是最近才发生的,是我们应该意识到的革命性的变化。

这四篇论文都没有涉及对人类之外的价值的探讨,都不涉及超

[①] 1961年12月15日,夏洛特·布勒(Charlotte Buhler)、赫伯特·芬格莱特(Herbert Fingarette)、沃尔夫冈·莱德勒(Wolfgang Lederer)和艾伦·沃茨(Alan Watts)在旧金山加州心理学会会议上都发表了论文,研讨会主席劳伦斯·N.所罗门(Lawrence N. Solomon)博士总结了每位作者的观点:

在第一篇论文中,布勒博士从精神分析的角度出发,探索生命的基本趋势,把其作为与自然相一致的价值体系的可能基础。她提出了一些用于探索这一领域的实证操作,并说明了目前她认为最有希望的方法。

芬格莱特博士解决了道德内疚的哲学问题,提出了一个非常有意义的问题:行为是否必定反映出内在对行为背后愿望的接受(在某种意识水平上)。他对这个问题的肯定回答引出了一些有趣的结论,涉及道德内疚和神经症性的内疚之间的区别。

莱德勒博士在他的论文中与读者分享了他作为一名心理分析师的经历,特别是那些让他相信心理治疗在当今时代必须以价值为导向的重大事件。他认为,如今治疗师不能再是"长时间安静地倾听、悬浮注意(free-floating attention)、不批评、不建议——不卷入",当治疗师与同一性缺失的年轻来访者在治疗中相遇时,如果他能够足够自由地去遵循自己的理解和道德心,那么这个时候价值就进入了心理治疗。

沃茨博士的论文向西方读者展示了一个很新颖的、从根本上来说非常重要的关于人的本质的概念。他吸收了道家的传统观念,描述了皮肤以内的人与皮肤以外的世界,认为这二者是以皮肤作为共同边界的,而皮肤同属于这二者。这样的思考很容易将一个统一领域的行为概念化,对任何价值和道德理论都有丰富的含义。

自然的东西、圣书、神圣的传统。所有的报告人都认同，指导人类行动的价值必须到人类和自然现实的本性中去寻找。

不仅价值的所在是自然的，而且发现这些价值的过程也是自然的。通过人类的努力和人类的认知，通过人类的实验、临床和哲学经验，这些价值将被揭示（或找到）。这个过程中的一切力量都来源于人类。

这就意味着，这些价值将被发现，即被找到或被揭示，而不是被发明、构建或创造出来。更进一步地说，这就意味着，这些价值在某种意义上和某种程度上是存在的，就好像是它们正等着我们去看见（see）它们。从这个意义上讲，价值就像自然界的其他秘密一样，我们现在可能还不太了解它们，但毫无疑问，我们的探索和寻找终究会让我们认识到它们。

这四篇论文都暗示了对过于简单的科学概念的抛弃，这种概念立足于一种传统意义上的"客观"，只承认公开的和可见的东西，并且认为所有的科学陈述都应采用物理主义的形式，即，要么现在，要么将来（if not now then in the future）。

这几篇论文中对心灵的接纳必定会破坏这种绝对客观的科学论。有些人会感到，这种"心灵主义"（mentalism）会毁掉一切科学，但我不同意这种愚蠢的看法。相反，我认为，包含了心灵的科学，具有更强大的力量。例如，我认为这个更广泛、更包容的科学概念一定能够较为容易地处理好价值问题。正如我们所知，在纯客观、非个人的狭义的科学里，根本没有价值、目标或目的的立足之处，因此不得不认为它们不存在。要么否认它们的真实存在，要么将它们永远置于科学认知之外（这使得它们"不重要"，不值得被认真研究）。谈论价值变得"不科学"，甚至是反科学的，因此它们被推到一边，落到了诗人、哲学家、艺术家、宗教人士，以及一些没有主见但却很热心的人身上。

换句话说，这几篇论文本质上是"科学"的（尽管是从"科学"一词的更古老和更原始的意义上去进行的理解）。我想，这些论文在精神上或方法上与1920年或1925年左右关于维生素的讨论并没有什么本质的不同，那些讨论当时也像我们今天一样处于临床的试验性阶段。

如果真是这样，那么我们当然应该保持讨论和假设的开放性和多样化。我们不应该过早地排除各种可能性。在这次专题研讨会上出现的方法的多样化似乎是合适和恰当的，如果有更多的讨论时间，可能还会出现更多的方法。现在已然不是正统观念流行的年代了，我很高兴地注意到，20 年前各学派之间激烈而痛苦的争论，已由一种对协作和分工的谦逊态度所取代了。

我相信，我们也需要谦逊地承认，促使我们对价值感兴趣的不仅是科学和哲学的内在逻辑，还有我们文化当前的历史地位，或者更确切地说，是我们整个物种的历史地位。纵观历史，价值只有在存在争议时才会被讨论。我们现在的处境是，传统的价值体系都失败了，至少对富有思想的人来说是如此。我们的生活中不能没有令人信仰和赞同的价值，而我们现在所做的正是在探寻一个新的方向，即一种科学的方向。我们正在进行一项新的实验，以区分作为事实的价值和作为愿望的价值，希望由此能够发现让我们信仰的价值，而之所以信仰它们是因为它们是真实的，而不是令人欣慰的幻想。

第四部分 教育

第十一章　认知者与认知

　　我的总体观点是，人与人之间的许多沟通困难是个体内部沟通障碍的副产品；而人与世界之间的沟通，在很大程度上取决于二者的同构性（isomorphism）（结构或形式的相似性）。世界只能传达给一个人他值得去做的、应该做的，或他能够胜任的事情；在很大程度上，他能够从这个世界里获得并给予世界的，只有他自身而已。正如乔治·利希滕伯格（George Lichtenberg）在评论某书时说的那样："这样的作品就像是镜子，如果一只猿猴在照镜子，那镜子里就不会出现一个天使。"

　　因此，研究人格的"内部结构"（innards）是理解一个人能传达给世界什么，以及世界能传达给他什么的必要基础。每个治疗师、每个艺术家、每个教师都能从直觉上知道这一事实，但还应该对此进行更明确的阐述。

　　当然，我这里所说的沟通是指最广义的沟通，涵盖了感知和学习的所有过程，以及艺术和创造的所有形式。包括初级过程认知（原型的、神话的、隐喻的、诗意的、感知的），以及语言的、理性的次级过程认知。我想谈谈那些我们视而不见、充耳不闻的东西，以及那些我们完全了解的东西；谈谈我们默默地、无意识地表达的东西，以及我们能清楚表达或建构的东西。

　　这一论题（外部困难与内部困难相互对应）的主要推论是——我们应该期望与外部世界的沟通会随着人格的发展，人格的整体性及完整性的提高以及人格各部分之间斗争的平息而得到改善，即对现实的感知应该会因此有所改善。当一个人能够做到如尼采所说，为自己赢得认识自己所必需的荣誉时,他就会变得更有洞察力。

人格内部的分裂

首先,我所说的内部沟通失败是什么意思呢?最简单的例子就是人格的分裂,其中最具戏剧性和最为人熟知的形式就是多重人格。我曾研究过文献中所能找到的所有这类案例,其中有一些案例我自己也有过接触,另外还有一些不那么戏剧性的神游症和健忘症。在我看来,它们有着一种共通的模式,我可以将其表述为一种试验性的普遍理论,这种理论将对我们当前的工作有帮助,因为它阐述了我们所有人都存在的分裂。

根据我的了解,那种"正常"人格或外显人格是害羞、安静或内敛的,通常是女性,通常比较传统、克制、顺从,甚至是自我牺牲、不具攻击性以及"善良"的,往往胆小怕事、易受欺负。根据我的了解,那种突破意识并控制他人的人格恰恰相反,它是冲动的而不是控制的,是自我放纵的而不是自我克制的,是大胆的而不是害羞的,同时它还是无视常规、渴望享乐、好斗、苛求和不成熟的。

当然,这是在我们所有人身上都能见到的一种不那么极端的分裂。这是一场内部的战争,在冲动和控制之间,在个人需求和社会需求之间,在不成熟和成熟之间,在不负责任的快乐和承担责任之间。在某种程度上,我们成功的同时成了淘气的、孩子气的捣蛋鬼和清醒的、负责任的、能控制冲动的公民,这样一来,我们就更少分裂而更多整合。顺便说一下,这是治疗多重人格的理想目标:保留这两种或全部的三种人格,但在有意识或无意识的控制下,以优雅的方式进行融合或整合。

这些多重人格中的每一个人格都以不同的方式与世界沟通。他们以不同的方式说话、书写、放纵自己、做爱、选择不同的朋友,等等。在我接触过的一个案例中,那个"任性的孩子"的人格在书写时有着杂乱的、孩子般的笔迹和词汇,还有拼写错误;那个"自我否定、易受欺负"的人格在书写时有着小心翼翼的、中规中矩的好学生的笔迹；还有一个人格喜欢阅读和研究书籍，而另一个却做不到，因为他缺乏耐心又不感兴趣。设想一下，由这些不同人格所创造出来的艺术作品一定有很大的差异。

在我们其他人身上，那些被拒绝的、被贬低到无意识中的部分，也能够且不可避免地通过沟通从而突破无意识，在沟通内容的输入和输出过程中，公开影响我们的感知和行为。这一点很容易通过投射测验和艺术表达得到证明。

投射测验能显示出这个世界在我们眼中的样子，或者更准确地说，它能显示出我们如何整合这个世界，我们能从中得到什么，我们能让它告诉我们什么，我们选择看什么，我们选择不听不看的又是什么。

在我们的表达方面也有类似的情况。我们表达自己是什么。如果我们是分裂的，那么我们的表达和沟通也会是分裂的、片面的、单向的；如果我们是完整的、全面的、统一的、自发的，并能够充分发挥功能的，那么我们的表达和沟通也会是完全的、独特的、特殊的、有活力和有创造性的，而不是拘谨、守旧、矫揉造作的，是诚实的而不是虚假的。临床经验表明，对于绘画和语言的艺术表达，一般的表达性动作，以及舞蹈、运动和其他全部的身体表达，都是如此。这不仅适用于我们与他人的主动沟通上，也适用于我们与他人的被动沟通上。

我们自身那些被拒绝和被压抑的部分（出于恐惧或羞耻）并不会消失。它们不会死去，而是被潜藏起来。无论这些人类本性的潜藏部分会对我们的沟通产生什么样的影响，我们通常是要么注意不到，要么感觉它们不是我们的一部分，比如我们会说："我不知道是什么让我说出这样的话。"或者"我不知道我是怎么了。"

对我而言，这种现象意味着表达不仅仅是一种文化问题，它也是一种生物学现象。我们必须讨论人性中的类本能因素，那些人性的固有方面，它们无法被文化扼杀掉而只能被压抑，它们持续影响着我们的表达——尽管是以一种潜在的方式（除去文化所能起到的所有作用）。文化只是人类本性的必要因素，而非充分因素。我们的生物学也只是人类本性的一个必要因素，而非充分因素。的确，只有在一种文化环境中我们才能学会一种语言；但在同样的文化环境中，黑猩猩是学不会说话的。我之所以这样说，是因为我有个模糊的印象，那就是对沟通的研究过于局限于社会学层面，而生物学层面上的这类研究还很缺乏。

为了探讨这个主题，即人格内部的分裂是如何影响我们与世界的沟通的，我援引了几个著名的病例。我引用这些例子，还有部分原因是这几个病例的情况似乎打破了我们的常规认识，即健康和完整的人往往是更好的感知者和表达者。有大量的临床和实验证据支持这一结论，例如，艾森克（H. J. Eysenck）和他的同事们所做的工作，但也有一些例外的情况提醒我们需保持谨慎。

精神分裂症患者的控制和防御系统正在崩溃或已经崩溃，接着这个人往往会陷入他个人的内心世界，他同他人及自然界的联结往往会被摧毁，同时这也会破坏他与世界之间的相互沟通。他对世界的恐惧切断了他与世界的沟通，他内在的冲动和声音也会变得异常响亮，以至于扰乱了他的现实检验能力。但精神分裂症患者有时也确实会表现出一种选择优势（selective superiority），因为他深陷于被禁止的冲动和初级过程认知中。据研究报告显示，这类人偶尔会非常敏锐地解读他人的梦，或发现别人隐藏的冲动，例如隐藏的同性恋冲动。

反过来看也是如此。一些最好的治疗精神分裂症的治疗师，其本身就曾是精神分裂症患者。在许多地方我们都能看到这样的一些报告：以往的病人可以成为非常好的善解人意的病房护理员。这和匿名戒酒协会的原理是一样的。我的一些精神病学家朋友为了更好地理解自己的病人，会通过服用LSD或美斯卡林来获得短暂的精神病体验。改善沟通的一个方法就是成为那个要沟通的对象。

在这方面，我们也可以从病态人格的人身上学到很多，尤其是那些"魅力型的"（charming）病态人格。这种人格可以被简要地描述为没有道德心，没有内疚感，没有羞耻心，没有对他人之爱，毫无禁忌且自控力弱,所以他们能更好地做他们想做的事。他们往往会成为伪造者、骗子、卖淫者、多配偶者,靠投机取巧而不是努力工作来谋生。这些人,因为他们自己的缺陷,所以通常无法理解别人心中的痛苦、歉意、无私的爱、同情、怜悯、内疚、羞愧或尴尬。如果你不是什么,你就无法去感知和理解什么,这些东西是无法自行将自己传达给你的。既然你将成为的样子最终会表现出来,因此最终成了精神病患者就会被视为冷酷、可怕和令人恐惧的,尽管最初他们看起来是那么的无忧无虑、欢乐和神志健全。

再举一个例子,疾病虽然会阻断一般的沟通,但同时它在一些专门的领域中会体现出更大的敏锐性和技巧性。比如,精神病患者在发现我们身上的精神病性因素时会异常敏锐,不管我们多么小心地隐藏它。他能够发现并利用我们身体里隐藏的骗子、伪造者、窃贼、说谎者、伪装者和假冒者,并且通常以此作为自己的生存之计。他说:"你骗不了一个诚实的人。"他似乎非常相信自己能够探测出任何"灵魂中的窃贼"。(这意味着他也能够探测到不存在窃贼的情况,也就是说,人格其实是可以通过神情和举止显露出来的,至少对那些对此怀有强烈兴趣的观察者而言是这样的,即人格将自身传达给那些能够理解并认同它的人。)

男性气质与女性气质

在男性气质与女性气质的关系中,人际沟通和个体内部沟通二者之间的密切关系就显得尤为清晰。请注意,我没有说"两性之间",因为我的观点是,两性之间的关系在很大程度上取决于每个人(男性或女性)内在的男性气质和女性气质之间的关系。

我能想到的最极端的例子是男性妄想狂(male paranoid),这类人经常有被动的同性恋渴望,简言之,就是有一种想要被强壮的男人强奸和伤害的渴望。这种冲动是极为可怕的,他不能接受,因此努力压抑它。他使用的一种主要的防御方式(投射)使他否认他的渴望，并把它从自己身上分离出来，同时允许自己思考、谈论和专注于这个吸引他的主题。这样一来，给人造成的假象就是，是别人想要强奸他，而不是他想被强奸。所以这些病人会有一种疑心，并以一种最可怜、最明显的方式表达出来，例如，他们不会让任何人在他们身后，他们会把后背贴在墙上，等等。

这并不像听起来那么疯狂。纵观历史，男人一直把女人看作具有诱惑力的，因为作为男人，他们会被她们所吸引。当男人在爱一个女人的时候，他们往往会变得温柔、体贴、无私且温和。如果他们所处的文化正好将这些特征看作男性气质的缺乏，那么他们就会为女人削弱了他们（阉割他们）而感到愤怒，他们会编造圣经中参孙和大利拉的神话来表明女性是多么的可怕。他们投射出恶意，他们谴责镜子，因为镜子反射出了他们不想看到的东西。

在美国，那些"进步的"（advanced）和受过教育的女人，尤其会经常地与她们内心深处的依赖、被动和顺从的倾向做斗争（因为这种倾向意味着对自我或个性的放弃）。于是，这样的女人就很容易将男人视为潜在的支配者和强奸者，并以相应的方式（常常是通过控制）来对待男人。

由于这样或那样的原因，男人和女人在大多数文化、大多数时代中，都是彼此误解的，并没有真正地友好相处。就目前的情况来看，可以说他们之间的相互沟通从过去到现在一直很糟糕，通常是某一性别占据主导地位。有时他们也设法相处，通过把女人的世界和男人的世界分开，并运用男性气质和女性气质相距甚远、无法重叠的概念，将二者彻底进行分工。这样做有助于达成某种和平，但对于友谊和相互理解肯定是不利的。对于促进两性之间的相互理解，心理学家有什么建议呢？对此，荣格学派给出过极为清晰的心理学解决办法，同时也得到了普遍的认同，那就是：两性之间的对抗主要是个体内部无意识斗争的一种投射，是他或她的男性和女性组成部分之间的无意识斗争。要在两性之间实现和平，就要在个体的内部实现和平。

一个男人如果在内心里同他自己所认定的以及他所处的文化所

认定的女性特质做斗争，那么他在外部世界中也会与这些特质做斗争，尤其是如果他所处的文化更看重男性气质而不是女性气质（通常情况正是如此）。如果文化将女性气质认定为感性化、不合逻辑、依赖、喜爱色彩、对孩子充满柔情，他就会害怕自己身上的这些东西，与它们斗争，试图成为与之相反的样子。在外部世界中，他也会倾向于通过拒绝它们、将它们贬斥为女人的特点等方式来与之对抗。男同性恋者在引诱或搭讪别的男人时，经常会遭到对方的殴打，这很可能是由于打人者产生了对于受到引诱的恐惧。这一结论也得到了事实的支持，那就是，在同性恋行为发生之后也常常会发生殴打。

我们在这里看到的是一种极端的二分法，或者是一种亚里士多德式的思考方式，对于戈尔茨坦、阿德勒、柯日布斯基（Korzybski）等人来说这是非常危险的。我用心理学的语言来描述，那就是"二分意味着病态，病态意味着二分"。如果一个男人认为你要么是个纯男人，要么是个纯女人，那么他就注定要和自己做斗争，并永远同女人疏远。当他知道了心理学上的"双性化"事实，并意识到二分法的武断以及二分法过程的致病性质时，当他发现差异可以相互融合并重构，而不必相互排斥和对立时，他就会成为一个更加完整的人，能够接纳并享受自己内在的女性化特征（荣格称之为"阿尼玛"）。如果他能与自己内在的女性和平相处，他就能与外部世界里的女性和平相处，更好地了解她们，对她们的态度不那么矛盾，甚至当他意识到她们的女性特质比他自己的要更加优越时，他会更多地去欣赏她们。与一个令你恐惧、憎恨和神秘的敌人相比，你当然能够更好地和一个你欣赏和理解的朋友进行沟通。要与外部世界的某一部分交朋友，就要与自己内心的那一部分交朋友。

我的意思并不是说一个过程必然先于另一个过程。这两个过程是平行的，并且可以以另一种方式开始，即接纳外部世界的某个部分，可以有助于接纳内部世界里相同的那个部分。

初级过程认知与次级过程认知

对于那些必须首先成功应对外部世界的人来说，他们会否定内部的精神世界，而倾向于支持外部的经验性的"现实"世界。此外，环境越严酷，他们对内部世界的否定也就越强烈，因此也就越不容易进行"成功"的调整。因此，对诗意、幻想、梦幻、情感思考的恐惧，在男人身上比在女人身上更强烈，在成人身上比在儿童身上更强烈，在工程师身上比在艺术家身上更强烈。

我们还观察到另一个例子，即那种深刻的、西方化的，也许是人类普遍具有的二分法倾向，这种倾向会使我们认为，在不同的可供选择的对象之间，我们必须选择其中一个或另一个，而这就意味着对未被选中的对象的否定，就如同鱼和熊掌总是不能兼得一样。

此外，进一步来说明我们的这种普遍倾向，即我们对自己内部的哪些方面视而不见，我们也就会对外部世界的这些方面视而不见，尽管这些我们看不到的东西，可能是一些有益的东西，比如乐趣、诗意的感觉、审美的敏感、原发的创造性或是类似的东西。

这个例子之所以特别重要，还有另外一个原因。在我看来，对于教育者来说，可以将调和这种二分法的思维方式作为一个切入点，并逐渐解决所有的二分法问题。这可能是一个良好的、有现实意义的开端，去教会人们停止二分法的思维方式，而转向一种整合的思维方式。

这是对那种过分自信和孤立的理性主义、言语主义和科学主义的强大合力予以强烈正面攻击的一个方面。一般的语言学家、存在主义者、现象学家、弗洛伊德主义者、禅宗佛教徒、神秘主义者、格式塔治疗师、人本心理学家、荣格派心理学家、研究自我实现的心理学家、罗杰斯派心理学家、柏格森主义者、"有创造性的"教育家以及其他很多学者，都指出了语言、抽象思维和传统科学的限制，这些东西被认为是控制人类内心深处的黑暗、危险和邪恶的手段。但现在当我们逐渐了解到我们的内心深处不仅是神经症的源泉，也是健康、快乐和创造性的源泉时，我们就开始去谈论健康的无意识、健康的退行、健康的本能、健康的非理性和健康的直觉。同时我们也开始希望这些能力可以拯救我们自己。

从理论上说，要达成这一点应该朝向整合，而远离分裂和抑制。当然，我所提到的所有这些运动本身也很容易成为分裂的力量。反理性主义、反抽象主义、反科学、反智主义也都是分裂的。如果对理智进行恰当的定义和构思，那么这样的理智就是我们最伟大、最强大的整合力量之一。

自主性与同律性

当我们试图理解内部和外部、自我和世界之间的关系时，我们面临的另一个悖论是自主性（autonomy）和同律性（homonomy）之间非常复杂的相互关系。我们很容易同意安吉亚尔的观点，即我们的内心有两种方向或需求，一种趋向自私，另一种趋向无私。自主性的倾向引导我们走向自给自足，趋向于拥有对抗世界的力量，遵循自身的法则、自身内部的动力、内部的心灵法则，而非外部的环境法则，从而走向我们内在独特自我的更充分发展。这些心灵法则与外部现实的非心灵世界的法则是不同的甚至是相对的。这种对自我（个性化、自我实现）的探索，已经通过成长和自我实现心理学家的努力而被我们所熟知，更不用说存在主义者和许多学派的神学家所做的努力了。

但我们也意识到同样强烈的倾向，似乎与上述倾向是矛盾的，那就是倾向于放弃自我，倾向于将自身沉浸在非自我之中，倾向于放弃意志、自由、自给自足、自我控制、自主性。这种病态的形式将导致疯狂的浪漫主义充斥在血液、身体和本能中，导致受虐倾向，导致对人类的蔑视，即，要么到人类以外去寻求价值，要么在人类最低层次的动物本性中去寻求价值，这两者都是基于对人类的蔑视。

我在其他著作中已经区分过高同律性和低同律性。这里我想区分一下高自主性和低自主性。我希望能更好地说明这些差异是如何帮助我们理解内部与外部的同构性的，从而为改善人格与世界的交流奠定理论基础。

在情感安全的人身上发现的自主性和力量，与在情感不安全的人身上发现的自主性和力量是不同的。从广义上看，我们可以说，不安全的自主性和力量是对反世界的人格的强化，在这种非此即彼的二分法中，这种自主性和力量与世界之间不仅是相互独立的，而且是相互排斥的，就好像它们是敌人一样，我们可以称之为自私的自主性和力量。如果把这个世界里的人比作铁锤或铁砧，那么这样的人就是铁锤。我最初在猿猴身上研究了力量的不同性质，我将其称为专制支配或法西斯式的支配。此后在对大学生进行的研究中，我将其称为不安全的高支配。

安全的高支配则完全不同。这里充满了对世界和他人的爱，有兄弟般的责任感，有对世界的信任和认同，而不是对世界的敌对和恐惧。因此，这些人的优越力量被用于享受、爱和帮助他人。

基于各种不同的理由，我们现在可以把这些差异说成是心理健康和不健康的自主性之间的差异，以及心理健康和不健康的同律性之间的差异。我们还发现，这种差异使我们能够看到，自主性和同律性是相互关联的，而不是相互对立的，因为当一个人变得更健康和更真实，高度自主性和高度同律性会一起发展，一起出现，最后趋向于融合成为一个更高级的统一体。自主性和同律性之间、自私与无私之间、自我与非自我之间、纯心灵世界与外部现实之间的二分法（被视为是不成熟和不完全发展的副产品）都逐渐趋于消失。

虽然这种二分法的超越在自我实现的人身上很常见，但在我们大多数人身上也可以看到——在那些强烈的自我内部整合，以及自我和世界之间整合的时刻，都可以看到。当男人和女人之间、父母和孩子之间的爱达到极致时，一个人达到了力量、自尊、个性的顶点，他就会与他人融合，失去自我意识，或多或少地超越了自我和自私。同样的情况也可能发生在创作的时刻，在深刻的审美体验中，在顿悟的体验中，在分娩的过程中，在跳舞的过程中，在运动的体验中，以及其他被我统称为高峰体验的过程中。在所有这些高峰体验中，要明确地把自我和非自我区分开来是不太可能的。随着一个人的整合，他的世界也整合了；当他感觉良好时，世界在他眼里也变得很美好。诸如此类。

首先，应当注意对这些体验的陈述是一种经验性的陈述，而不是一种哲学或神学的陈述。任何人都可以重复这些发现。我说的是人类的体验，而不是超自然的体验。

其次，应当注意这暗示了与各种神学陈述的不同。在神学的陈述中，超越自我的极限意味着摒弃、否定或失去自我和个性。而在普通人和自我实现者的高峰体验中，这些体验都是自主性逐渐发展增强的最终产物，是同一性确立的最终产物，是自我超越的产物而不是自我毁灭的产物。

再次，注意这些都是短暂的体验，而不是永恒的体验。如果拥有这种体验就像是从一个世界进入另一个世界，那么也总会有回到平常世界的时候。

充分发挥功能，自发性，存在性认知

我们开始以一种科学的方式来了解更整合的人格，因为人格会影响交流信息的接受和传达。例如，罗杰斯和他的同事们的许多研究表明，当一个人在心理治疗方面有所改善时，他也会在各个方面变得更加整合，更"开放地体验"（更有效地感知），更"充分地发挥功能"（更诚实地表达）。这是我们实验研究的主体，但这些普遍的结论也得到了许多临床和理论写作者的支持。

我自己对健康人格进行了直接探索，我的这些试验性探索（不够精确，不能称之为当代意义上的研究）从另一个角度得出了同样的结论。首先，它支持了整合是心理健康的一个决定性因素。其次，它支持了这样的结论，即健康的人有更多的自发性，也更善于表达，他们会更轻松、更完全、更诚实地做出行为反应。再次，它支持了健康的人拥有更强的感知力这样的结论（包括对他们自己、他人以及全部现实的感知），但正如我曾指出的那样，并不是所有健康的人都具有这样的优势。这里有一个故事：一个精神病患者说"2加2等于5"，而一个神经症患者说"2加2等于4，但我无法忍受这个结果！"一个价值感很低的人（这是一种新的病态）会说"2加2等于4，那又能怎样？"但实际上健康的人会说"2加2等于4，这多有趣啊！"

或者换一种说法。约瑟夫·博瑟姆（Joseph Bossom）和我最近进行了一项实验，我们发现有安全感的人比没有安全感的人更倾向于认为照片上的面孔是温暖的。然而，这究竟是对善意的投射，还是对天真的投射，抑或是一种更有效的感知，这个问题还有待研究。我们所需要的是一个实验，在这个实验中，被感知的面孔自己"知道"温暖的程度。这样一来我们就可以问：有安全感的被试者感知到更多的温暖到底是感知对了还是感知错了？或者说是否他们就"适合"温暖的面孔而不"适合"冷酷的面孔呢？他们是否因为想要看到，所以才能够看到？他们喜欢他们所看到的吗？

最后是关于存在性认知。在我看来，这似乎是对现实最纯粹、最有效的一种感知（尽管这一点还有待实验的验证）。它是对知觉对象最真实、最诚实的感知，因为它最超然、最客观，受到感知者的愿望、恐惧和需求的影响最小。它是无干涉、无要求、高度接纳的。在存在性认知中，二分法趋向于融合，分类趋向于消失，知觉对象被看作独特的。

自我实现的人更倾向于拥有这种感知。但我在几乎所有我询问过的人身上都能得到关于这种感知的报告，那是在他们生命中最快乐、最完美的时刻（高峰体验）所感知到的。通过仔细设问，我发现：当知觉对象变得更独特、更统一和整合、更令人愉快、更饱满时，感知者也会变得更有活力、更整合、更统一、更充盈、更健康。这两种变化是同时发生的，并且可以通过任何一边得到触发。也就是说，一个人所感知到的世界变得越完整，这个人就变得越完整；或者是，一个人变得越完整，他所感知到的世界也就变得越完整。这是一种动态的相互关系，一种互为因果的关系。信息的意义显然不仅取决于其内容，还取决于个体对信息的反应程度。"更高级"的意义只能被"更高级"的人感知到。一个人个子越高，他看到的东西就越多。

正如爱默生所说："我们是什么，我们就只能看到什么。"但我现在必须补充一点，那就是，我们所看到的往往反过来使我们相信它是什么和我们是什么。人与世界的沟通关系是一种动态的相互形成、共同进退的关系，这个过程我们可以称之为"互惠同构"（reciprocal isomorphism）。更高水平的人才可以理解更高水平的知识，同样，高水平的环境往往会提高人的水平，就像低水平的环境往往会降低人的水平一样。它们之间相互影响，令彼此变得更为相似。这些观念也适用于人与人之间的相互关系，能够有助于我们理解人与人之间是如何相互帮助、相互塑造的。

第十二章　教育与高峰体验

如果某人选修了一门关于学习心理学的课程或者阅读了一本关于学习心理学的书籍，在我看来，这都与"人本主义"没有多大关系。在这样的课程或书籍里，大都会说学习是关于建立联系，关于获得技术和能力等，而这些对于人的性格、人格、人本身而言都属于外在的而不是内在的东西。拾起硬币、钥匙、财物或类似的东西，就像拾起强化物和条件刺激物，在某种深层的意义上说，它的影响是会消失的。一个人形成某种条件反射并不重要，如果我听到蜂鸣器的声音就流口水，那么这个声音消失后对我而言也就像什么也没发生过，我没有在这个过程中失去任何重要的东西。因此我们几乎可以这样说，那些有关学习心理学的书籍不会带来任何效果，至少对于人类的核心、人类的灵魂、人类的本质来说是如此。

在这种新的人本主义哲学的启发下，一种新的学习、教学和教育的观念应运而生。简言之，这种观念认为教育的功能、教育的目标——人类的目标，人本主义的目标，迄今为止人类关注的目标——最终是一个人的"自我实现"，成为一个完满的人，发展到人类物种能够达到或特定个体能够达到的最高高度。通俗来说，就是这种观念帮助一个人达到他能够成为的最佳状态。

这一目标要求我们在学习心理学课程中对所教的内容做出重大改变。这不是一种联想式学习。通常来说联想式学习肯定是有用的，尤其在学习不会带来真正后果的东西上，或者是在学习可以相互转化的手段上。我们必须学会的很多东西都是以这样的方式学到的。如果一个人需要记住一些外语单词，通过纯粹的死记硬背来识记，那么联想记忆法则会有帮助。或者，如果一个人想要在开车时养成各种自动习惯，诸如对红绿灯做出自动反应等，那么条件反射就起作用了。联想式学习是重要的，也是有用的，特别是在一个技术至上的社会中。但就成为一个更好的人而言、就自我发展和自我实现或"成为拥有完满人性的人"而言，最佳的学习体验就非常不同了。

在我的人生经历中，这样的体验远比上课、听讲座、记住十二对脑神经、解剖人脑、记住肌肉附着点，或在医学院、生物学课程或其他类似课程中所学到的东西重要得多。

对我来说，更重要的是体验做父母。我的第一个孩子使我成了一名心理学家。她改变了我对曾经热衷的行为主义的看法，在养育她的过程中，我开始怀疑行为主义，它看起来如此愚蠢，令我再也无法忍受。当有了第二个孩子，又使我懂得了人在出生之前就存在着极大的差异，这让我再也无法从学习心理学的角度去思考一个人可以教给别人什么。或者华生的理论："给我两个婴儿，我会把其中一个培养成这样的人，把另一个培养成那样的人。"说出这样的话就好像他从来没有过孩子似的。我们非常清楚，任何父母都不能按照自己的意愿去造就孩子，孩子们会进行自我塑造。我们所能做的通常也是最有效的事情就是，当孩子压力过大时，去充当他们的缓冲器。

另一个我所珍视的深刻的学习体验，远比任何一门课程或任何学位都重要，那就是我的个人心理分析：发现我自己的身份，发现我自己。另一个更重要的体验就是婚姻，其教育意义远大于我所获得的博士学位。如果一个人希望发展我们都渴望的那种智慧、理解力和生活技能，那么他就必须思考我所说的内在教育（intrinsic education）——内在学习（intrinsic learning），也就是说，学习成为一个人，以及学习成为一个独特的人。我现在正着力于研究这种内在教育观念的一切副现象。我可以明确地说，我们的传统教育看起来非常有问题。一旦你开始从"成为一个好的人"的角度进行思考，并且针对你的高中课程进行发问，如，"我的三角学课程是如何帮助我成为一个更好的人的？"你就会发现，"天哪，它完全没有给到我任何帮助！"从某种意义上说，三角学对我来说就是浪费时间。我幼年时所接受的音乐教育也不太成功，因为它使一个深爱音乐和迷恋钢琴的孩子不再去学习它。我曾有一位钢琴老师，但他实际上教给我的是远离音乐，这导致我成年后不得不重新自学音乐。

请注意，我一直在谈论目的。这是对19世纪科学和当代专业哲学的革命性批判，因为它们本质上是一种技术，而不是关于目的的哲学。因此，我拒绝将实证主义、行为主义和客观主义归入人性理论的范畴中；同时我也拒绝科学的整个模式，否定从历史的偶然事件中所取得的所有科学成果，因为科学始于对非个人的、非人类的事物的研究，而这种研究实际上没有目的。物理学、天文学、机械学和化学本身是不可能有所发展的，直到它们变得价值无涉、价值中立以后，纯粹的描述才成为可能。我们逐渐认识到这里存在着一个重大错误，那就是这种从研究事物而发展起来的模型，被不合理地应用到了对人类的研究上。对研究人而言，这是一种可怕的、无效的技术。

大多数建立在这个实证模式上的，建立在客观、联想、价值无涉、价值中立的科学模式上的心理学，如同由无数细小事实堆积起来的珊瑚礁或小山，肯定不是错误的，却是微不足道的。这里为了不贬低我自己的科学素养，我想指出的是，我认为我们确实已经知道了大量对人类有意义的事物，但我认为我们主要是通过非物理主义的技术，通过我们越来越重视的人本主义科学技术来获知的。

最近在林肯中心艺术节的开幕式上，阿奇博尔德·麦克利什（Archibald MacLeish）在谈到世界形势时这样说道：

> 错误的并不是科学的伟大发现——掌握信息总比无知好，无论是怎样的信息或怎样的无知。错误的是信息背后的信念，这种信念认为信息将改变世界。但这是不可能的。没有人理解的信息就像没有问题的答案一样，是毫无意义的。人类的理解只有通过艺术才能实现。正是艺术作品创造了人类的视角，让信息变成了真理……

在某种意义上，我不同意麦克利什的观点，尽管我能理解他为什么这么说。他所谈论的信息，缺乏这种新的革命，缺乏人本主义心理学的观念，缺乏对科学的设想（这些科学设想不仅否定价值无涉和价值中立的观念，而且实际上把发现价值作为一种必要的责任和义务——对人类本性内在价值的经验性发现、论证和验证）。这项工作目前正在积极进行中。

麦克利什先生所讲的内容很适合 1920 年到 1930 年那个时代。对于当今那些不了解新心理学的人来说，也是适合的。"人类的理解只有通过艺术才能实现。"这一说法曾经是正确的。但幸运的是，如今它已不再正确了。现在，我们有可能收集那些有助于人类理解的信息，这些信息蕴含着价值、矢量和方向，可以传递到某个地方。

"艺术作品创造了人类的视角，使信息变成了真理。"我不同意这一点，但我们最好讨论一下这一点。我们必须有一些标准来区分好的艺术和坏的艺术。据我所知，在艺术评论领域还不存在这样的标准。但这样的标准已经开始出现了，我想留下一个提示，一个经验性的提示。有一种可能性正在显现，那就是我们将有一些客观的标准来区分好的艺术和坏的艺术。

如果你持有和我一样的观点，你就会知道，我们在艺术上的价值观完全是一片混乱的。在音乐方面，只要尝试去证明一下约翰·凯奇（John Cage）与贝多芬或猫王相比的优点，你就能体会到这种价值观的混乱。在绘画和建筑领域中也存在着类似的混乱。我们已不再拥有共同的价值观。我不会浪费时间去读音乐评论和艺术评论，因为对我而言它们毫无意义。而且我发现，一些书评常常也是毫无意义的。这些领域都存在着一个全然混乱无序的评价标准。比如，《星期六评论》（*Saturday Review*）最近发表了一篇对让·吉尼特（Jean Genet）的某本烂书的好评。这一评论是一个神学教授写的，内容简直是一团乱麻。如今，邪恶之所以变成了善良，是因为在玩弄文字的过程中存在着某种悖论：如果邪恶变成了完全的邪恶，那么它就以某种方式变成了善良。用溢美之词来描述鸡奸或吸毒的美妙，这对一个费劲心力想把人们从这些痛苦中解救出来的可怜的心理学家来说，是非常难以理解的。一个成年人怎么能把这样的书作为道德篇章或指南推荐给年轻人呢？

如果阿奇博尔德·麦克利什说艺术作品是通向真理的，那么他所想到的一定是他自己所挑选出来的特定艺术作品，但他的儿子可能并不认同这些艺术作品。这样一来，麦克利什就无话可说了，因为在这一点上他是无法说服别人的。我觉得这可能是某种信号，提示我们正处于某个转折点。我们正在经历转折，一些新的事物正在发生。其中有一些我们可以察觉到的差异，它们既不是审美上的差异，也不是主观价值上的差异，而是经验性的发现。这些正在被发现的新事物，引发了关于价值和教育的各种命题。

首先是发现了人类有高级需要，有类本能的需要，这是他的生物学特征的组成部分——例如，需要获得尊严，需要被尊重，需要自由的自我成长。高级需要的发现带来了各种革命性的影响。

其次，是我曾经针对社会科学提出过的观点：许多人开始发现，物理主义的、机械论的模型是一个错误，它引我们去向何方？引向原子弹——一种精美的杀戮技术，如同在集中营里见到的那样。引向艾希曼（Eichmann）。实证主义的哲学或科学无法驳倒像艾希曼一样的人。直到他死的那一刻，他也不知道自己错在哪里。在艾希曼自己看来，他没有做错什么，他出色地完成了任务。如果你撇开目的和价值来看，他确实做得很好。我想指出的是，专业科学和专业哲学都是致力于排斥那些与价值有关的命题。因此这就必然会导致艾希曼、原子弹，或者谁知道还会带来什么！

我担心，把好的方法（或才能）同内容（与目的）分开的倾向可能会导致这种危险。

弗洛伊德所做出的伟大发现，我们现在可以加以补充。我们现在正在纠正他的一个大错误，那就是他认为无意识的内容仅仅是不受欢迎的邪恶。但无意识也蕴含着创造性、欢乐、幸福、善良、人类伦理与价值的根源。现在我们知道了，有健康的无意识，也有不健康的无意识。新的心理学正在全力研究这个问题。存在主义的精神医师和治疗师正在把这一观点用于实践，新的治疗方法也正在尝试中。

所以我们有好的意识和坏的意识，好的无意识和坏的无意识。此外，从非弗洛伊德的意义上说，好是真实的。弗洛伊德信奉他自己的实证主义。请记住，弗洛伊德出自物理主义和化学主义的科学。他曾是一位神经病医生，作为一个践行医生誓言的人，他可以完全还原物理的和化学的表述来发展出一种心理学。这就是他为之献身的事业。当然，他自己也驳斥过他的观点。

关于我所说的我们已经发现的这种高级本性，我们要如何解释它呢？弗洛伊德的解释是遵从还原论的，他用自圆其说的方式进行了解释：如果我是一个善良的人，那么这是对我想要杀人的暴怒的一种反向形成。从某种程度上说，这里的杀人比善良更为基本。善良是一种试图掩盖、抑制和防御的方式，防止我意识到自己其实是一个真正的谋杀者。如果我是一个慷慨的人，那么这是对吝啬的反向生成，我的内在其实是很吝啬的。这是一件非常奇怪的事情。现在我们已经注意到这种解释里面存在着明显的问题。比如，他为什么不说也许杀人是对爱的一种反向生成呢？这其实也是一个说得通的推论，并且事实上，这种推论对许多人来说是更正确的。

让我们回到我们的主要观点上来，回到这一激动人心的科学新进展、这一新的历史时刻上来。我有一种强烈的置身历史大潮之中的感觉。150年后，历史学家会对这个时代说些什么呢？什么才是真正重要的？这个时代发生了什么？完成了什么？我的看法是，很多上过头版头条的事件已经完成了，并且只要我们能够坚持，那么那些正在成长的处于人类"成长顶端"的东西将在一两百年之间繁荣昌盛。历史学家会把这一切看作席卷历史的运动，就像怀特海指出的那样，当你获得了一个新的模型、一个新的范式、一种新的认知方式、一种对旧词的新定义，突然之间你就有了一种启发、一种顿悟，你会用不同的方式看待事物。

举个例子，我所谈论的新进展所带来的结果之一，就是对弗洛伊德式的论点的完全的、经验性的否定（非宗教式的、武断的、先验的、一厢情愿的），即否定了个体需要与社会、文明的需要之间必然的、内在的、固有的对立。但其实它们之间并不是对立的。我们现在知道了如何创造条件，使个人的需要与社会的需要相互协同，而不是相互对立，使两者达到同样的目的。我认为这是一种经验性的陈述。

另一种经验性的陈述是关于高峰体验的。在针对高峰体验所进行的研究中，我们会问人们这样的问题：你一生中最着迷的时刻是什么？或者像一个调查者曾问过的那样：你体验过超然的极乐吗？人们可能会认为，在普通人群中抛出这样的问题可能只会换来茫然的目光，但其实你会得到许多答案。显然，这种超然的极乐体验一直是秘而不宣的，因为当事人没有办法在大庭广众之下谈论它们。它们有点令人尴尬，不体面，不"科学"——对许多人来说，它们是终极的罪恶。

在我们对高峰体验的调查中，我们发现了许多的触发点，很多类型的体验都会触发高峰体验。显然，大多数人，或者几乎所有人，都有过高峰体验，或者说极乐体验。可以以一个人一生中某个最快乐、最幸福、最无忧无虑的时刻作为出发点去设置问题。你也可以用我曾问过的那些问题来进行提问，比如：那时你对自己的感觉有什么不同？世界看起来有什么不同？你的感觉是怎样的？你有怎样的冲动？你发生了怎样的变化？我想指出的是，获得高峰体验的两个最简单的方法（按照实证研究报告的简单统计结果）是通过音乐和性。我暂且把性教育搁在一边不谈，因为目前讨论性教育还过早了点——尽管我确信有一天我们不会再把它当作笑料，而是认真地对待它并教导孩子们，如同音乐、爱、洞察力、美丽的草地、可爱的婴儿或如此种种可以通往天堂的道路一样，性是其中之一，音乐也是其中之一。而这二者碰巧是最简单、最普遍的，也是最容易理解的东西。

为了识别和研究高峰体验，我们可以列出各种触发高峰体验的事件。但这个列表太长了，所以有必要进行归纳总结。看起来似乎任何真正卓越、真正完美、趋向完美公正或完美价值的经历都会产生一种高峰体验。虽然也并不总是这样，但这是我基于研究经验所做的一种概括。请注意，我在这里是以一名科学工作者的身份在谈论这个话题。这听起来不像是科学言论，但这是一种新的科学。一篇即将发表的论文表明，从人本主义科学中产生了自亚当和夏娃以来真正的生育进步。这是一篇关于自然分娩高峰体验的学位论文，分娩是触发高峰体验强有力的来源。在这个过程中，我们知道如何促使高峰体验产生，我们知道用什么样的好方法才能让分娩的母亲拥有一种伟大而神秘的体验，你甚至可以称其为一种宗教体验——一种启迪，一种启示，一种洞察。顺便说一下，这就是被试者在访谈中所说的——高峰体验让他们成了一个不同的人，因为在众多的高峰体验中，随之而来的就是我所说的"对存在的认知"。

我们必须为所有这些尚未触及的、未经研究的问题创造一个新的词汇表。这种"存在性认知"实际上就是柏拉图和苏格拉底所说的认知。你可以说它是一种关于幸福、纯粹的卓越、纯粹的真理、纯粹的善的方法。是啊，为什么不能有一种关于快乐和幸福的方法呢？我必须补充的是，这是目前已知的在那些做父亲的人身上诱发高峰体验的唯一方法。当我和妻子第一次在大学生中做这些调查时，我们偶然发现了许多可以触发高峰体验的事件。其中之一是，女人会谈论生儿育女的高峰体验，而男人却不会。现在我们有一种方法来指导男人，令他们在孩子降生时也拥有高峰体验。简单地说，这意味着在某种意义上他们被改变了，他们看世界的方式、他们对世界的体验、他们的认知都发生了变化，这使他们开始朝着更幸福的方向进发。我暂且说到这里，因为通往神秘体验的途径实在是太多了。

迄今为止，我发现这些高峰体验的报告都来自我们所说的"古典音乐"。我还没有从约翰·凯奇或安迪·沃霍尔（Andy Warhol）的电影中，从抽象表现主义绘画中，或诸如此类的作品中，发现有人报告过高峰体验。从古典音乐（那些伟大的经典杰作）中获得高峰体验的人报告了欣喜万分、狂喜入迷的感觉，出现了另一个世界的美景或另一种生活的样貌。我还要说，音乐中其实也融合了舞蹈或节奏。就这一研究领域而言，它们之间并没有太大的区别，甚至可以说，当我在谈论音乐是通往高峰体验的途径时，这其中也包含了舞蹈。对我来说,音乐、舞蹈、节奏是彼此融合的。节奏的体验,甚至是非常简单的节奏体验——美妙的伦巴舞,或者是孩子们用鼓敲打出的各种声响——我不知道你是否想把它叫作音乐、舞蹈、节奏、运动,或是其他什么。总之,对身体的爱、对身体的觉知以及对身体的敬畏——这些都是通往高峰体验的良好途径。同时,它们也是通往"存在性认知"的良好途径(并不确保如此,但从统计学上来说可能是良好途径),是感知柏拉图式的本质、内在价值、存在的终极价值的良好途径。而这样的感知反过来又会带来治疗性的帮助,有助于心理疾病的康复,也有助于个体趋向自我实现和完满的人性。

换句话说,高峰体验往往会带来效果,它们会带来非常非常重要的效果。音乐和艺术在某种意义上也有同样的作用,它们与高峰体验有一定程度的重叠。在心理治疗方面,音乐和艺术也可以达到同样的效果,只要一个人拥有正确的目标,知道自己是什么样的人,意识到自己的前进方向。当然,我们一方面可以谈论症状的消除,如陈词滥调、焦虑的消除,等等;另一方面,我们也可以谈论自发性的发展、勇气的发展、神一般的幽默的发展或诸如此类,以及谈论感官意识、身体意识,等等。

音乐、节奏和舞蹈是发现自我同一性的绝佳方式。我们与生俱来的构造往往会使得这种触发和刺激对我们的自主神经系统、内分泌腺,对我们的感觉、情绪产生各种各样的影响。事实正是如此,只是我们没有足够的生理学知识来理解为什么会这样。但这种影响确实存在,并且这些体验也是真实而确切的。这有点像疼痛,疼痛也是一种真实明确的体验。对于那些在体验上很空虚的人(很不幸很大一部分人都是如此)而言,他们不知道自己的内心是什么样子,而是依靠时钟、日程表、规则、法律、他人的提醒来生活——对于这些人来说,音乐、节奏、舞蹈是一种发现真实自我的方法。这时会有来自内部的信号,有个声音在呼喊:"天呀,这太棒了,永远不要怀疑它!"这是一个途径,是我们尝试指导他人获得自我实现和发现自我的方法之一。自我同一性的发现来自内部冲动的声音,来自倾听自己的心声、倾听内部反应、感受内心变化的能力。这也是一种试验性的教育，如果我们有时间讨论它，它将引导我们进入另一种教育模式和体系当中。

数学可以像音乐一样美妙，一样可以引发高峰体验，当然，有些数学老师会极力防止这种情况的发生。直到我三十岁时，读了一些相关书籍，我才发现了数学中蕴含的美。同样，历史学、人类学（从学习另一种文化的意义上说）、社会人类学、古生物学或科学研究也都是如此。这里我想再次谈谈我收集到的数据。如果你和伟大的创造者、伟大的科学家、有创造性的科学家一起工作，你就会发现他们也常常谈论数据。科学家的形象必须改变，取而代之的是对有创造性的科学家的理解，他们是依靠高峰体验生活的。我的数据显示，这样的科学家是为荣耀时刻而生的，当一个问题获得解决时，当他在显微镜下获得惊人的发现时，他便拥有了启示、启迪、洞察、理解和狂喜的时刻。高峰体验对这类科学家来说至关重要，但他们却对此感到十分害羞和尴尬，拒绝在公开场合谈论此事。需要非常精细的设问才能诱导他们把这种体验说出来，庆幸的是我已经得到了他们的回答。高峰体验确切地存在于他们身上，如果能够设法说服一个有创造性的科学家，让他相信他不会因为拥有这样的体验而被嘲笑，那么他就会羞涩地承认自己确实拥有过激动人心的情感体验时刻，比如当他证明了某种重要关联性为真的时刻。科学家们只是不愿谈论这些感受，而至于那些教你如何开展科学研究的教科书，则完全是一派胡言。

我的观点是，运用高峰体验去改善教育其实是有可能的。如果我们对自己正在做的事情有足够清醒的意识，如果我们有足够冷静的洞察力，我们就有可能去运用那些最容易引发狂喜、启示、启发、极乐和入迷的体验。我们也许可以将这些体验作为一种范例，去重新评估历史教学或任何其他类型的教学工作。

最后，我要设法解决的问题——我想这是每个参与艺术教育的人都要面对的问题——那就是有效的音乐、艺术、舞蹈和节奏教育，这些教育在本质上比通常的"核心课程"更接近于我所说的那种把学习了解自我同一性作为重要教学任务的内在教育。如果教育不这样做，它就是无用的。教育是学习成长，学习找到成长的方向，学习分辨好坏，学习什么是值得的什么是不值得的，学习选择什么和不选择什么。在这一内在学习、内在教学、内在教育的领域中，我认为艺术，尤其是我提到的那些艺术，是如此接近我们的心理和生理核心，如此接近这种自我的生理身份，因此不应该把这样的课程当作一种不必要的点缀物或奢侈品，而是必须让它们成为教育中的基本体验。我的意思是，这种教育可以让我们瞥见那无限的、终极的价值。这种内在教育最好以艺术教育、音乐教育和舞蹈教育作为核心。（我想舞蹈是我首先会为孩子选择的。对于 2 到 4 岁的孩子来说，简单的节奏是最易被接受的。）这样的体验可以很好地作为一种范例，也许我们可以通过这样的方式，把学校里的其他课程从价值无涉、价值中立、无目标、无意义中解救出来。

第十三章　人本主义教育的目标和意义

就在阿道司·赫胥黎去世之前,他正处在一个巨大突破的边缘,他即将在科学、宗教和艺术之间创造一个伟大的综合体系。他的许多思想在他的最后一部小说《岛》(Island)中得到了阐述。虽然《岛》不是一部重要的艺术作品,但它作为一篇论述人能够成为什么样子的文章,却是非常令人兴奋的。其中最具革命性的思想是有关教育的思想,在赫胥黎的乌托邦中,教育的目标与我们社会的教育目标截然不同。

如果看看我们社会的教育,我们会发现有两种截然不同的因素存在。首先,绝大多数的教师、校长、课程策划者、学校管理者,他们致力于传递孩子们在我们这个工业化社会中生活所需要的知识。他们不是特别有想象力或创造性,他们也不经常质疑自己所教授的东西。他们主要关心的是效率,即用最少的时间、花费和精力将最多的事实灌输给尽可能多的孩子。另一方面,也有少数人本主义倾向的教育者,他们的目标是创造更好的人,或者用心理学术语来说,自我实现和自我超越的人。

课堂学习通常有一个不言而喻的目标,那就是取悦老师。在普通的课堂上,孩子们很快就会认识到,拥有创造性是会受到惩罚的,而记住固定的答案则会得到奖励,他们会把注意力放在老师想让他们说的内容上面,而不是去理解问题。由于课堂学习的重点在于行为而不在于思想,因此孩子们学会了如何投其所好地行动,而把自己的想法留在了心里。

事实上,思想对于外在学习常常是有破坏作用的。敏锐的洞察力会使宣传、教导、操作性条件作用的影响统统消失。以广告为例，对其最简单的药物就是真相。你可能会担心阈下广告和动机研究的结果会阻碍我们分辨真相，但其实只要你掌握足够的证据就不会受到那些广告的影响了，比如你如果能够证明某一特定品牌的牙膏味道非常恶心，那么你就能够以同样的方式对所有广告的影响都保持清醒。另一个关于真理对外在学习产生破坏性影响的例子，是一个心理学班级的学生对教授开的一个玩笑，教授在课堂上解条件作用，学生们暗中对他施加条件作用。于是教授开始不自觉地频频点头，到讲座结束时他还在不停地点头。然而，当学生们告诉教授真相后，他停止了点头。当然，在那之后，学生们无论再做什么也无法使他再点头了。真相使这样的学习消失了。从这一点出发，我们应该问问自己，有多少课堂学习实际上是由无知在占主导但却能够被洞察力摧毁？

当然，学生们已经沉浸在外在学习的态度中，他们对分数和考试的反应就像黑猩猩对扑克筹码的反应一样。在美国一所最好的大学里，一个男孩正坐在广场上看书，一个路过的朋友问他为什么要读那本没有指定的书。阅读一本书的唯一理由竟然是它可能会带来外在奖励。在充满了扑克筹码的大学中，问这样的问题是毫不奇怪的。

大学教育的内在和外在的区别可以通过下面这个关于厄普顿·辛克莱（Upton Sinclair）的故事来说明。当辛克莱年轻时，他发现自己无法支付大学学费。然而，当他仔细阅读了学校的规章制度后，他发现，如果一个学生某门课不及格，他就不能得到学分，而不得不选择另一门课作为替代。学校不会对学生的第二门课收费，理由是他已经为同样的学分付过一次学费了。辛克莱利用这一政策，通过故意挂掉所有课程而获得了免费教育。

"赚取学位"（earning a degree）这种说法概括了外在取向教育的弊端。学生在大学里投入一定的时间，完成相应的学分，然后就可以自动获得学位了。大学里教授的所有知识都有对应的学分，这种学分就好比一种"现金值"，它使得大学里教授的各种学科之间几乎没有区别。例如，一学期的篮球训练所"赚取"的学分和一学期的法语语言学所"赚取"的学分一样多。由于只有最后的学位才会被认为具有真正的价值，因此在大学最后一年辍学会被社会认为是浪费时间，也会被父母视为一场悲剧。你们应该都听到过母亲哀叹她的女儿在大四时辍学结婚的愚蠢行为，因为她觉得女儿的教育被白白"浪费了"。而在这里，大学前三年的学习价值已经完全被遗忘了。

在理想的大学里，没有学分，没有学位，也没有必修课程。一个人可以学他想学的任何东西。我和一个朋友在布兰迪斯大学举办了一系列名为"新生研讨班——知识分子生活入门"的研讨会，试图将这一理想付诸实践。我们宣布，这门课不要求阅读或写作，也不给学分，讨论的内容将由学生自己选择。我们也陈述了我们是谁——一名心理学教授和一名执业精神病医师，我们希望通过对研讨会以及我们自己兴趣的描述，让学生知道自己该不该选择加入。来参加这次研讨会的学生都是出于自愿，他们至少对研讨会的成败负有部分责任。传统教室的情况正好相反——它是强制性的，学生因为这样或那样的原因不得不来听课。

在理想的大学里，任何人都可以接受内在教育——因为任何人都可以获得提高，获得学习机会。这里的学生可以包括有创造性的、聪明的儿童和成年人，也可以包括低能者和天才（因为即使是低能者也可以通过情感和心灵学习）。大学将是无处不在的——也就是说，不局限于特定的建筑、特定的时间，教师可以是任何有感想并愿意与他人分享的人。大学应该是终身制的，活到老，学到老。甚至死亡也可以成为一种具有哲学启发性和高度教育意义的经历。

理想的大学应该是一座教育的静修所，你可以在其中发现自己、发现你喜欢和想要的，发现你擅长什么和不擅长什么。在理想的大学里，人们学习各种各样的课程，参加各种各样的研讨会，虽然他们不确定自己该何去何从，但是却朝着发现自己天职的方向在前进，一旦找到了它，他们就能够很好地利用曾经接受过的技术教育。换句话说，理想大学的主要目标是发现自我同一性，并随之发现自己的天职。

发现自我同一性是什么意思呢？意思是找出你真正的愿望和你真实的特性，并以一种能够表达它们的方式生活。你要学会做真实的自己，要诚实，允许你的行为和言语真实、自然地表达你的内心感受。我们大多数人都学会了避免真实性。比如，当你正在吵架的时候，你感觉肺都要气炸了，但这时如果电话铃响起，你还是会拿起电话，轻声细语地说声"喂，你好"。而真实性意味着将虚假减少到零。

讲授真实性的技巧有很多。训练小组（T-group）就是一种尝试，让你认识到真实的自己，认识到你对别人的真实反应。其方法就是给你一个诚实的机会，说出你的内心真正发生了什么，而不是流于表面或礼貌性地回避。

那些被我们描述为健康、坚强和有主见的人似乎能够比大多数人更清楚地听到自己内心的声音。他们知道自己想要什么，也同样清楚地知道自己不想要什么。他们内心的偏好告诉他们，一种颜色与另一种颜色不搭调；他们不想要毛衣，因为毛衣会令皮肤发痒；或者他们不想肤浅的性关系。相比之下，其他人似乎是空虚的，听不到自己内心发出的信号。这些人吃饭、排便、睡觉都是根据时钟的提示，而不是遵从自己身体的需要。从选择食物（"这对你有好处"）和选择服饰（"这很时髦"），到价值观和道德问题（"我爸爸让我这么做的"），他们以外在标准为依据来做每一件事情。

我们非常善于混淆孩子们内心的声音。一个孩子可能会说，"我不想喝牛奶"，他的母亲回答说："为什么呢？你知道，你需要喝一点牛奶。"或者孩子说，"我不喜欢菠菜"，而母亲会告诉他："我们都喜欢菠菜。"自我认知的一个重要部分是能够清晰地接收到这些来自内部的信号，当母亲混淆了这些信号对孩子的清晰性时，她并不是在帮助她的孩子。她也可能会这样说："我知道你不喜欢菠菜，但因为这样那样的原因你还是得吃。"

有审美天赋的人似乎比大多数人在颜色、装饰搭配、选择合适的样式等问题上，有更清晰的冲动之音。高智商的人似乎对感知真理有着同样强烈的冲动之音，他们能够看到这段关系是真实的而另一段不是，就像有审美天赋的人能看到这条领带和这件夹克很配，但和那件夹克不搭一样。目前，人们对创造性与儿童高智商之间的关系进行了大量的研究。有创造性的儿童似乎有强烈的冲动之音，来告诉他们什么是对的，什么是错的；缺乏创造性的高智商儿童似乎已经失去了他们的冲动之音，变得循规蹈矩，总是期待父母或老师能够给予指导或启发。

健康的人在道德和价值的问题上似乎也拥有清晰的冲动之音。自我实现的人在很大程度上超越了他们文化的价值。他们不仅仅是美国人，而更应该说是世界公民，而且最首要的是，他们是人类的一员。他们能够客观地看待自己的社会，喜欢它的某些方面，不喜欢另一些方面。如果教育的最终目标是自我实现，那么教育就应该帮助人们超越文化强加给他们的条件作用，使他们成为世界公民。这里有一个技术性的问题，即如何使人们超越他们的文化适应。怎样才能唤醒一个年幼的孩子对全人类同胞的兄弟情谊，使他憎恨战争并在成年后尽其所能地去避免战争？教堂和主日学校已经小心翼翼地回避了这个任务，取而代之的是向孩子们讲授丰富多彩的圣经故事。

我们的学校和教师应该追求的另一个目标是发现天职，发现一个人的归宿和天命。要了解你是谁，要听到你内心的声音，就需要去发现你想在你的生活中做些什么。发现一个人的自我同一性几乎等同于发现一个人的事业或揭示一个人将要为之献身的圣坛。发现终身事业这件事有点像寻找伴侣。年轻人在恋爱上常常"三心二意"，接触很多对象，有一两次恋爱经历，结婚前可能还要进行一次严肃的试婚。这样，他们才能发现自己喜欢和不喜欢的异性。当他们越来越意识到自己的需要和愿望时，这些足够了解自己的人最终会发现并结识彼此。当你在寻找你的职业、你的终身事业时，有时会出现非常类似的情况。从事心仪的事业让你感觉很好，于是突然间你会发现一天二十四小时似乎都不够用了，于是你开始感叹人生的短暂。然而，在我们的学校里，许多职业顾问根本不会去考虑人类存在的可能目的，甚至不懂什么是基本的幸福需要。他们所考虑的只是社会对航空工程师或牙医的需要。他们当中没有一个人会提到，如果你不喜欢你的工作，你就失去了一种自我实现的重要手段。

综上所述，学校应该帮助孩子们看到自己的内在，并从这种自我认知中获得一系列的价值。然而，我们今天的学校并不教授这些价值。这可能是从宗教战争中遗留下来的一种传统，在宗教战争时期教会和国家分离开来，统治者认为讨论价值应该是教会的事，而非教会学校应该关注其他问题。我们的学校，由于严重缺乏真正的哲学和训练有素的教师，因此不讲授价值也许还是一件好事，正如因为同样的原因而不进行性教育也是好事一样。

在人本主义教育哲学所带来的诸多教育后果中，其中一个就是对自我的不同概念。这是一个非常复杂的概念，很难简单地描述，因为这是几个世纪以来第一次谈到一种本质、一种固有的天性、物种性（specieshood）和动物本性。这与欧洲的存在主义，尤其是与萨特的观点截然不同。在萨特看来，人完全造就了他自身，完全是而且仅仅是他自身独立意志的产物。对于萨特和所有受其思想影响的人而言，一个人的自我成了一种专断的选择，一种命令式的意愿，而成为什么样的人或做什么样的事都没有好、坏、善、恶的指导标准。萨特从本质上否认人的生物本性的存在，这样一来，他也就完全放弃了任何绝对的或至少是全物种的价值观概念。这与强迫症患者的生活哲学非常接近，你可以在其中发现我所称的"体验上的空虚"（experiential emptiness），即缺乏来自内部的冲动之音。

美国人本主义心理学家和存在主义精神病学家都更加接近于精神动力学家，而非萨特。临床经验使他们相信，人类是物种中的一员，有自己的本质和生物本性。对揭示疗法的解释是，它能够帮助病人发现他的同一性，他的真实自我，简言之，就是发现他自己的主观生物学属性，然后他可以进一步将其实践化，去"造就自己"，去进行"选择"。

问题是，人类是唯一一个很难归纳其本能属性的物种。对于一只猫来说，它就是猫，不存在任何问题，也很容易被理解。猫似乎不存在什么复杂性、矛盾或冲突，它们也不会渴望成为狗，它们的本能非常清晰。但我们人类就没有如此明确的动物本能。我们的生物本质，我们的本能残余物，是微弱而微妙的，难以触及，因此外在学习的力量要远大于我们内心深处的冲动。人类最深层的冲动潜藏在几乎完全丧失、极其微弱、极其敏感和微妙的本能中，你必须通过挖掘才能找到它们，这就是我所说的内省生物学（introspective biology）、生物现象学（biological phenomenology）。这意味着在寻找同一性、寻找自我、寻找自发性和自然性时的必要方法之一，就是闭上眼睛，摒除噪音、杂念，放下一切凡尘琐事，以一种道家式的、接纳的方式放松下来（就像你在精神分析师的沙发上所做的那样）。接下来就是等待，看看会发生什么，会想到什么。这也是弗洛伊德所说的自由联想、悬浮注意，它不是以任务为导向的。如果你成功地做到了这一点，并学会了如何去做，你就可以忘记外部世界和它的噪音，开始听到从内部发出的这些微小而精妙的冲动之音，从你的动物本性（不仅来自普遍的物种本性，还来自你自身的独特性）中获得暗示。

然而，这里存在着一个非常有趣的看似矛盾的地方。一方面，我谈到了揭示或发现你的特质，即你与世界上其他人的不同之处；另一方面，我也谈到了发现你的物种性，你的人性。正如卡尔·罗杰斯（Carl Rogers）所言："为什么我们越深入到自己独特的内心，寻找自己的个体身份，我们就越能够发现整个人类物种的种族性？"这难道不会让你想起拉尔夫·沃尔多·爱默生（Ralph Waldo Emerson）和新英格兰先验论者吗？在足够深的层次上发现你的物种性与发现你的自我，这二者融合在了一起。成为（学习如何成为）拥有完满人性的人类，意味着这两种活动要同时进行。你学习了解（主观体验）你的独特之处，你是怎样的一个人，你的潜力是什么，你的风格是什么，你的步调是什么，你的品位是什么，你的价值观是什么，你的前进方向是什么，你的个人生物性将把你带向哪里，所有这些都是你与他人的不同之处；与此同时，这又是在学习了解你自己作为一个人类动物（human animal），你与其他人类动物之间的相似之处有何意义。

教育的目标之一应该是教人懂得生命的可贵。如果生活中没有快乐，那生活也就没有了价值。不幸的是，很多人从来没有体验过快乐，没有经历过高峰体验（那种极其稀有的时刻会带来对生命的全面肯定）。弗洛姆曾谈到那些常常体验到快乐的求生者（life-wishers），以及那些似乎从未体验过快乐时刻的求死者（death-wishers），后者对生命的掌控力非常微弱。这些人会抓住生活中各种愚蠢的机会，就好像他们希望有一场意外事件能把他们从自杀的麻烦中解救出来一样。在逆境条件下，例如在集中营里，那些珍惜生命中每分每秒的人会努力活下去，而另一些人则会让自己毫无抵抗地死去。通过一些戒毒机构，我们开始发现，吸毒成瘾者是在杀死自己的某些部分，但如果你为他们的生活赋予一些意义，他们就会很容易地放弃毒品。心理学家将酗酒者描述为从根本上是抑郁的、对生活有种基本的厌倦感的人，而酗酒者也把自己的存在描述为没有起伏、没有尽头的荒原。科林·威尔逊在他的书《新存在主义导论》（*Introduction to the New Existentialism*）中指出，生活必须有意义，必须有高强度（high intensity）的时刻，来验证生命，使它有价值。否则，死的愿望就说得通了，因为谁愿意忍受无穷无尽的痛苦或无聊呢？

　　我们知道孩子们有能力在童年时期频繁地经历高峰体验。我们也知道，现在的学校制度是一种非常有效的工具，用来粉碎高峰体验和禁止它们出现的可能性。一个打心里尊重孩子、不怕看到孩子们沉浸在欢乐中的教师，在学校里是很少见的。当然，在传统的教学模式下，一个教室里有三十五个孩子，课程内容必须在规定的时间内完成，这就使得教师不得不更关注秩序和安静，而不是让孩子们感受到学习是一种快乐的体验。然而我们的教育和师范院校的官方理念似乎都隐含着这样一种假设，即让孩子拥有快乐是危险的。但实际上，即使是学习阅读、减法、乘法这些在工业化社会中必需的困难任务，也可以变得富有吸引力并成为一种乐趣。

　　低幼年级的教育可以做些什么来消除孩子的死亡意愿，加强他们对生命的渴望呢？也许能做的最重要的事情就是让孩子拥有一种成就感。孩子们在帮助比自己弱小的人完成某件事的过程中会获得极大的满足感。避免严格的管教可以鼓励孩子的创造性。由于孩子们会模仿老师的态度，老师也因此会受到鼓励成为一个快乐的、自我实现的人。有的父母会将自己扭曲的行为模式传递给孩子，但如果老师是更健康、更坚定的，孩子们就会转而去模仿老师。

首先，目前教师的形象就像是讲演者、调节者、强化者和老板，而道家式的帮助者或教师是乐于接纳的，而不是侵入性的。曾经有人告诉我，在拳击界如果年轻人觉得自己很不错并想成为一名拳击手，他可以到拳击馆找到经理并对他说："我想成为专业拳击手，在你的俱乐部训练，接受你的管理。"通常来说遇到这样的情况，就要去试试这个年轻人的身手。一个优秀的经理会挑选一个他麾下的职业拳手并对他说："带这个人上拳击台，好好练练他，看看他怎么样，让他露两下子，把他的本事都使出来。"如果实战证明了这个年轻人大有前途，如果他是一个"天生的"拳击手，那么一个好的经理要做的就是接收这个人并培养他，如果他是拳王，那么就把他培养成更出色的拳王。也就是说，好的经理会以这个年轻人自己的天赋为基础，而不会从头开始培养他，不会对这个年轻人说，"忘掉所有你学过的，用新的方式去做"，这就好像是说"忘掉你有什么样的身体"或者"忘掉你所擅长的"。好的经理会认可年轻人自己的天赋，并在此基础上把他培养成他有可能成为的最好的拳击手。

我强烈感觉到，这种做法在大部分教育领域都可以发挥作用。如果我们想成为帮助者、顾问、教师、引导者或者心理治疗师，我们必须做的是接纳这个人，帮助他了解他既有的样子，即他有什么样的风格、才能，他能胜任什么，不能胜任什么，拥有什么样的基础、良好资质和潜力。我们不去威胁孩子，并营造一种接纳孩子天性的氛围，将他们的恐惧、焦虑和防御降到最低。最重要的是，我们要关心孩子，也就是说，要欣赏他们的成长和自我实现。所有这些听起来很像罗杰斯派治疗师的风格，他的"无条件积极关注"，他的真诚，他的开放和关心。目前确实有证据表明，这种做法能够"让孩子显现自身"，允许他表达，允许他行动，允许他进行尝试，甚至允许他犯错误，让他被看见。在这点上给予适当反馈，如同在训练小组、会心小组（encounter group）或非指导性咨询（nondirective counseling）中所做的那样，帮助孩子发现他是谁，是什么样的人。我们必须学会珍视孩子在学校里的"突出表现"，他的入迷、专注、好奇、狂热，或者至少，他的喜悦、兴趣和爱好等是需要得到我们关注的。这些东西可以带来很多，尤其是可以促进孩子们的努力勤勉、坚持不懈、全神贯注，令他们更加富有创造性，从教育中获益良多。

相反，我认为有可能把高峰体验以及敬畏、神秘、惊奇或圆满体验，也看作学习的目标和奖励，是学习的终点，也是起点。如果对于伟大的历史学家、数学家、科学家、音乐家、哲学家等来说这些体验是真实的，那么为什么我们不能将这样的学习体验最大化，作为儿童高峰体验的来源呢？

我必须说明的是，无论我拥有多少知识和经验，我的这些建议都来源于聪明和有创造性的孩子，而不是来源于智力发育迟缓的、弱势的或患病的孩子。我还必须说，我在训练小组中，在Y理论工业组织中，在伊萨兰（Esalen）式的教育中心里，在格罗夫（Grof）式的对致幻剂所开展的工作中，在莱恩（Laing）式的对精神病患者所做的工作中，与那些被认为毫无希望的成年人打交道的经历，都教会了我永远不要预先把任何人排除在外。

内在教育的另一个重要目标是满足孩子的基本心理需要。一个孩子只有在安全感、归属感、尊严、爱、尊重和自尊的需要都得到满足时，他才能实现自我。从心理学的角度来说，当一个孩子感觉到自己值得被爱，知道自己属于这个世界，知道有人尊重他和需要他时，他就不会有焦虑。

教育的另一个目标是让意识保持清醒，使我们不断意识到生命的美丽和奇迹。现有的文化常常使我们变得麻木，以至于我们对很多事物视而不见、听而不闻。劳拉·赫胥黎（Laura Huxley）有一个小巧的立方形放大镜，可以在其中插入一朵小花，当光从立方体侧面照进来时，你就可以观察这朵花。注视片刻后，观察者就会迷失在全神贯注的体验中而由此产生一种幻觉，似乎是看到了一件事物绝对具体的形象及其存在的美妙。让日常体验焕然一新的好方法就是想象你即将死去，或者你身边的某个人即将死去。如果你真的受到了死亡的威胁，你会以一种不同的方式去感知事物，你会比平常更密切地关注一切。如果你知道某人即将死去，你会以更强烈、更亲切的方式看待他，而不会像以往那样随意和漫不经心。你必须与刻板僵化做斗争，永远不要让自己对任何事情产生惯性。无论是数学、历史还是哲学，最好的教学方法就是让学生意识到其中的美。我们需要教会孩子们去运用统合的感知，以及拥有能够在同一个事物中同时看到短暂与永恒、神圣与世俗的禅意体验。

我们必须再次学会控制我们的冲动。弗洛伊德治疗过度压抑者的时代早已过去，今天我们面对的是相反的问题——及时地表达每一个冲动。我们有必要告诉人们，控制未必会带来压抑。自我实现的人有一个日神般的控制系统，在这个系统中，控制和满足共同作用，让满足带来更大的愉悦。例如，他们知道，如果能坐在摆满美食的整洁餐桌前吃东西会更加惬意，尽管在准备食物和整理餐桌时需要更多的控制。性生活中也有类似的情况。

真正的教育中有一项任务，那就是超越伪问题，而设法解决生命中存在的真正严重的问题。所有神经症性的问题都是伪问题，然而邪恶和痛苦的问题是真实的，是每个人迟早都必须面对的问题。是否有可能通过苦难达到高峰体验？我们发现，高峰体验包含两种成分——一种是情感上的狂喜，另一种是理智上的启示，两者不需要同时出现。例如，性高潮可以让人在情感上得到极大的满足，但不能以任何方式给人启示。正如玛格哈妮塔·拉斯奇（Marghanita Laski）在《狂喜》（Ecstasy）一书中指出的那样——在面对痛苦和死亡时，一种非狂喜的启示将会出现。我们现在有大量关于死亡的心理状态的文献，这些文献很清楚地表明，有些人在接近死亡时确实体验到了启示并获得了哲学洞察力。赫胥黎在《岛》一书中阐明了一个人如何能够在和解与接纳中死去，而不是以一种不体面的方式被逐出这个生的世界。

内在教育的另一个方面是学习如何成为一个好的选择者。你可以教会自己去选择。让自己置身在两杯雪利酒前,一杯是便宜的,一杯是昂贵的,然后看看你更喜欢哪一杯;尝试一下你能否闭上眼睛说出两种香烟的区别。如果你说不出两者的区别,那就表明你觉得它们没有区别。我发现我可以分辨出雪利酒的好坏,所以我现在会花钱买更贵一点的雪利酒。但另一方面,我却分不清杜松子酒的好坏,所以我就按便宜的买。如果我都分辨不出好坏优劣,那何必在这上面费心呢?

自我实现的真正含义是什么呢?我们希望理想的教育体系能造就什么样的心理特征呢?自我实现者处于良好的心理健康状态中,他的基本需要都得到了满足,那么是什么促使他成为一个忙碌而能干的人呢?首先,所有自我实现者都有一个他们坚信的目标和为之献身的事业。当他们说"我的工作"时,指的是他们的人生使命。如果你问一个自我实现的律师,为什么他会进入法律领域,为什么这么多繁杂的日常事务都不会令他苦恼烦心,他会说:"嗯,因为当我看到有人利用别人时,我会非常生气,因为这是不公平的。"对他来说,公平是终极价值,他无法告诉你他为什么重视公平,就像艺术家无法告诉你他为什么重视美一样。换句话说,自我实现者似乎是为了终极价值而去做他们所做的事,而终极价值又是为了捍卫那些本质上有价值的原则。他们保护和热爱这些价值,如果这些价值受到威胁,他们就会感到愤慨,会采取行动,往往还会做出自我牺牲。这些价值对自我实现者来说并不抽象,它们和骨骼、动脉一样,都是他们身体里的一部分。自我实现者受到永恒的真理、存在性价值、完美中纯粹的真和美的驱动。他们超越了两极和对立,试图看到潜在的统一;他们试图整合一切,使其更加丰富全面。

下一个问题是:这些价值是类本能的吗?就像对爱以及维生素D的需要那样,是机体与生俱来的吗?如果你的饮食中缺乏维D,你就会生病;同理,对爱的需要也是这样。如果你剥夺了孩子们所有的爱,那可能会杀死他们。医护人员都知道,得不到爱的婴儿可能会因感冒而过早夭折。那么，我们对真理的需要也是如此吗？我发现，如果我被剥夺了真理，我就会患上一种特殊的疾病——我变得偏执，不信任任何人，并试图寻找每件事背后所隐藏的意义。这种不信任感的长期持续，显然是一种心理疾病。所以我想说，被剥夺真理会导致一种病态——超越性病态，它是一种因为存在性价值被剥夺而引起的疾病。

对美的剥夺会导致疾病。那些对审美非常敏感的人在丑陋的环境中会变得沮丧和不舒服，那样的环境可能会扰乱她们的生理期、导致头痛，等等。

我做了一系列的实验来证明美与丑的环境对人的影响。当被试者在一个丑陋的房间里对所呈现的人脸照片进行评判时，他们会认为这些人是精神病、偏执狂或危险分子，这表明在丑陋的环境中对面孔的评判和对其本人的推断都是不好的。丑对你的影响有多大，取决于你的敏感性，以及你在何种程度上能把注意力从不愉快的刺激上转移开来。更进一步来说，生活在一种不愉快的环境中，和讨厌的人生活在一起，是一种致病的力量。如果你选择与优雅得体的人共度时光，你会发现自己感觉更好，更愉快。

公正也是一种存在性价值。关于公正长期被剥夺会发生什么，历史上有很多的例子。比如，在海地，公正的剥夺使人们学会了不信任一切事物，玩世不恭地对待每一个人，认为一切事物的背后必定隐藏着腐败和堕落。

我对超越性病态中的那种无用感（uselessness）非常感兴趣。我遇到过许多符合自我实现标准的年轻人，他们的基本需要已得到了满足，能够很好地运用自己的能力，没有明显的心理病症。

然而他们却陷于混乱和骚动当中。他们不相信所有的存在性价值，所有三十岁以上的人所信奉的价值他们都不相信，并把真、善、美、爱这些字眼当作空洞的陈词滥调。他们甚至对自己创造一个更美好世界的能力失去了信心，所以他们只能以一种毫无意义和破坏性的方式来进行抗议。如果你的生命里没有价值，你可能不会患神经症，但你会在认知和精神层面上出现问题，因为在某种程度上你与现实的关系被扭曲和扰乱了。

如果存在性价值像维生素和爱一样是必不可少的，如果它们的缺失会使你生病，那么人们谈论了几千年的宗教的、柏拉图式的或理性的生活，似乎就是人类本性的一个非常基本的组成部分。人拥有一个需求的层次系统，在这个需求层次上，生物的需要在最底层，精神的需要在最顶层。然而，与生物需要不同，存在性价值本身以及它们之间并没有等级划分。每一种存在性价值都同样重要，每一种都可以依据其余的那些来进行定义。例如，"真"必须是完整的、美的、全面的，"美"必须是真实的、好的、全面的，等等。如果存在性价值都能够依据彼此来进行定义，那么我们通过因素分析就可以知道，有一些一般因素是所有存在性价值所共有的，用统计学术语来说就是 G 因素（一般因素）。不同的存在性价值并不像互不相关的木条堆积在一起，而像是一颗钻石的不同切割面。献身于真理的科学家与献身于正义的律师，都是在为同样的事情献身，他们都发现了，在普遍价值中最适合自己的那一方面其实就是自己在终身事业中所利用的那一方面。

存在性价值的一个有趣的方面是，它们超越了许多传统的二分法，如自私与无私，肉体与精神，宗教与世俗。如果你在做你喜欢的工作，献身于你最珍视的价值，你将尽可能地自私，但同时又是无私和利他的。如果你把真理内摄为一种价值，让它像血液一样成为你身体的一部分，那么无论谎言出现在世界上任何地方，你都会极度不安，并想要去揭穿它。从这个意义上来说，你的边界已经远远超出了你个人利益的范围，而将整个世界包含了进来。如果在另一个国家有某个人受到了不公正对待，那么你也会感同身受。虽然你可能从未见过这个人，但你依然可以感受到他的感受。

以"宗教"和"世俗"的二分法为例。当我还是个孩子的时候，我所接触到的宗教形式是如此可笑，以至于我放弃了对宗教的所有兴趣，也没有产生过"寻找上帝"的欲望。然而，我笃信宗教的朋友们，至少是那些并不肤浅的信仰者，会像我谈论存在性价值那样谈论上帝。虽然现如今的神学家们认为最重要的问题是诸如宇宙的意义以及宇宙是否有方向之类的问题，但对完美的追求，坚持对价值的发现，是宗教传统的精髓。许多宗教组织开始公开声明，宗教的外部仪式，例如在星期五不吃肉等，是不重要的，甚至是有害的，因为它们干扰了人们对宗教真谛的认识，这些宗教组织再次开始在理论和实践上献身于存在性价值。

那些享受并献身于存在性价值的人，也会更享受于基本需要的满足，因为他们使这些需要变得神圣。对于用存在性价值和需要的满足来看待彼此的情侣来说，性生活是一种神圣的仪式。要拥有灵性的生命，你不需要在山洞里打坐十年。能够生活在存在性价值中，在某种程度上就能使你的肉身及其一切欲望变得神圣。

如果我们将存在性价值的唤醒和实现（这也是自我实现的另一个方面）作为教育的一个主要目标，那么我们将迎来当代文明的大繁荣。人们会更强大，更健康，而且会在更大程度上掌握自己的命运。增加个人的生活责任感，并用合理的价值来指导人们的选择，会使人们开始积极改变他们所生活的社会。趋向心理健康的运动，也是趋向精神安宁与社会和谐的运动。

第五部分 社会

第十四章　社会与个体中的协同作用

我希望将本章献给鲁思·本尼迪克特,作为对她的纪念①。她于1941年在布林莫尔学院的一系列演讲中提出并发展了协同作用（synergy）这一概念。但因为她手稿的遗失,这个概念并不为人所熟知。当我第一次读到这些讲稿时,我震惊地发现她给我的这份是仅存的孤本。我曾担心她不会发表它——她似乎并不太在意是否发表这件事,同时我也担心这份手稿会遗失。事实证明我的担心是有道理的。她的遗嘱执行人玛格丽特·米德（Margaret Mead）已经找遍了她所有的文件和资料,但始终没有找到这份手稿。但我已经让人尽可能多地把这份手稿的部分内容打印了出来。这些摘录即将出版,因此在本章中我只引用其中的一些片段。

协同作用的发展与定义

鲁思·本尼迪克特在晚年的时候曾试图克服和超越文化相对论,她的名字曾错误地和这一学说联系在了一起。我印象中,她对此非

---

①　鲁思·本尼迪克特（1887—1948）,哥伦比亚大学人类学教授、诗人,笔名安·辛格尔顿（Ann Singleton）。她主要的兴趣领域是美洲印第安人。在二战期间,她研究了日本文化,为同盟国的宣传提供过基本信息。她的著作包括《文化模式》（*Patterns of Culture*）、《种族、科学与政治》（*Race, Science and Politics*）、《菊与刀》（*The Chrysanthemum and the Sword*）——H. L. 安斯巴彻（Heinz L. Ansbacher）编注。

常恼怒。她认为她的《文化模式》本质上是一本关于整体论的著作。在这本书中，她尝试带着自己的诗意感受、韵味和语调，以整体的而非原子论的方式，把社会描述为一个有机的统一体。

我在1933年至1937年做人类学研究的时候，发现文化是具有特异性的。没有任何科学的方法来处理这种特异性，也没有方法可以对不同文化进行归纳。每种文化似乎都各不相同。你只能从特定文化的内部出发去发表一些评价。本尼迪克特一直致力于发展一种比较社会学。她凭借着自己诗人的直觉在这方面进行探索。她一直纠结于那些以她的科学家身份而不宜在公众面前说的话，因为这些话是规范性的，带有情感的卷入而不是冷静的，这些话可以在酒会上说说，却不能在出版物里说。

发展。她选择了八种文化，并将它们两两配对，如她所说，她曾在一张很大的新闻纸上写下了她所知道的关于这四对文化的一切。选择这些文化是因为她觉得它们彼此不同。她有一种直觉，一种感觉，并用不同的方式将其表达了出来，对此我已在早前的笔记中提到过。

在每一对文化中，都有一种是焦虑的，而另一种则不是；也都有一种是粗鲁的（粗鲁显然不是一个科学的词汇。这些文化里的人都很粗鲁、乖戾，而她不喜欢这样的人），而另一种是友好的。她还谈到了一些特殊时刻，比如在受到战争威胁的时候，会呈现出士气低落的文化和士气高涨的文化。另外，她还谈到文化中的仇恨和攻击，谈到文化中的友爱。她不喜欢的这四种文化有什么共性呢？她喜欢的这四种文化又有什么共性呢？她尝试着将这些文化分成了不安全的文化和安全的文化两类。

那些她认为好的、安全的、她所喜欢的、吸引她的，是祖尼族（Zuni）、阿拉佩什族（Arapesh）、达科他族（Dakota）以及一个爱斯基摩族的分支（我忘了是哪一个了）。在我自己的田野研究（未发表）中，增加了北方黑脚印第安部落作为一种安全的文化。那些令人不快的、粗鲁的、令她不寒而栗的文化是楚科奇族（Chuckchee）、奥吉布瓦族（Ojibwa）、多布族（Dobu）和夸扣特尔族（Kwakiutl）。

她尝试使用了当时常用的所有的判断标准来逐一概括这些文化，她根据人种、地理、气候、族群大小、财富、复杂性等各方面对它们进行比较。但是这些标准都没有起到作用，也就是说，那些安全的文化在这些方面都是相同的，而那些不安全的文化在各方面都缺乏可比性。因此在这种缺乏逻辑、缺乏分类的基础上是无法进行整合的。她曾提出过这样的问题：哪些文化容易导致自杀，哪些不会？哪些文化是多配偶制的，哪些不是？哪些文化是父系制度，哪些是母系制度？哪些文化里人们会盖大房子，哪些会盖小房子？然而这些分类原则都没能起到作用。

最终起作用的是行为的功能（the function of behavior）而不是外显行为本身。当她意识到行为不是答案时，她不得不去寻找行为的功能、意图、行为试图表达的东西及其背后的性格结构。我认为这一飞跃是人类学和社会学理论的一次革命，奠定了比较社会学的基础。这是一种社会比较的技术，它把社会放在一个连续体上，而不是把每一个社会都看成是独立的和自成一类的。以下是她的手稿：

> 以自杀为例。自杀已多次被证明与社会环境有关，在某些条件下自杀率会上升，在另一些条件下则会下降。在美国，自杀是心理灾难的一个指标，因为它是一个人不再能够或不再愿意去处理困境的一种快刀斩乱麻式的行为。然而，虽然自杀是各种文化中都有的特征，但在一些文化中自杀会尤其常见，这些文化中的自杀行为可能具有完全不同的意义。在古代日本，自杀是武士战败后的光荣行为，是一种恢复名誉的行为，比生命更重要——在武士道精神中，这是人的全部责任。在原始社会，自杀有时是身为妻子、姐妹或母亲在极度哀伤中所尽的最后的爱的义务，她们用这一行为再次确认了至亲至爱比生命中任何事情都更重要，当挚爱已逝，生命也变得毫无价值。在以此为最高道德准则的社会中，自杀是对理想的最终肯定。在另一些部落里，自杀更类似于中国式的自杀概念，即在另一个人

的"家门口台阶上"自杀,这种自杀行为是为了报复那个冤枉过自己的人,或是为了表达一种对那个人的怨恨。在存在这种自杀行为的原始部落中,它是一个人对抗另一个人最有效的,有时甚至是能够采取的唯一行动,而且这种行为与其他文化中诉诸法律的行为是相一致的,它与我们已经提到过的各种自杀行为都不一样。

定义。本尼迪克特最终选择了"高协同作用"(high synergy)和"低协同作用"(low synergy)这两个概念来代替了"安全"和"不安全"这两个概念,因为前者不那么规范化,更客观,更不容易带有个人理想和喜好的投射。她对这些术语的定义如下:

> 有没有什么社会环境与高侵犯性或低侵犯性相关呢?我们的基本计划在多大程度上能够实现,取决于社会形式能够在多大程度上促进彼此获益,以及能够在多大程度上消除集体中以损害他人利益为代价的行为和目标……从所有的比较资料中得出的结论显示,低侵犯性的社会具有这样的社会秩序,在这种社会秩序中,个人的同一种行为能够同时为自己的利益和集体的利益服务……低侵犯性的产生(在这些社会中)不是因为人无私地把社会责任放在个人愿望之上,而是因为社会安排使这两者变得相同。从逻辑上讲,生产——无论是种植甘薯还是捕鱼——都是一种普遍的利益,如果没有人为的制度来歪曲这一事实,那么每一次收获、每一次捕捞都会增加村庄的食物供应。一个人可以是一个好园丁,同时又是一个有益于社会的人。他和他的同胞都能受益……
>
> 我将谈谈低协同作用的文化,它的社会结构会助长彼此对立和对抗的行为;我也要谈谈高协同作用的文化,它会带来彼此促进的行为……我谈到过一些高协同作用的社会,那里的社会制度确保人们能从他们所做的事情中相互获益;

同时我也谈到过一些低协同作用的社会,在那里,一个人的利益是靠胜过另一个人的利益而获得的,而大多数没能获胜的人必须尽可能地进行转变。

这些高协同作用的社会里,社会制度的建立是为了超越自私与无私、利己与利他之间的对立。在那样的社会里,单纯的自私也必然会收到回报。高协同作用的社会是一个以德报德的社会。

我想讨论高协同作用和低协同作用的某些表现和某些方面。我将使用我在二十五年前做的笔记,我感到抱歉的是,我已经分不清这里面哪些是本尼迪克特的思想,哪些是我自己的思想了。多年来,我以不同的方式使用着"协同作用"这一概念,我和她的思想已经产生了某种融合。

原始社会中的高协同作用与低协同作用

财富的虹吸机制与漏斗机制。关于经济制度,本尼迪克特发现,那些公开的、肤浅的、表面价值之类的东西——例如社会是富是穷等——都是不重要的。真正重要的是,安全的、高协同作用的社会拥有她所说的财富分配的虹吸机制,而不安全的、低协同作用的文化则拥有她所说的财富分配的漏斗机制。我可以用比喻的方式简要说明一下漏斗机制:在那样一种社会安排下,能够确保财富吸引财富,即拥有财富的人被给予,没有财富的人被剥夺,使富有的人更加富有,使贫穷的人更加贫穷。相反,在安全的、高协同作用的社会中,财富往往会分散开来,像虹吸作用一样从高处流向低处,总是以某种方式从富有流向贫穷,而不是从贫穷流向富有。

北方黑脚印第安人在太阳舞仪式上的"散财"(give away),是我所见的一个关于虹吸机制的实例。在这个仪式上,全族人把自己住的圆锥形帐篷汇聚到一起,围成一个大圈。部落里的富人(那些因努力劳动而拥有较多积累的人)会积攒成堆的毯子、食物、各种各样成捆的物品,有时还会积攒一些看起来很寒酸的东西——我印象中有几箱百事可乐。富人把他在过去的一年里所能积攒的物品都堆积于此。

我记得当时看到一个人,在仪式中的某一时刻,按照平原印第安人的传统,趾高气扬地走着,炫耀着他的成就,他说:"大家都知道我曾做过什么,大家都知道我是如何做到的,大家都知道我是多么聪明,多么善于饲养牲畜,多么善于干农活,因此我积累下巨大的财富。"然后,他做了一个非常尊贵的手势,一个非常骄傲但又不会让人感觉受辱的手势,把这些堆积起来的财物散发给了寡妇、孤儿、盲人和患病的人。在太阳舞仪式结束时,他的所有财富都散发殆尽,除了身上的衣服,什么也没剩下。他以这种协同的方式(我不能说这是自私还是无私,因为这显然已经超越了自私与无私的对立),放弃了他所拥有的一切,但在这个过程中,他已经证明了自己是一个多么了不起的人,是多么能干,多么聪明,多么强壮,多么勤劳,多么慷慨,因而也是多么富有。

我记得当我进入这个社会时的困惑,因为我试图找出谁是最富有的人,但却发现富人一无所有。当我询问居住地的白人行政长官谁是最富有的人时,他提到了一个当地印第安人从未提到过的人,在记录名册里,这个人名下拥有最多的存货,最多的牛和马。但当我回到那些为我提供消息的印第安人中,问他们关于这个叫吉米·麦克休的人和他拥有的马匹的情况时,他们轻蔑地耸了耸肩,"他自己留着它们。"他们说。由此看来,他们从未把他视为富人。与之相比,受爱戴的酋长即使一无所有,也是"富有"的。那美德又会以怎样的方式得到回报呢?那些在正式场合表现慷慨的人是部落中最受钦佩、最受尊敬和最受爱戴的人。这样的人使整个族群获益,他们是族群的骄傲,他们温暖着整个部落人的心。

换句话说,如果这个受爱戴的、慷慨的酋长发现了一座金矿或者得到一笔意外之财,部落里的每个人都会非常高兴,因为他是慷慨大方的。如果他是个吝啬的人(这种情况在我们的社会中经常发生),那么情况就会像我们对待一个突然发了财的朋友那样,很容易使他与我们对立起来。在这种情况下，我们的制度会助长嫉妒、羡慕、怨恨、疏远，最终可能让彼此成为真正的敌人。

在本尼迪克特所说的财富虹吸机制中，这种"散财"是其中的一种形式。另一种形式是礼仪上的款待，就像在许多部落里那样，富人会让他所有的亲戚来做客，并照顾他们。这其中也会出现慷慨相助、互惠关系、分享食物的合作，等等。在我们自己的社会，我认为我们的分级收入和财产税也属于虹吸机制的例子。理论上，如果一个富人的财富增加了一倍，这对你我都是好事，因为其中的大部分都成了共同的财富（让我们假设它会被用来促进共同利益）。

就漏斗机制而言，实例有：过高的租金、高利贷利率（我印象中夸扣特尔人每年的高利贷利率高达1200%；相比之下，在一些文化里人们甚至都不知道高利贷利率是何物）、奴役和强迫劳动、劳动力的剥削、超高的利润、对穷人的征税比对富人的征税要高，等等。

我想，你可以看出本尼迪克特关于社会制度的意图、作用或偏好所抱有的观点。"散财"作为一种纯粹的行为，其本身是没有意义的。我认为从心理层面上来说也是如此。许多心理学家没有意识到，行为有时候是对心灵的一种防御，有时候也是心灵的一种直接表达。行为既是一种隐藏动机、情感、目的和意图的方式，也是一种揭示它们的方式，因此绝不能只看到行为的表面。

使用权与所有权。我们也可以看看财产所有权与实际使用权之间的关系。我有一个当地翻译，他的英文说得很好，曾在加拿大上过学，受过大学教育，因此他是富有的，因为在这种部落里，智力与财富的关系非常密切，即使在我们看来也是如此。他是那个社会里唯一拥有汽车的人。我们大部分时间都在一起，所以我能看到他几乎没有开过他的车。人们会过来问："泰迪，你的车钥匙呢？"他就会把车钥匙递过去。根据我当时的理解，拥有一辆车对他而言意味着要付油钱、要修理轮胎、要时常去解救那些被困在途中但又不知如何处理的人，等等。这辆车属于任何需要它并要求使用它的人。很明显，他拥有全社会唯一一辆车的事实给他带来的是一种骄傲、快乐和满足，而不是招致嫉妒、恶意和敌意。其他人会因为他有一辆车而高兴，如果有五个人有车而不是只有一辆车，大家也会很高兴。

给人安慰的宗教与令人害怕的宗教。协同作用也适用于对宗教制度进行区分。你会发现，在安全的、高协同作用的社会中，神、鬼、超自然的力量都是相当仁慈的、乐于助人的、友好的，有时甚至会以一种被我们社会中的人称为亵渎的方式行事。例如，在黑脚印第安人中，每个人都拥有一个自己的秘密神灵，那可能是一个他在山上看到过的幻象，而在实际生活中，这个神灵可能会在纸牌游戏中被唤醒。这些个人的神灵给人以极大的安慰，一个人完全可以在牌局的某个关键时刻要求暂停，然后到角落里和他的神灵商量一下是否出牌。另一方面，在不安全或低协同作用的社会中，神、鬼和超自然的力量一律都是无情的、可怕的。

我曾在布鲁克林学院（1940年左右）以一种非正式的方式在一些学生中检验了这种关系。在我设计的测试问卷中，有几十个年轻人被评定为安全的或不安全的。我以一种结构化的方式问了那些有宗教信仰的人这样一个问题：假设你从睡梦中醒来，以某种方式感觉到上帝来到了你的房间或者正在注视着你，你会有什么感觉？安全的人倾向于感到受到安慰和保护，而不安全的人则感到非常害怕。

如果扩大人群规模，你会在安全的或不安全的社会中发现类似的情况。西方观念中复仇之神与爱之神的对立表明，我们自己的宗教文献，是由一种你可以称之为安全的和不安全的宗教混合而成的。在不安全的社会中，拥有宗教权力的人通常会利用宗教来为其自身谋取私利，我们称之为自私的目的；而在一个安全的社会中，例如在祖尼族人的社会中，宗教权力会被用来祈雨或祈求庄稼丰收，被用来让整个社会受益。

这种心理意图或结果的对比，可以通过祈祷方式、领导风格、家庭关系、男女关系、性的表达方式、情感联结的方式、亲情或友情的风格等来进行区分。如果你能够感受到这种差异，那么你就应该能够准确地对这两种社会做出预测。我还要补充一点，我认为这对于我们西方思想而言是一种意料之外的冲击。高协同作用的社会会有消除羞辱的方法，而低协同作用的社会通常都没有。在后一种社会中，生活充满了羞辱、尴尬和伤害，它一定会是如此。在本尼迪克特所说的四个不安全的社会中，羞辱引发的怨恨持续存在，并且似乎永远不会结束；而在安全的社会里，有方法可以结束羞辱，就像还清你的债务从而获得解脱那样。

我们社会中的高协同作用和低协同作用

现在，你一定已经意识到，我们自己的社会是一个混合协同作用的社会。我们既有高协同作用的制度，也有低协同作用的制度。

例如，在我们的慈善事业中，高度协同作用广泛存在，这是在许多其他文化中完全没有的。我们的社会拥有一种非常慷慨的文化，而且常常以一种非常友好、非常安全的方式表现出来。

但另一方面，在我们的社会中也显然存在一些使我们彼此对立的制度，使我们必定成为对手，把我们置于一种不得不为了有限资源而斗争的境地。这就像零和游戏，一方是赢家，另一方必然是输家。

或许我可以用一个我们都很熟悉的简单例子来加以说明。大多数大学里所采用的评分系统，尤其是曲线评分，就会带来这种对立。我曾身处其中，所以我很清楚被置于兄弟们的对立面是什么感觉，他们得益我就会受损。假设我的名字是以 Z 开头的，而评分顺序是按字母顺序进行的，一个班共有六个人会得 A。当然，我只能坐在那里，祈祷我前面的人会得低分。每次有人得低分，对我来说都是好事；而每次有人得 A，都对我不利，因为它会降低我得 A 的机会。所以在这种情况下，很容易让人说出"我希望他被毙掉"这样的话。

这一协同作用的原理非常重要，不仅因为它有助于一种客观的比较社会学的发展，不仅因为它能够使这种比较社会学为一种超文化的价值体系开辟道路（通过这种价值体系可以评价一种文化及其内部的一切），不仅因为它为乌托邦理论提供了科学基础，而且还因为它能促进对其他领域更专门的社会现象的理解。

首先，在我看来，还没有足够多的心理学家，特别是社会心理学家，意识到某一领域正在发生伟大的和重要的事情，而对于这一领域甚至没有一个恰当的名称，或许我们可以称之为组织理论或工业社会心理学，又或者是企业理论或商业理论。大多数对这一领域感兴趣的人都会把麦格雷戈（McGregor）的《企业的人性面》(*The Human Side of Enterprise*)作为入门读物。我建议你可以把他所说的社会组织的Y理论看作高协同作用的一个例子，它说明了社会制度安排的可能性，无论是在企业中、在军队中，还是在大学里，如果以这样一种方式使组织中的人相互协调，人们就必然会成为同事和队友，而不是竞争对手。在过去的几年里，我一直在研究这样的企业，我向你保证，至少在某种程度上，可以用高协同作用的或安全的社会组织来描述它。我希望新兴的社会心理学家能够尝试使用本尼迪克特的概念来仔细对比这样两种组织，一种是高协同作用的，另一种是信奉资源有限论的，即"我多得，你必然少得"。

我还想向你推荐一下利克特（Likert）的新作《管理的新模式》(*New Patterns of Management*)，它集合了许多与我们称之为"工业组织的协同作用"的各个方面相关的广泛而细致的研究。在书中利克特甚至讨论了他所谓的"影响力派"（influence pie），试图解决一个他认为很难的悖论，即优秀的领班、优秀的领导者，以及那些在实际工作中成果突出的人，会更容易将自己的权力交给他人。你将如何解释"越放权就越有权"这样的事实呢？利克特对这个悖论的处理很耐人寻味，因为你可以看到一个西方人的思维在一个不太西方化的概念中挣扎。

我想说的是，有真知灼见的人如果不好好对待"协同作用"这一概念，那么乌托邦就不可能建立得起来。在我看来，任何乌托邦或优心态社会（我认为这个名称更合适），都必须有一套高协同作用的制度作为其基础。

个体中的协同作用

认同。协同作用的概念也可以应用于个体层面，应用于两个人之间的人际关系本质上。它给那种高级爱（high love）的关系下了一个非常恰当的定义，我称为"存在性的爱"（Being-love）。爱的定义是多种多样的，例如你的爱好就是我的爱好，或两个人的基本需要合二为一，或者你脚上生了疮疤我的脚也会感觉到痛，又或者你幸福我才会幸福。大多数关于爱的定义都暗示着这类认同。但这其中也存在着高协同作用的概念，即两个人以某种方式安排了他们的关系，一人受益另一人也受益，而不是一人受益另一人却受损。

最近一些针对美国和英国低收入阶层的性生活和家庭生活的研究，描述了他们所说的剥削关系，这显然是一种低协同作用的关系。在这样的家庭里总是有很多问题，比如谁当家、谁说了算、谁更爱谁，结论是谁爱得多谁就是傻子或者一定会受到伤害，等等。所有这些都是低协同作用的描述，意味着有益的东西是有限的，而不是无限的。

我认为认同的概念，不仅来自弗洛伊德和阿德勒，还有其他来源，可以在这个新的基础上得到延展。也许我们可以说，爱可以被定义为自我、个体和身份的拓展。我想我们在同孩子、同妻子或丈夫、同我们非常亲近的人在一起时，都有过这样的体验。我们会有一种感觉，尤其是面对无助的孩子时，你宁愿自己咳嗽也不愿让你的孩子在夜里咳嗽。孩子咳嗽比你自己咳嗽更让你痛苦，你更强壮，因此由你来承担咳嗽要好得多。很明显，这就是两个人之间在心理层面的融合。我认为，这是"认同"这个概念的另一个方面。

自私和无私的融合。在这里，我想跳过本尼迪克特。她似乎过多地谈论了自私和无私的线性连续、对立和二分。但我认为很明显的是，她在严格的格式塔的意义上创造了一个高级的统一体，并暗示了对这种二元对立的超越，这将证明，之所以存在二元性，只是因为它还没有发展到足够的统一。如果你试着去评价那些高度发展的、精神健康的、自我实现的人，你会发现，他们在某些方面是非常无私的，但同时在另一些方面是非常自私的。那些了解弗洛姆关于健康和不健康自私的研究，或者了解阿德勒所说的社会共同感（Gemeinschaftsgefühl）的人，会明白我的意思。对立、二分法和关于一方多得另一方就少得的假设，都将以某种方式消失。它们彼此融合，形成一个单一的概念，对这个概念我们目前还没有合适的称谓。从这个角度来看，高协同作用可以是一种对二分法的超越，是一种对立的双方融合为一个单一概念的例子。

认知和意动的整合。最后，我发现协同作用的概念对于理解个体内部的心理动力很有用。有时这种作用是非常明显的，比如把个体内部的整合看作高协同作用，而把病态的精神分裂看作低协同作用，后者就好比是一个人把自己撕裂开来并跟自己作对。

在诸多针对动物以及婴儿的自由选择所做的研究中，我认为可以借助协同理论来进一步提高理论表述的水平。我们可以说，这些实验证明了认知与意动存在着协同作用或融合。在这些情况下，我们可以说，头脑与心灵、理性与非理性都说着同一种语言，这时我们的冲动引导我们朝着一个明智的方向前进。这同样也适用于坎农（Cannon）的内环境稳态（homeostasis）概念，他称之为身体的"智慧"。

在某些情况下，那些特别焦虑、没有安全感的人常常会认为他们想要的东西必定是对他们不利的，比如好吃的东西可能会让人发胖。那些明智的、正确的或你应该去做的事情，很有可能是你必须强迫自己去做的事情。我们不得不强迫自己去做，因为我们很多人都有一种根深蒂固的假设，认为我们所希望的、渴望的、喜欢的、爱吃的东西，很可能是不明智的、不好的、不正确的。然而，关于食欲和其他自由选择的实验表明，事实是恰恰相反的，也就是说，我们更有可能享受对我们有益的东西。

最后，我将以弗洛姆的一句话来结束，这句话令我印象深刻，他说："疾病的本质是渴望得到那些无益于我们的东西。"

第十五章　对规范社会心理学家提出的问题[①]

请注意，你们在对研讨班内容进行表述时要体现实用性和可实现性，而不是描述那些梦想、幻想或希望实现的愿望。为了强调这一点，你们的论文不仅需要描述你认为的良好社会，而且还必须对实现它的方法进行说明。下一学年，这门课程的名称将改为"规范社会心理学"（Normative Social Psychology）。这是为了强调实证的态度在本课程中的主导性，这意味着我们将讨论程度、百分比、证据的可靠性、需要补充的信息、必要的调查和研究以及可能性等方面。我们不会在二分法、非黑即白、非此即彼、完美无缺、无法达到和不可避免（没有什么是不可避免的）上浪费时间。我们可以假定，改革是可能的，进步和改善也是可能的。但要在未来的某个时刻实现某个完美的理想，则是不大可能的，所以我们也就不费心去谈它了（退化和灾难也是有可能的）。通常来说，仅仅反对某事物是不够的，同时还应提出更好的替代方案。对个人和整个社会的改革、革命、改善的问题，需采取整体性的方法。此外，对个人和社会的改善没有必要区分孰先孰后，我们假定这种改善是可以同时进行的。

[①] 1967年春季学期，我在布兰迪斯大学高年级学生和研究生中开设了专题研讨班，本章内容是基于该研讨班中的一些要点的说明。除了为指定的阅读和论文提供假设、规则和问题的共同背景外，我还希望这些说明能够帮助研讨班的学生在经验和科学的领域开展工作。

研讨班的要点描述如下：乌托邦社会心理学为心理学、社会学、哲学或其他社会科学的研究生开设。讨论选定的乌托邦和优心态的著作。研讨班将关注经验和现实的问题：人性允许建立的最好社会是怎样的？社会能造就的最好人性是怎样的？哪些是可能的和可行的？哪些不是？

让我们做个假设：只有当我们对个人目标有了一定的认识时，规范性的社会思想才可能存在。这里的个人目标指的是想要成为什么样的人，并以此为标准来评价社会的合理性。我继续假设：好的社会以及任何试图获得改善的社会，其直接目标是社会中所有个体的自我实现，或与此近似的目标和标准。（那些强大而自由的人，即那些自我实现的人，最有可能在存在的水平上超越自我。而这其中必须考虑到社会安排、教育等方面，因为它们使这种超越更有可能。）这里的问题是：我们对健康的、理想的、超越的、完美的人是否有一个可信和可靠的概念？而且，这个规范性的思想本身也是有争议的。如果对人的改善没有概念，是否有可能去改善一个社会？

我认为，我们还必须掌握一些关于自主的社会需要（autonomous social requirements）的概念（这种需要与个体的心理内部或个体的心理健康及成熟度无关）。我认为，通过逐一改善个体而去改善社会，不是一种切实可行的方案。即使是最优秀的个体，当他处于恶劣的社会和制度环境下时，也会做出恶劣的行为。你可以建立一种社会制度来使个体互相残杀，你也可以建立一种社会环境来鼓励个体相互协作。也就是说，你其实可以创造一些社会条件，使一人获益另一人也获益，而不是一人获益另一人却受损。这是一个基本假设，值得讨论，也应该被验证。

1. 标准或准则是普遍的（对全人类都适用）？还是国家的（拥有政治和军事主权的国家）？还是亚文化的（一个国家或民族中的小群体）？还是家庭和个人的？我认为，只要还有独立的主权国家存在，世界和平就不可能实现。鉴于现今可能发生的战争（而且我认为只要有国家主权存在，这种战争就不可避免），任何规范社会哲学家都必须假定，从长远来看国家主权是有限的，比如就像联邦党人所倡导的那样。我认为规范性的社会思想家会一直自觉地朝着这个目标努力。但一旦假设成真，那么接下来的问题就是如何改善现存的单一民族国家？如何在国家内部进行区域划分，就像划分美国各州一样？如何对国家内部的亚文化群体（如美国的犹太人或华人）

进行分类？或者如何使每个家庭变得温馨宜人？甚至还包括这样的问题，即一个人如何使他自己的生活和环境变得更舒适？我认为所有这一切都可以同时发生，它们在理论上和实践上并不相互排斥。（在我的《优心态管理》(*Eupsychian Management*)一文中，我建议以"社会改善论：缓慢的变革理论"作为讨论的基础。）

2. **精选的或非精选的社会**。关于"优心态文化"（Eupsychia）的概念，可参见我的《动机与人格》(*Motivation and Personality*) 一书；另可参见我发表在《人本主义心理学杂志》(*Journal of Humanistic Psychology*) 上的《优心态文化——良好的社会》(Eupsychia—the Good Society) 一文；同时在我的《优心态管理》一文中也有一些描述。毫无疑问，我对优心态文化的定义是一种精选的亚文化，即它是由心理健康、成熟或自我实现的人及其家庭组成的。在乌托邦学说的历史上，有时会碰到这个问题，有时不会。我认为优心态文化的建立往往需要意识的参与。在你们的论文中，必须阐明你们讨论的是非精选的整个人类物种，还是精选的、有特定入选要求的小群体。此外，如果你明确选定了一个乌托邦群体，那么就必须清楚地说明你是如何排除或同化那些具有破坏性的个体的。你把个体保留在你精选的文化群体中，是因为他被你选进去了，还是因为他本身就属于这个群体？或者你认为你需要制定一些诸如流放或监禁的规定吗（比如针对罪犯、坏人等）？（基于你对精神病理学、心理治疗、社会病理学以及乌托邦历史的了解，你应该知道，任何非精选的群体中都存在着病态或不成熟的个体，他们会对群体起到破坏作用。但由于我们的选择技术还不够高，所以我的观点是，任何想要成为乌托邦或优心态的群体，必须要能够排除那些在选择中漏网的反乌托邦者。）

3. **多元化**。接受和运用体质和性格上的个体差异。在许多乌托邦社会中，似乎人人都是平等的，是可以互换的。但我们必须接受这样一个事实：人在智力、性格、体质等方面存在着很大的差异。如果你允许你的乌托邦里存在个性、特异性或个人自由，那么就必须详细说明你所考虑的个体差异的范围。在虚幻的乌托邦里，没有愚笨的人、没有精神失常的人、没有老糊涂等；此外，通常还会有一些关于理想的人的标准，这些标准是内在的、以一种隐蔽的方式存在着的。在我看来，从我们对人类变化的实际认识来看，这些标准似乎太过狭隘了。各式各样的人怎么可能符合同一套规则呢？你是否允许一种广泛的多元化存在，比如服装、鞋子等风格及款式的多元化，等等？在美国，我们允许人们在食物上有很广泛的选择，但在服装上可供选择的范围却很有限。傅立叶（Fourier）将他的整个乌托邦计划建立在充分接受和运用各种体质差异的基础上；而柏拉图的乌托邦里只有三种人。那么，你的乌托邦里需要多少种人？能否存在一个没有异类的社会？自我实现的概念是否使这个问题过时了？如果你接纳最广泛的个体差异以及性格和才能的多元化，那么这个社会实际上就能接纳大部分（或全部）的人性。自我实现是否意味着对特异性或异类的接纳？是多大程度的接纳？

4. 亲工业的还是反工业的？亲科学的还是反科学的？亲知识的还是反知识的？ 许多乌托邦都是梭罗式的、田园式的、农业式的，其中大多数都远离了城市、机器、货币经济、劳动分工等这些东西，并且也是反对这些东西的。你对此意见如何？如何实现分散化的、田园式的工业？与环境之间如何保持道家式的和谐？建立花园城市吗？建立花园工厂吗？在这样的社会里，是不是住房都挨在一起，因此不需要通勤了呢？现代技术是否必然会奴役人类呢？世界上很多地方都有一些人回归到农业中，可见这对一小部分人来说显然是可行的。但对整个人类来说，回归农业可行吗？但也有一些社区是以制造业为主，而不是基于农业或手工业。

在反科技、反城市的哲学中，有时会暗含着一种反智、反科学、反抽象的思想。在有些人看来，这些是去神圣化的、不自然的、脱离了基本的具体现实的、毫无血性的、与美及情感背道而驰的，等等。

5. 中央集权制的社会、计划的—社会主义的社会、分散的—无政府主义的社会。 有多少计划是可行的呢？中央集权是必须的吗？强制性是必须的吗？大多数知识分子对哲学的无政府主义知之甚少。①末那哲学的一个基本方面就是哲学的无政府主义。它强调权力的分散，而不是权力的集中，强调地方自治、个人责任等，它不信任任何形式的大型组织或大量的权力积累，也不把武力作为一种解决社会问题的方式，它与自然的关系、与现实的关系是生态的、道家式的。在一个社区中〔例如基布兹（以色列的一种集体社区）、弗洛姆式的工厂，或者合伙经营的农场或工厂，等等〕需要有多少个层级？社区中是否必须存在命令他人的权力？是否必须存在凌驾于他人之上的权力？执行大多数人意愿的权力？惩罚他人的权力？科学的社会可以被看作一个无领导的优心态"亚文化"的例子，这样的社会是非集权的、自愿的，同时又是协调的、有生产力的，并且拥有一个强力有效的道德准则（在起作用）。

6. 恶行的问题。 在许多乌托邦中，这个问题压根就不存在，因为我们要么希望它消失，要么就忽视了它。在这些乌托邦中，没有监狱，没有人会受惩罚，没有人会伤害其他人，没有犯罪，等等。但我的观点是，对于不良行为、精神病理性的行为、有害的行为，以及暴力、嫉妒、贪婪、剥削、懒惰、罪恶、怨恨，等等，必须自觉面对并加以管理。②恶的问题必须在个人内部和社会安排两方面进行讨论，也就是说，从心理学和社会学两个角度来进行讨论（而这也意味着从历史的角度来进行讨论）。

7. 不切实际的完美主义是危险的。 我认为完美主义（认为可能需要理想或完美的解决方案）是危险的。乌托邦的历史上显示出很多不切实际、遥不可及、非人性的幻想（例如，让我们所有人彼此相爱、让我们所有人平等地分享一切、所有人都必须在各方面受到平等对待、任何人都不能拥有凌驾于他人之上的权力、使用武力就一定是邪恶的、"世上没有坏人，只有不被爱的人"）。完美主义或不切实际的期望往往会导致不可避免的失败和幻灭，导致冷漠、沮丧，

---

① 对此我建议参看《末那》（*Manas*）杂志。
② 通向绝望和投降的捷径就是，相信在某个地方存在着某种方法，可以消除冲突、斗争、愚蠢、贪婪和个人嫉妒。——戴维·利连撒尔（David Lilienthal）

或对所有理想、所有标准化的希望和努力怀有强烈的敌意。也就是说，完美主义最终往往（是否总是？）会导致对标准化的希望的主动敌对。当完美被证明是不可能的时候，改善也往往成了不可能。

8．如何处理攻击、敌意、争斗、冲突？这些东西能够被废除吗？从某种意义上说，攻击或敌意是本能的吗？什么样的社会制度会助长冲突？什么样的社会制度会减少冲突？如果说因为存在不同的主权国家而使战争无法避免，那么在一个大一统的世界里，是否就不需要武力了呢？这样一个世界里，政府还需要警察或军队吗？我的一般结论是：侵略、敌意、争吵、冲突、残忍、施虐是普遍存在的，也许在精神分析师的躺椅上更常出现这些东西，它们通过幻觉和梦得以呈现。我认为每个人身上其实都切实存在或有可能存在攻击行为，在那些看不到任何攻击性的地方，我会怀疑是压抑、抑制或自我控制在起作用。我认为，当一个人从心理不成熟或神经症向自我实现或成熟发展时，他的攻击特质（the quality of aggression）会发生显著的变化。因为施虐、残忍或卑劣的行为作为攻击特质，是存在于未充分发展的、神经症的或不成熟的人身上的，但当这样的个体趋向于个性成熟和自由时，他的攻击特质就会转变为充满正义的愤慨、自我肯定、对剥削和支配的抵抗、对公正的热爱，等等。我也认为，成功的心理治疗也是沿着这一路径在改变攻击特质，即从残忍转变为健康的自我肯定。同时我还认为，口头表达攻击性会降低实际攻击行为的可能性。我认为可以依照这个思路去建立社会制度，从而使攻击行为出现得更多或更少。我认为年轻的男性比年轻的女性更需要一些发泄暴力的途径。有没有什么方法可以教年轻人明智地、以一种令自己满意同时又不伤害他人的方式来处理和表达他们的攻击呢？

9．生活应该多简单？应该如何合理限制生活的复杂性？

10．一个社会能允许个体、孩子、家庭保留多少隐私？能够有多少聚会活动、社区活动、联谊活动、社交活动、社区生活？能够有多少隐私、"任其自然"（let-be）、不打扰？

11．一个社会能够有多宽容？任何事都可以被原谅吗？什么是不能被容忍的？什么是必须受到惩罚的？一个社会对愚蠢、谎言、残忍、变态、犯罪等有多大的容忍度？在社会安排中，针对有智力缺陷的人、老人、愚昧的人、残疾人，等等，需要建立什么样的保护措施？这一点很重要，因为它提出了一个关于过度保护以及对那些不需要保护的人是否存在阻碍的问题，它可能会阻碍在思想、讨论、实验、特异性等方面的自由。同时它还提出了一个关于无菌环境（germfree atmosphere）的危险性的问题，那些描写乌托邦的人倾向于以某种方式清除所有危险和所有邪恶。

12. 公众的品位在什么范围内才能被接受？对于不赞同的事物，你能有多大的容忍度？对于堕落、破坏价值、"低级趣味"能有多大的容忍度？对毒瘾、酒精、致幻剂、香烟的容忍度呢？对于电视、电影、报纸有怎样的品位？据称，这些都是公众的需求，并可能与统计数据相差无几。你对统计学上的公众需求会有多大程度的干涉呢？你会平等对待卓越的人、天才、有才华的人、有创造性的人、有能力但却意志薄弱的人吗？你会对英国广播公司做什么？它应该总是说教吗？它应该在何种程度上反映尼尔森收视率？应该为不同的人设置三个频道还是五个频道？电影、电视节目等的制作者有责任去教导和提高大众的品位吗？这应该是谁的责任呢？或者这跟任何人都没有关系？对于同性恋者、性虐者、暴露癖、虐待狂和受虐狂，应该做些什么呢？可以允许同性恋者收养小孩吗？假设一对同性恋者在完全隐秘的情况下过他们的性生活，社会需要去干涉吗？如果一个性施虐狂和一个性受虐狂在私下里互相取悦，这是关乎公众的事情吗？能够允许他们公开彼此的身份吗？能够允许异装癖者在公共场合暴露自己吗？暴露癖应该受到惩罚、限制或监禁吗？

13. 关于领导者（及其追随者）、胜任者、优秀者、强者、老板、企业家的问题。我们有没有可能完全钦佩和爱戴那些（实际上）比我们优越的人呢？是否会又爱又恨呢？如何保护这些人免遭嫉妒、怨恨、"恶毒眼光"的伤害呢？如果所有的新生儿都被赋予完全平等的机会，那么在各种能力、才干、智力、力量等方面的个体差异就会在他们的一生中显现出来，对此应该做些什么呢？应该给那些更有才华、更有用、生产能力更强的人更多的奖励、报酬和特权吗？付给更强大的人更少的报酬（以金钱的形式），但给予他们一些非金钱的东西，即满足他们更高级的需要和超越性需要（比如允许他们拥有自由、自主、自我实现），这一想法在何处能够实现？对于首领、领导这类人来说，他们立下的甘于贫穷（或至少是简朴）的誓言要如何实现呢？企业家、高成就动机者、组织者、创始者、乐于管理他人的人、愿意领头的人、善于掌权的人，应该被赋予多少自由呢？如何让一些人自愿处于从属地位？什么人来收集垃圾？强者和弱者要如何相处？有才干的人与无才干的人是什么样的关系？拥有权威的人（警察、法官、立法者、父亲、首领等）要如何获得来自他人的爱、尊重和感激？

14. 永恒的满足是可能的吗？即刻的满足是可能的吗？作为讨论的基础，我建议你阅读本书第18章"低级抱怨、高级抱怨和超越性抱怨"；以及参看科林·威尔逊的著作中他所提出的对"圣·尼奥特边缘"（St. Neot margin）①的描述；还有赫茨伯格（Herzberg）的著作《工作与人性》（*Work and the Nature of Man*）。我们可以这样认为，即无论社会条件如何，对所有人来说，满足实际上都是一种暂时的状态，因此寻求永恒的满足是无用的。对此，我们可以把天堂、涅槃的概念与期待从财富、休闲、退休中得到的益处相比较。类似的发现是，解决"低级"的问题带来的满足感，远不及解决"高级"的问题和"高级"的抱怨所带来的满足感。

15. 男性和女性之间要如何相互适应、相互欣赏、相互尊重？大多数关于乌托邦的论述都是由男性书写的。女性对良好的社会会有不同的看法吗？大多数乌托邦主义者也都信奉男尊女卑，无论他们是否公开宣称过。总之，纵观历史，女性在大多数时候都被认为在智力、执行力、创造性等方面不如男性。目前，至少在发达国家，女性已经得到了解放，自我实现也成了可能，这将如何改变两性关

---

① 指的是当更加愉悦的刺激对意义感的产生不能奏效时，危机和困难就会产生意义感。——译者注

系呢？为了适应新的女性，男性需要做出什么样的改变呢？有没有可能超越简单的主导—从属的等级关系呢？优心态文化下的婚姻（例如在自我实现的男性与女性之间）会是什么样的呢？在优心态文化中，女性的职责和工作是什么？性生活会发生怎样的变化？如何定义女性气质和男性气质？

16. 关于制度化的宗教、个人的宗教、"精神生活"、价值生活、超越性动机的生活等问题。 所有已知的文化里都存在某种宗教，而且可能会一直存在。非宗教的、人文主义的或非制度化的个人宗教第一次成了可能。在优心态文化或一个小型的优心态社区里，会存在什么样的宗教生活、精神生活或价值生活呢？如果宗教团体、宗教制度、基于历史的宗教得以延续，它们将发生什么变化呢？它们与过去有何不同？如何培养和教育孩子走向自我实现、超越自我实现并趋向价值生活（精神的、宗教的，等等）？如何将孩子培养成优心态文化中优秀的一员？我们能否学习借鉴其他文化、民族学文献、高协同作用的文化呢？

17. 关于亲密关系团体、家庭、手足情谊、兄弟会、联谊会的问题。 对归属感、深层的联结感、在群体中面对面自由表达喜爱和亲密之情的需要，似乎是一种类本能的需要。很显然，这样的群体必须是小群体，不能超过五十或一百人。总之，情感的亲密在亿万人的范围之内是不太可能实现的。因此任何社会都必须以某种形式的亲密关系群体为起点，并自下而上地组织起来。在美国社会里，这种亲密关系群体是通过血缘关系进行组建的，至少在城市里是这样。此外，还有宗教团体、姐妹会、兄弟会。在训练小组和会心团体中，会对坦诚、相互反馈、诚实、努力建立友谊、情感表达以及亲密关系进行训练。有没有可能使这类事情制度化呢？一个工业社会往往是高流动性的，也就是说，人们会四处迁移。这是否必然会切断人与人之间的联结呢？群体中必须要有跨代的人吗？还是说群体中的人一定要年龄相仿？儿童和青少年似乎不具备完全自律的能力（除非他们在这方面经过了专门培养）。有没有可能存在一些纯粹的未成年人群体（里面没有父母或长辈）按照他们自己的价值观生活？

问题:可能存在没有性的亲密关系吗?

18. 有效的帮助者;有害的帮助者。有效的不帮助(道家式的不干涉)。菩萨。 假设在任何社会中,强者都希望去帮助弱者,或在任何情况下他们都不得不这样做,那么帮助他人(那些较弱小、较贫穷、能力较差、较不聪明的人)的最佳方式是什么呢?帮助他人并使之变得更强大的最好方法是什么呢?如果你是一个更强或更年长的人,你要怎样做才是明智的,不至于越俎代庖呢?如果你是富人,你如何帮助那些穷人呢?一个富国要如何帮助穷国呢?出于讨论的目的,我大致将"菩萨"定义为:(1)一个愿意帮助他人的人;(2)他认为当他自己变得更成熟、更健康、拥有更完满的人性时,他将会成为一个更好的帮助者;(3)他知道何时需要表现出道家式的不干涉,即不给予帮助;(4)他对他人是否接受自己帮助的意愿表示尊重;(5)他认为帮助他人是实现自我成长的一个好方法。这就是说,如果一个人希望帮助别人,那么一个非常可取的方法就是使自己成为一个更好的人。

问题:一个社会能吸纳多少不提供帮助者(non-helping persons)?(那些寻求个人救赎的人、隐士、虔诚的乞讨者、洞穴里的冥想者、远离社会独善其身者,等等。)

19. 性与爱的制度化。 我猜测,在较发达的社会中有这样一种趋势,即性生活从青春期(还没有结婚或其他关系的时候)就开始了。在一些"原始"社会中存在着类似的现象,比如,婚前的性乱交加上婚后的一夫一妻制。在这些社会中,因为性是可以自由获得的,因此选择婚姻伴侣不完全是出于性的原因,而是个人喜好和文化使然,比如为了生儿育女、为了劳动分工,等等。这种猜想合理吗?这意味着什么呢?在性冲动或性需求方面已经呈现出了巨大的个体差异,尤其是在女性中(美国文化中的女性)。认为每个人的性欲程度都相同,是不明智的。在一个良好的社会里,如何才能接受性欲的巨大差异呢?

在世界上许多地方,包括在许多乌托邦社群里,性、爱以及家庭习俗都在发生迅速转变,存在一些形式如乱交团体(promiscuity groups)、群婚制、"交换俱乐部"(swap clubs)、非法婚姻，等等[①]。目前已有各种社会安排被提出并在实际中进行了尝试，虽然从这些"实验"中产生的数据还不够充分，但总有一天它会被认真对待。

20. **关于选择最佳领导者的问题。**在我们的社会中有许多群体，比如青少年群体，他们似乎更倾向于选择坏的领导者而不是好的领导者。也就是说，他们选择的是那些会把他们引向毁灭和溃败的人，即那些失败者而不是胜利者，他们往往具有偏执的个性、变态的人格、狂暴的性格。任何良好的社会想要有所发展，都必须要能够选择那些在实际才干和能力上最适合这项工作的人作为领导者。好的选择要怎样得到促进呢？什么样的政治结构会将一个偏执的人推上权力的宝座？什么样的政治结构会减少或阻止这样的情况发生？

21. **什么样的社会条件最有利于促成完满的人性？**这是对人格—文化研究的一种规范性的表述。社会精神病学的新文献与这个问题相关，心理卫生和社会卫生运动的新文献也与之相关，此外，各种形式的团体治疗目前也正在尝试中，还有就是优心态教育社区（如伊萨兰学院）。这是关于如何使课堂更优心态的问题——对于中小学、大学以及教育整体而言——然后再扩展至其他的社会机构。优心态管理（或Y理论管理）就是这种规范社会心理学的一个例子。在这一理论体系中的社会和社会制度，如果有助于使人趋向于更完满的人性，那么就是"好的"；而如果会削弱人性，那么就是"坏的"或是"心理上致病的"。毫无疑问，社会病态和个体病态的问题必须加以讨论。

22. **健康促进团体能够作为一种自我实现的途径吗？**[②]有些人认为个人的利益必然与团体、机构、组织、社会——即文明本身的利益相对立。宗教的历史在很多时候都表明了，那些由于自己获得启示而去反对教会的神秘主义者之间存在着分裂。教会能够促进个体的发展吗？学校能够吗？工厂呢？

---

① 可参看罗伯特·里默（Robert Rimmer）的相关小说。
② 参阅关于优心态工厂、理念村（intentional community）等方面的资料。

23."唯心主义"与实用性、"唯物主义"、现实主义有什么关系？我认为较低级的基本需要会优先于较高级的需要，而较高级的需要又优先于超越性需要（内在价值）。这意味着唯物主义优先于"理想主义"，但他们都存在，是心理现实，是任何唯心主义或乌托邦思想必须要考虑的。

24.许多乌托邦设想了一个完全由理智的、健康的和有能力的公民组成的世界。即使一个社会最初只选择这样的个体，也会有一些人生病、衰老、虚弱或丧失能力。那么谁来照顾他们呢？

25.**我认为，废除社会的不公平将会导致"生物学上的不公平"。**这种生物学上的不公平包括遗传、产前以及出生的不平等，例如，一个孩子生下来就有一颗健康的心脏，而另一个生下来就有一颗不健康的心脏——这显然是不公平的。一个人比另一个人更有才华、更聪明、更强壮或更漂亮，也是不公平的。生物学上的不公平可能比社会的不公平更让人难以忍受，因为对社会的不公平更有可能找到解释。一个良好的社会能在这个问题上做些什么呢？

26.无知、错误信息、隐瞒真相、审查、盲目性是社会所必需的吗？某些真相是保留在统治集团内部的吗？独裁统治、仁慈与否，似乎都需要掩盖一些真相。哪些真相被认为是危险的（比如对年轻人而言）？杰斐逊式的民主需要完全了解真相。

27.许多现实的和幻想的乌托邦都有赖于一位明智的、仁慈的、精明的、坚定的、有效力的领袖，一位哲学家君王。人们能寄希望于此吗？[1]谁会选择这个理想的领袖？如何保证这个领袖位置不会落入暴君的手中？这是有可能保证的吗？好的领袖去世后会发生什么？对于每一个个体和无领袖群体而言，无领袖状态、权力分散、权力保留是否可能呢？

28.至少有一些成功的乌托邦社区[2]，一直以来都将私下或公开的忏悔、相互讨论、以诚相待、真实和反馈等构建到了文化坦诚机

---

[1] 参见斯金纳（Skinner）的《瓦尔登湖第二》（*Walden Two*）中的弗雷泽（Frazier）。

[2] 如布鲁德霍夫（Bruderhof）社区。

制（culture candor mechanisms）中。目前，在训练小组（会心团体）、优心态（Y理论）工厂和企业、各种类型的治疗团体当中，这种文化坦诚机制的确存在。见伊萨兰学院手册；一些著作，如《优心态管理》(*Eupsychian Management*)、《吃柠檬的人》(*The Lemon Eaters*)以及《应用行为科学杂志》(*Journal of Applied Behavioral Sciences*)和《人本主义心理学杂志》(*Journal of Humanistic Psychology*)已刊出的相关文章；等等。

29. 如何将热情与怀疑的现实主义（skeptical realism）**相结合？如何将神秘主义与实践中的洞察、良好的现实检验相结合？如何将理想化的、完美的，因而也是无法达到的目标（作为指引方向而被需要）与宽容接纳方法上不可避免的不完美相结合？**

第十六章　优心态文化①

首先，为了不引起误解，我必须承认自己一直过着一种非常闭塞的生活。我对这里发生的事情一无所知，我来这里的原因是想从另一个角度了解那些不像我这样闭塞的人是如何生活的，我想看看我能从中学到些什么。我的这份天真无知也许对你们而言是有用的，因为从我的视角出发也许能够注意到一些你们因为太习以为常而忽视的事物，也许仅仅把我的反应以及我所想到的一些问题告诉你们，就能够给你们带来一些帮助。

我的专业背景是一个从事理论和研究的心理学家。我过去也做过临床心理治疗，但情况与这里的极为不同，所用的方法和针对的人群也都不同，比如会针对大学生和有特权者。我花了一生的时间来学习如何谨慎对待别人，小心谨慎、柔和体贴，把他们当成易碎的瓷器一样对待。但在这里我发现了一件让我感兴趣的事情，那就是，有证据表明，也许我之前的整个态度都是错误的。把人看作脆弱易裂的茶杯，以及认为你不能大声对任何人说话，因为这可能会给他带来创伤或伤害，或认为如果你对他人大喊大叫，他们就很容易哭泣、崩溃、自杀或发疯——这些想法可能都已经过时了。

相反，在你们这个社群中，我认为人是非常坚强的，而不是脆弱的，人的承受能力很强。考验承受能力的最好方法就是直接接近问题本身，而不是拐弯抹角地靠近它们，或者小心翼翼地对待它们，

---

① 这篇文章由亚瑟·沃默斯（Arthur Warmoth）编辑，是基于1965年8月14日马斯洛在纽约州斯塔滕岛（Staten Island）的戴托普村（Daytop Village）所发表的一次即兴演讲。

或者试图从后面包围它们。应该直捣问题的根源。我建议将这种方法命名为"无废话疗法"（no-crap therapy），它的作用是清除防御、合理化、掩饰、借口和世俗的礼貌。你可能会说世界是半盲的，而我在这里看到的是视力的恢复。在这些社群中，人们将掩饰的面纱扯下来扔到一边，拒绝接受任何废话、借口或逃避行为。

我在谈话中一直向对方提问，并得知我这种方法效果还不错。有人自杀或崩溃了吗？没有。有人因为这种粗暴的对待而发疯了吗？没有。昨晚我亲眼见证了这一点。这是一种非常直接的谈话，并且效果很好。这与我一直以来所接受的训练是矛盾的，对于我这样一个长期致力于发现人类普遍人性的理论心理学家来说，这是极为重要的一个体悟。它提出了一个关于整个人类本性的真问题：人到底有多强大？他们能承受多少？最大的问题在于，人们能够接受多少诚实？接受诚实对他们有什么好处？有什么坏处？我想起了艾略特（T. S. Eliot）的一句话："人类无法容忍太多的真实性。"他的意思是，人无法直面这个问题。另一方面，你们在这里的经历表明，人们不仅可以接受诚实，而且它可能是非常有益、疗效显著的，它能够推动事情更快地获得进展。即便诚实会带来伤害，这一点也是千真万确的。

我从一个朋友那里听说，有个吸毒成瘾者曾经历了这种对诚实的接受。那是他生平第一次体验到了真正的亲密、真正的友谊、真正的尊重，也是他生平第一次体验到诚实和坦率，第一次感受到他能够做自己，而人们不会因此而杀了他。这是令人愉快的：他越是保持自己的本性，人们也就越喜欢他。这个吸毒成瘾者说了一些让我非常感动的话。他想到了一个自己非常喜欢的朋友，他觉得他这个朋友也许也能够从这种体验中受益，并且他说了一些听上去很疯狂的话："很遗憾他不是一个毒瘾者，否则他就能来这个美妙的地方了。"在某种程度上说，这是一个有点乌托邦的地方、一个世外桃源，在这里你可以得到真正的坦率、真正的诚实和诚实中所隐含的尊重，以及真切的团队合作体验。

在此我又有了另一个想法：这其中是不是包含了一些良好社会的

元素呢（而错乱、疯狂被挡在了外面）？多年前，我研究过北方黑脚印第安人，他们都是非常好的人。我对他们很感兴趣，和他们一起生活了一段时间，并逐渐开始了解他们。然而，我有一个有趣的体验。来居留地之前，我认为印第安人就像陈列在架子上的蝴蝶标本那样，只能供观察和研究，但渐渐地我的想法发生了改变。居留地的印第安人都是正派得体的人，而我随着对村里的白人（他们是我这辈子见过的最讨厌的混蛋）了解得越多，我就越感到矛盾——到底是谁在救济谁呢？谁在守护谁呢？就像在这个小型的良好社会里一样，所有东西都混淆在了一起。这不像是在制造拐杖来帮助谁，而更像是在沙漠中创造一片绿洲。

我的另一个想法是在午餐时的聊天中产生的，我们提出了一个关于"人类的普遍需要是什么"的问题。在我看来，有大量证据表明，人类最基本的需要只有几种而已，并不很复杂。第一，他们需要一种被保护感和安全感，在他们年幼的时候得到照顾，这样他们才会感到安全。其次，他们需要一种归属感，属于某个家庭、宗族、团体，让他们感觉到自己是其中一员，并理应如此。第三，他们必须拥有一种来自他人的喜爱之情，这会让他们感觉到自己是值得被爱的。第四，他们必须体验到尊重和自尊。基本就是这些。你可以谈论心理健康、谈论成熟和强大、谈论成长和创造性，但这些都是上述那些基本需要的结果——这些基本需要好比"心理药物"（psychological medicine），它们就像维生素一样是必需的。如果真是如此，那么大多数美国人其实都缺乏这些"维生素"。虽然有各种精心编造的手法来掩盖真相，但真相是，一般的美国公民在这个世界上没有一个真正的朋友，很少有人拥有心理学家所说的真正的友谊。从理想的意义上说，大多数的婚姻也是不美好的。你可以说我们所面临的各种问题，那些众所周知的麻烦——无法抗拒酒精、毒品、犯罪，无法抗拒任何东西——都是因为缺乏这些基本的心理满足。问题是，戴托普是否提供了这些心理"维生素"呢？今天早上，当我在这个地方闲逛时，我的印象是，戴托普确实做到了。记住这些"维生素"是什么：首先是安全，没有焦虑、没有恐惧；其次是归属感，你必须属于某个群体；接着是喜爱之情，你必须有喜欢你的人；最后是尊重，你必须得到别人的尊重。戴托普之所以有效，是不是正因为它提供了一个让这些感受成为可能的环境呢？

我有很多印象和想法涌上心头。我问了千百个问题，尝试了千百种想法，但这似乎都是这个问题的一部分。让我这么说吧：你是否认为这种坦率的诚实，这种有时听起来近乎残忍的直言不讳，提供了一个安全、喜爱或尊重的基础？这个过程会带来痛苦，它一定会带来痛苦。你们每个人都体验过了，你们认为这是个好主意吗？这里刚完成了对一个戒毒人员的访谈，我旁听了一下。那真是剑拔弩张，一点也不温柔，非常坦率、非常直接、非常生硬。你觉得这对你有用吗？我非常想要听到这个问题的答案。另一个问题是，这种每个人都相互连接、每件事都由这个群体来处理的独特运作方式，是否提供了一种归属感呢？这种归属感以前是否是缺失的呢？这种直截了当的诚实似乎不是一种侮辱，而是一种尊重。你发现了它，并接受了它真实的样子，这能成为尊重和友谊的基础。

我记得很久以前，那时团体治疗还没有出现，我听到过一位分析师的谈话，他也谈到了这种诚实。他所说的话在当时听起来很愚蠢，似乎显得他很残忍。他说的是："我把病人所能承受的最大焦虑加在他们身上。"你知道这意味着什么吗？病人能承受多少，他就让病人去承受多少，因为病人承受得越多，治疗进展就会越快。从我在此地的经验来看，这位治疗师的话似乎并不愚蠢。

这就引出了教育的概念，以及戴托普作为一个教育机构的概念。它是一片绿洲、一个小型的良好社会，它提供了所有社会都应该提供却没有提供的东西。从长远来看，戴托普提出了关于整个教育的问题以及文化如何利用教育的问题。教育不只意味着书籍和文字。戴托普的课程映射出一种更广义的教育，学习如何成为一个优秀的成年人，一个优秀的人。

（注意：说到这里，就此进行了一场讨论，其间马斯洛博士和戴托普的居民之间展开了生动活泼的互动。遗憾的是，许多居民有趣的发言没有被录下来,所以这个录音稿的其余部分只包含了马斯洛博士的评论,这些评论本身也是足够广泛而完备的,即使脱离了互动的背景,也是可以理解的。)

关于戴托普和自我实现理论。原则上,每个人都可以达到自我实现。如果每个人都未能达到,那一定是因为发生了什么事情打乱了这个过程。这里需要补充的一点是,对成熟、责任、美好生活的追求是如此强大,超出了我既往的认识,以至于一个人可以去承受你让他去承受的所有这些粗暴的东西。至少对某些人来说是这样的。这些人必须努力克服痛苦、尴尬,等等。这让我感到,一个人实现自我的需要比我所能意识到的还要更强烈。当然,这里的人是可以承受这一切的人。什么样的人是不能承受这一切的呢?有多少人会因为太痛苦而拒绝这种诚实呢?

关于责任的发展。赋予责任似乎是培养成年人的一种方法,假定他们能够承担责任,并让他们为此努力、奋斗。让他们自己解决问题,而不是过度保护他们、纵容他们或替他们包办事务。当然,另一种方法是完全忽视他们,但那是另一回事。我想,这里所发生的一切正是一种责任感的发展。你不需要听从任何人的废话,如果你必须做某事,你就去做。在这里似乎没有任何借口。

我可以举一个黑脚印第安人的例子来说明我的意思。他们是一些性格坚毅、有自尊心的人,而且是最勇敢的斗士。他们都是硬汉,敢于承担责任。如果你仔细观察他们是如何成长成这样的,我想那是因为他们很尊重自己的孩子。我可以给你们举几个例子。我记得一个蹒跚学步的孩子试图推开一间小屋的门,但那扇门又大又重,他不停地推,就是推不开。当然,要是美国人看到这个场景,一定会走过来帮他打开那扇门。但黑脚印第安人可以坐在那儿半个小时,看着那个孩子在那挣扎着推门,直到他最终弄开了门。这时这个孩子已经气喘吁吁、汗流浃背了,然后每个人都称赞他,因为他能够自己完成这件事。所以我想说,黑脚印第安人要比美国人更尊重孩子。

另一个例子是关于一个我很喜欢的小男孩泰迪的。他大约七八岁,通过对他的仔细观察,我发现从黑脚印第安人的角度来看,他是一个富有的孩子。他名下有几匹马和几头牛,还有一个装着特殊药材的药包。一个成年人想从他那里买那个药包,那是这孩子所拥有的最值钱的东西。我从他父亲那里了解到他当时是如何处理这桩买卖的。小男孩独自一人去到荒野中冥思苦想,他离开了大约两三个夜晚,在外面露宿,独自思考这件事。他没有征求父母的意见,他们也什么都没跟他说。回来后他宣布了自己的决定。我从中懂得了我们应该怎样对待一个七岁的孩子。

关于新的社会疗法。这个想法可能会成为你的职业兴趣。现在有一种新型的工作展现在你们面前,那是一种适合行动派的工作,这种工作需要经验,而不是书本上的训练。这种工作融合了老式的牧师和教师两种角色的任务。你必须关心他人;你必须喜欢和他们直接共事,而不是保持着一段距离;你必须对人性有尽可能多的了解。我建议称之为"社会疗法"。这种方法似乎是在过去的一两年里逐渐发展起来的。在这方面做得最好的人不是那些拥有高学历的人,而是那些真正闯荡街头的人,他们对自己有非常全面的了解。他们知道自己在谈论什么,他们知道在谈话中什么时候该推进,什么时候该放松。

有三分之一的美国人,以及世界其他地方大约98%的人,都可以说是"没有特权的人"(not privileged)。尝试去教文盲阅读,以及用精神病学的方法帮助人们变得成熟和承担责任,等等,这些工作还相当缺人。我的感觉是,虽然有事实证明参加一般的学术培训可能会对这类工作有所促进,但还不够。目前,这其中的大部分工作都被推到了社会工作者手中,而普通的社会工作者,就我对他们受训情况的了解而言,通常他们并不知道该如何去做,也就是说,他们缺乏实际的经验。因此,在一定程度上,最好是让那些经验丰富而不仅仅是受过培训的人来担任这些新机构的负责人。而戴托普令人感兴趣的一点就是,它的管理者都是些经验丰富的人。这里的人知道如何与处境相同的人交谈。这是一份工作,但这也可能成为一种新型的职业。

关于当前的社会革命。我可以举出一大堆例子来说明社会革命在不同领域中的情形。教会在发生变化，宗教也在发生变化。一场革命正在进行。各个领域的革命虽然进度不同，但都是朝着优心态的方向在发展，也就是说，朝着更完满的人性的方向在发展。沿着这个方向，人会成为他能够成为的更强大、更有创造性、更快乐的样子，能够享受生活，能够在心理和身体上更健康。你可以就正在出现的优心态宗教发表一些看法。我曾写过一本书叫作《优心态管理》，是讨论工作环境、职责、工厂等问题的，在那个领域也正在进行一场革命。有些工作场所里的整个环境设置对人性是有益的，这些规程能使人性得到发展，而不是受到削弱。

一些书籍、文章和调查也在以同样的方式探讨婚姻、爱情和性。所有这些都指向一种理想，告诉我们前进的方向，即一个人要尽可能地向高处生长，尽可能实现完满的人性，尽可能充分地发展。

目前的实际情况是，大多数社会仍然死气沉沉。但也涌现出了很多生长点，散布在不同领域里，你可以称之为"未来的浪潮"（the wave of the future）。你们知道，这里不是唯一一个在谈论这些话题的地方，还有许多地方也对这些话题津津乐道。我们对其他地方的情况鲜有耳闻，因为它们都是各自在发展。如果你有了一个绝妙的想法，或者如果我有了一个发现，并逐步发展出一些美妙的理念，那么我知道，如果我能将这些东西付诸实践，那么别人也能做到。这往往是对正在发生的事情的一种反应，越敏感的人反应会越迅速。

这样的革命也同样发生在教育领域。我认为，如果我们共同努力，把所有的经验都汇集起来，我们就有可能把整个该死的教育体系的外皮给剥下来，而且我们还可以重建它。我们可以对此提出很多很好的建议——我们将会拥有一个真正的教育体系。这是一项具有爆炸性的变革，因为它根植于人类的现实、人类的需要、人类的发展，而不是基于很久以前的、已经过时的传统遗留。

优心态教育到底是怎样的，仅用语言很难说清楚。我觉得你们可以利用我给你们的建议，把优心态教育当作一项开拓性的实验，去为此做出一些贡献。做起来吧，想象全世界都在看着你，期待着你的努力究竟会带来些什么——什么是有效的，什么是无效的；什么是好的,什么是坏的;什么是成功的,什么是失败的。

从某方面来说,我们能这样做是因为美国是这个世界上最富有的国家。我们可以坐在这里讨论问题,而不是在地里挖稻子或做类似的事情来维持生计。我们所做的并不算奢侈,但毕竟我们可以坐下来聊天,而这个地球上没有几个社会可以让你花这么多时间谈天说地而不会饿死。从这个意义上说,我们自己就像是某种开拓性的实验。你可以把你的经历当作一个实例,或者像生物学家所说的植物的生长顶端那样。当你感到乐观的时候,你可能会说,我所处的社会就像是植物的生长顶端,而不是另一个世界;当然,当你感到悲观时,看起来好像这个社会的各方面都是累赘,它是传统的、常规的、过时的。这在某种程度上取决于你的心境。我认为,不把它看作一潭死水,才是合理的。也许它正是人类的成长顶端。

关于会心团体。我向你们透露一下,我只参加过一次会心团体,就在昨天晚上,我不知道如果我长期参加这种活动,会做出些什么反应。从未有人如此直言不讳地对我,这与传统的大学教授的世界形成了鲜明对比。教职员会议与这种会心团体显然是完全不同的,对我而言,前者一点意义也没有,我总是会尽量避免去参加它——出于礼貌,在那种会议上没有人会发出嘲弄的嘘声。我记得有位教授,即使狗屎淹到了他的脖子,他也绝不会说出"狗屎"这个词。然而,在会心团体里却是完全不同的一番景象,昨晚的见闻有点令我震惊。在我的世界里,每个人都彬彬有礼,因为他们都想避免冲突。教职员里有许多谨小慎微的人——就像是具有男子气的"老姑娘"一样。我想,如果你们有机会参加我们的教员会议,并同那些教员有一次真正的"会心",那一定是一件大好事。那将会把整个事情弄得天翻地覆。我猜想,那一定是大有好处的。

一个重要的研究问题。我要在这里问大家一个问题。这是一个非常重要的问题,我猜你们还不会真的有答案。这个问题就是:为什么有的人会留下来而有的人不会?也就是说,如果把这个地方看作一种教育机构,那么它到底能给多少人带来多少好处?你希望有多少人接受这种教育?它又对多少人不起作用?要知道,没有来过的人是不能作为失败案例来计算的。

在这里，你们克服了障碍，克服了恐惧。那么你们怎么看待那些不能跨越这种恐惧的人呢？他们和你们之间有什么不同呢？这是一个实际的问题，因为将来从这里走出去以后，你们还会在其他地方经营类似的事业。那时你们就必须要面对如何使更多的人留下来这个问题。

关于心理治疗。对于精神分析以及个人心理治疗来说，也存在这样的问题。治疗师从自己的经验中发展出来的理论认为，直面问题会让病人远离治疗。因此治疗师所做的是在真正开始挖掘问题之前，先同病人在一种很温和的程度上工作几个月。他们试图先建立一种关系，然后再施加一点压力。那是与这里的情况完全相反的，这里没有人会等上六个月，强化治疗是即刻就开始的。所以，什么方法最好、对什么样的人最好、对多少人最好，这是需要解决的问题。与常规的精神分析治疗的过程相比，这里的一切似乎进展更快。

这让我想起了另一件事。我从小到大所接受的理论以及我在治疗中使用的理论都认为，告诉人们真相并没有多大好处，我们要做的是帮助他们去发现关于自己的真相。而这需要花费很长时间，因为真相并不是一个讨喜的东西，你不得不逐渐去面对它。我要告诉你们，与那个逐渐面对真相的过程相比，这里所做的是将真相和盘托出，直接推到你面前。没有人会坐等八个月，慢慢去发现关于自己的真相。至少留下来的人是能够接受这种方式的，并且这种方式似乎对他们也是有益的。然而这与整个精神病学理论是相矛盾的。

关于自我认知和治疗小组。顺便说一下，你们这里的治疗小组确实是有帮助的，但没人清楚其中的原因，大家只知道它确实是发挥了作用。我有大量的印象，但也还没有真正理清。我不清楚这其中是什么样的机制在起作用，这需要时间去思考。从我们昨晚的谈话中，我有一种很明确的感觉，那就是这个小组所反馈的东西是你在治疗师那里做一百年的精神分析治疗也无法获得的。谈论某人的样子和你在别人眼里的样子，然后让另外六个人对你给人的印象表示赞同与否，这是很有启发性的。也许只有你了解了自己在他人眼中的形象，你才有可能形成自己的同一性或真实的自我形象。这是一种新的假设。在精神分析中，这个假设是不成立的。精神分析不会考虑你在别人眼中的样子，你只能从自己的内在、从自己的梦想和幻想中去发现自己。

我有一种感觉，如果我待在这个治疗小组里，我会听到我以前从未听过的事情。这就好像是有一台坦率的电影摄像机，可以把我在别人眼中的真实样子呈现给我。然后我就可以掂量它、思考它，问问自己，他们说的是对的还是错的？这其中有多少是真实的？我有一种感觉，这会让我更了解自己。这种自我认识有助于对自我同一性的寻求。

你克服了痛苦并最终获得了自我认知，是一件很好的事。知道一些事情比怀疑它、推测它感觉更好。"也许他不跟我说话是因为我不好；也许他们那样做是因为我不好。"对于普通人来说，生活就是很多"也许"的连续。他不知道人们为什么对他微笑，也不知道人们为什么不那样做。不用去猜是一种很舒服的感觉，能够"知道"，是件好事。

第十七章　优心态管理

有一个基本的问题是：什么样的工作条件，什么样的工作，什么样的管理，什么样的奖励或报酬，将有助于人类本性的健康成长，以达到更完满和臻于至善的境界呢？也就是说，什么样的工作条件最有利于实现个人价值呢？我们也可以反过来问，假定有一个相当繁荣的社会和相当健康或正常的人，他们最基本的需要——在食物、住所、衣服等方面的满足——被认为是理所当然的，那么如何才能最好地利用这些人来为一个组织的目标和价值服务呢？对待他们的最好方式是什么？在什么条件下他们的工作会最有成效？什么样的奖励（金钱的以及非金钱的）才是最有效的？

通常来说，优心态的工作条件不仅有利于个人实现，而且对于组织的健康和繁荣，以及组织所提供的产品或服务的数量和质量的提高，都是有利的。

有关管理的问题（在任何组织或社会中）可以用一种新的方式来处理：如何在组织中设置社会条件，使个人的目标与组织的目标相融合？什么时候这是可能的？什么时候不可能，或是有害的？什么力量会促进社会和个人的协同作用？什么力量又会扩大社会和个人之间的对立？

这些问题显然触及了个人和社会生活中，以及社会、政治、经济理论中，甚至是一般哲学中最深刻的问题。例如，在《科学心理学》一书中，我论述了人本主义科学在超越既定的价值无涉的、机械论科学的限制方面的必要性和可能性。

我们也可以假设，建立在不充分的人类动机理论之上的古典经济学理论，可以通过接受人类具有高级需要（包括自我实现的冲动和对最高价值的爱）这一现实而发生变革。并且我确信，在政治科学、社会学以及所有人文社会科学领域中，也都存在类似的情况。

以上所说，并不是关于管理的一些新把戏，或一些"噱头"，或肤浅的技巧（这些技巧被用来更有效地操控人类，以达到并非他们所愿的目的）。这不是在教人去剥削他人。

确切地说，这是与正统价值体系相对抗的另一种新的价值体系，这一新体系不仅更有效，而且也更真实。它引出了一些真正革命性的发现，即人性被低估了，人类具有一种高级本性，和它的低级本性一样是"类本能的"。这种高级本性包括对有意义的工作的需要、对责任的需要、对创造性的需要、对公平和公正的需要、对做有价值的事情并把它做好的需要。

在这样的框架下，仅仅用金钱来作为"报酬"显然就是过时的了。诚然，低级需要的满足是可以用金钱买到的，但当这些需要已经得到满足时，人们就只会受到更高级"报酬"的激励了，例如归属感、爱、尊严、尊重、欣赏、荣誉以及自我实现的机会和对最高价值的培养——真、美、效能、卓越、正义、完美、秩序、合法，等等。

这里显然有许多值得思考的地方，不仅对于马克思主义者或弗洛伊德主义者，而且对于政治或军事独裁者、"专横"的老板或自由主义者来说，都是如此。

第十八章　低级抱怨、高级抱怨和超越性抱怨

整个过程的基本原理是这样的：人们可以生活在动机层次的不同水平上，也就是说，他们可以过高级的生活，也可以过低级的生活。他们可以在丛林中勉强维持生存，或者也可以生活在一个优心态的社会中尽享福祉，所有基本需要都得到满足，过着一种较高水平的生活，思考着诗歌或数学的本质或类似的东西。

判断生活的动机水平有各种不同的方法，例如，我们可以根据什么样的幽默会使人发笑来判断一个人所在的水平。生活在最低需要水平的人往往会觉得充满敌意和残酷的幽默很好笑，比如，被狗咬到的老妇人或被其他孩子捉弄的低能儿会引得他们发笑，如此之类。亚伯拉罕·林肯式的幽默——富有哲理的、具有教育意义的幽默——也会引人发笑，但不是那种捧腹大笑，这种笑与敌意或征服无关。生活在低需要水平的人根本无法理解这种高级的幽默。

投射测验也是判断动机水平的一种方法，在投射测验中，我们的动机水平可以通过各种症状和行为显露出来。罗夏墨迹测验可以用来揭示一个人正在积极追求什么，他的希望、需要和渴求是什么。所有已被充分满足的基本需要往往会被个体遗忘，并从意识中消失。从某种意义上说，被满足的基本需要就不复存在了，至少在意识中是这样。因此，一个人所渴望的、所想要的和所希望的，往往是在动机层次中呈现在他面前的东西。因此，专注于这一特殊的需要，就意味着他所有较低的需要都已经得到了满足，同时也意味着那些更高级的、超出他所渴望的需要还未进入到他的生活中，他甚至连想都没有想过。这是可以从罗夏墨迹测验中判断出来的，通过梦和

梦的分析也可以判断得出来。

同样地，我认为抱怨的水平——也就是说，一个人的需要、渴望和愿望的水平——可以作为一个人生活的动机水平的指标。如果我们在工业环境中对抱怨水平进行研究，那么它也可以用来衡量整个组织机构的健康水平，尤其是当样本量足够大时。

举个例子，对于生活在专制混乱的工业环境中的工人而言，恐惧、匮乏甚至单纯的饥饿都是确有可能的，这决定了工作的选择、老板的行为方式以及工人对接受残酷的顺从性，等等。这些充满抱怨、牢骚满腹的工人，他们最底层的基本需要往往得不到满足。在这一最低水平上，产生了对寒冷、潮湿、危及生命的事情、疲劳、简陋的住所以及所有这些基本生存需要的抱怨。

当然，在现代工业环境中如果遇到这样的抱怨，那就意味着极度的管理不善以及组织中极低的生活水平，因为即使在普通的工业环境中，这种低级抱怨也是很少出现的。从积极的方面来看，这种抱怨代表了一种超越了当前可获得物的愿望或渴望——当前可获得物几乎也是处于同样的低水平上。例如，墨西哥的工人可能会对安全与保障产生这种积极的抱怨，他们会抱怨被任意解雇，抱怨由于不确定当前的工作能持续多久而不能规划家庭预算，抱怨完全缺乏就业保障，抱怨工头的专横，抱怨为了保住工作而不得不忍受侮辱，等等。我想我们可以把低级抱怨定义为那些来自生理和安全水平的抱怨，以及来自集群性（非正式的社交群体）水平的抱怨。

高级需要主要表现在尊重和自尊这一水平上，涉及的问题包括尊严、自主性、自尊、来自他人的尊重、自我价值感、因个人成就而获得赞扬、奖励和信任，等等。这一水平上的抱怨大多涉及尊严的丧失、自尊或声誉受到威胁等。关于超越性抱怨，我所想到的是在自我实现的生命中拥有的超越性动机，更确切地说，这些超越性动机可以概括为存在性价值。这种对完美、公正、美好、真实性等的超越性需要也会在工业环境中表现出来，在工业环境中，人们很可能会抱怨效率低下（即使这不会影响抱怨者的收入）。抱怨者这样做，实际上是在声明他所生活的世界是不完美的（这不是一种自私的抱怨，是一种非个人的、利他的哲学家式的抱怨）。或者，他可能会抱怨没有获知全部的真相、所有的事实，或是抱怨在自由的交流中遇到了阻碍。

这种对真相、诚实以及所有事实的偏好不是一种"基本"需要，而是一种超越性需要，那些能在这个水平上进行抱怨的人，他们的抱怨就像奢侈品一样，这样的人必然过着一种非常高水平的生活。在一个愤世嫉俗的社会里，一个由小偷、暴君或卑鄙下流的人统治的社会里，是不会听到这样的抱怨的——那里只会存在较低水平的抱怨。对公正的抱怨也属于超越性抱怨，我在一个拥有良好管理体制的工厂里，看到由工人拟定的草案中出现了很多这样的抱怨，那里的工人们倾向于对不公正进行抱怨，即使这种不公正会给他们带来个人经济利益。另一种超越性抱怨是对于美德未得到奖赏，而邪恶却得到了奖赏的抱怨，而这也是对有失公正的抱怨。

换句话说，以上的一切都强烈地暗示着人类总是会抱怨。没有伊甸园，没有天堂，没有天国，只有短暂的极乐瞬间。因此无论给予人类什么样的满足，他们都不可能完全对这些满足感到满意。这本身就是对人性能达到的最高境界的否定，因为这意味着在此之后就没有改进的余地了——当然，这是荒谬的。我们无法去想象再经过一百万年的进一步发展才能达到这样的完美。人类总是把任何能够得到的满足、祝福、幸运揽入怀中，他们会因为这些福祉而开心一阵子。然后，一旦他们习惯了这些东西，他们就会将其忘记，并开始朝向未来去寻求更高的幸福，他们总是不安分，总感觉还有比现在更完美的事物。在我看来，这是一个永恒的过程，一直延续到未来，直到永远。

我特别强调这一点，因为我在管理学的文献中看到了大量的失望和幻灭，以及个别放弃了整个开明的管理哲学而退回到专制管理的案例，这些案例之所以发生，是因为员工缺乏感激之情或在工作条件变得更好时依然抱怨不断，而令管理者感到了极度的失望。然而动机理论告诉我们，永远不要指望抱怨会停止，我们唯有期待这些抱怨的水平会越来越高，也就是说，从低级抱怨发展到高级抱怨，最后达到超越性抱怨。这与我对人类动机的论述是一致的，我认为人类的动机是无止境的，会随着条件的改善而不断向着更高的水平发展。这也符合我对挫折水平的理解。也就是说，我不认为挫折总是不好的，我认为挫折也是有层次的，从低级挫折到高级挫折的发展是幸福、好运、良好的社会条件和良好的个人成熟度的标志。抱怨城市里的园艺项目，让妇女委员会对此进行热火朝天的讨论，抱怨公园里的玫瑰花园没有得到充分的照料，这本身就是一件美妙的事情，因为这表明了这些抱怨者的生活已经达到了某种高度。能够去抱怨玫瑰花园，说明你吃得饱、住得安适、不用害怕黑死病、不用害怕被暗杀、警察和消防队尽职尽责、政府执行力强、教育体制完善、地方政策良好，许多其他先决条件都已经得到了满足。关键在于，不能把高级抱怨简单地视为与其他抱怨一样，必须是所有的先决条件都已经得到了满足，这种高级抱怨才能在理论上成为可能。

如果一个开明而充满智慧的管理者对以上这些都有深刻的理解，那么他就会期望通过条件的改善来提高抱怨水平和上面提到的挫折水平，而不是期望条件的改善会使所有的抱怨消失。这样一来，当他们为改善工作条件投入了大量的心血、金钱和精力而抱怨仍在继续时，他们就不会感到幻灭和愤怒了。我们必须学会去发现的是：这些抱怨是否在动机水平上提高了？这才是真正的考验，当然，所有这些都是可以预期的。而且我认为我们必须学会对抱怨水平提高这件事感到欣喜，而不仅仅是满足于它。

这里有一些特殊问题显露出来，其中一个就是，什么是公正？什么是不公正？这里面涉及很多人际间的琐碎攀比和抱怨——可能是有人拥有一盏更好的台灯，或一把更好的椅子，或更高的工资，等等。这样的事情会变得极其琐碎，人们会计较他们办公桌的大小，或者要在花瓶里插一朵花还是两朵花这类的问题。通常我们不得不在特定意义上做出一种特殊的判断，来判断这种公正是超越性需要水平上的，还是仅仅是统治等级制度的外在表现（要在这个等级制度中奋力往上爬，试图获取更高的威望）。甚至这种公正也有可能像道尔顿（Dalton）的书中所描述的例子那样，根据上下文判断，他书中的公正映射出的是对安全的需要。我记得有个例子说：假如你发现老板的秘书对一个人态度友好，而对另一个人态度冷漠，那么这意味着后者将被解雇。换句话说，我们必须根据特定的事例去推测动机水平。

另一个问题可能更难处理，那就是尝试用动机来分析金钱的意义。在动机层次中，金钱几乎可以代表任何东西，它可以代表低级价值、中级价值、高级价值或者超越性价值。当我试图指出金钱所代表的特定需要水平时，我发现在有些情况下这是根本做不到的——当遇到这种情况时，我只能将其忽略，并认为这些情况是不可评价的，并且不再试图在动机层次中对它们进行评价。

当然还有一些其他情况也很难评价，也许最谨慎的做法就是不要对它们进行评价，把它们当作无用的数据放在一边。当然，如果你进行了一项工程浩大的、细致的、个性化的研究，那么你也可以回去重新访谈这些被试者，看看他们的某种特定的抱怨（比如关于金钱的抱怨）在动机的意义上究竟意味着什么。但在我目前的研究中，这是不可行、不可能甚至是没有必要的。尤其是当我们为了实验的目的而使用同一标准去评价两个组织（管理良好的工厂和管理不善的工厂）时，更是如此。

极端恶劣条件的意义。让我们来想一想极端的恶劣条件是什么样的。在管理学的文献中，看不到任何真正恶劣的条件，但这却是许多临时工人或非职业工人常常会面对的，他们身处其中，就如同身处战乱中一样。也许我们可以拿战俘营、监狱或集中营这类地方来做类比。或者以美国国内的那些微型企业为例，它们常常处于高度竞争和残酷的境况中，在那里，每一分钱都很重要，老板只有让员工流尽最后一滴血才能使企业生存下去，所以最终到了绝望的地步，员工就只能辞职，而老板则试图尽可能长时间地留住他们，在他们离开之前尽可能地榨取利润。我们不要妄加猜测，认为管理相对较差的大型企业都拥有"恶劣的条件"——事实上那根本算不上恶劣。想想吧，如果条件真的恶劣，那怎么会有99%的人都愿意花几年的时间，在我们国家管理最差的大型企业里谋得一份工作呢。对此，在做这类研究的时候，我们必须要有更广泛的比较。我认为，从我们自己的经历中收集一些极端恶劣条件的例子可能是可取的。

另一个复杂的问题。良好的条件有一个特征是近期才显现出来的，那就是，良好的条件虽然对大多数人有促进成长的作用，但对一小部分人也有不好的，甚至是灾难性的影响，对此我最初也感到很惊讶。例如，给予独裁主义者自由和信任，只会助长这些人的恶劣行径；给予依赖和被动型的人自由、放任和责任，会导致他们在焦虑和恐惧中崩溃。对于这一点我还了解得不够深入，因为我几年前才开始注意到它。但是在工作中记住这一点是有好处的。在我们尝试建立任何理论以及尝试做任何实验之前，我们应该收集更多的实际案例。打个比方，我们可以这样来理解这个问题：那些处于精神病态的人，他们当中有相当一部分人很容易被诱惑去偷东西，但他们可能从未意识到这一点，因为他们工作的环境一直在监视着他们，所以这种诱惑几乎从未到达过意识层面。但假设一家银行突然变得"自由"，取消了一切管控措施、解雇了侦探并信任其员工，那么，在十个或二十个员工中肯定会有一个人——我真的不知道有多大比例——会在他的意识里第一次受到偷窃的诱惑。如果他们认为自己可以侥幸逃脱惩罚，那他们中的一些人可能真的会做出偷窃的行为。

这里最重要的一点是，不要认为良好的条件必然会使所有人获得成长、成为自我实现的人，某些形式的神经症不会产生这样的反应，某些类型的体质或性情也不太容易产生这样的反应，并且，每个人与生俱来的那种恶（偷窃、施虐或其他的恶），都可能通过这些"良好的条件"（如被完全信任、拥有完全的荣誉感等）被激发出来。这让我想起了1926年到1927年我在康奈尔大学读本科时，荣誉制度（honor system）的运作方式。让我感到很惊讶的是，大约有95%（或更多）的学生对这个制度感到荣幸和高兴，而且这个制度对他们也非常有效。但总有1%到3%的人，这个制度对他们不起作用，他们利用所有这些良好的条件去抄袭、撒谎、作弊，等等。荣誉制度还不能普遍应用在诱惑太大、风险太大的情况下。

上述的所有观点和方法，原则上都可以应用于许多其他社会心理情境中。例如，在大学里，我们可以通过专职教师、行政人员和学生的抱怨水平来判断整个学校的开明程度。在这样的情境中，可能会有各种水平的抱怨，各种水平的对"满足"的追求。同样的道理也适用于婚姻，也就是说，你可以根据婚姻中抱怨的水平来判断婚姻是否美好或健康。一个妻子抱怨她的丈夫有一次忘记了给她送花，或者咖啡里放了太多的糖或者诸如此类的事情；另一个妻子抱怨她的丈夫打断了她的鼻子、敲掉了她的牙齿、弄得她伤痕累累，等等，这两种抱怨肯定不在同一个水平上。通常来说，孩子们对父母的抱怨、对学校或老师的抱怨，也都是如此。

我想我可以对这个问题做一个概括：从理论上讲，任何人际关系组织的健康或发展水平都可以通过评定抱怨水平来进行判断。要记住的一点是，无论婚姻、学校或父母是什么样的，都可以通过抱怨来获得改善的方法。我们也应认为，有必要将这些抱怨分为消极的和积极的。人们对于任何基本满足被剥夺、受到威胁或危害的情况，都会非常迅速、尖锐地表达不满，尽管当这些满足很容易得到的时候，人们根本不会注意到它们或把它们视为理所当然。这就像你去问一个人他的办公环境有哪些优点，他不会告诉你地板没有被水淹所以脚不会被弄湿，或者没有虱子和蟑螂出没，等等，因为他把这些都视为了理所当然，不会把它们当作优点。但如果这些理所当然的条件都消失了，那么他一定会抓狂大叫。换句话说，这些满足不会带来赞美或感激，纵使它们被剥夺时会引发强烈的抱怨。然而，另一方面，我们也必须谈论有改善作用的积极抱怨、投诉或建议，这些通常涉及动机层次的更高水平上有什么、前方有什么、接下来想要实现的愿望是什么。

我认为，要拓展这项关于抱怨的研究，一个简单易行的方法就是先去收集极端恶劣的老板和极端恶劣条件的真实例子。比如，我认识的一个装修工人——他恨透了他的老板，但他就是找不到更好的工作，因为在那个行业里没有更好的工作了——他的老板用吹口哨来招呼他，而不是称呼他的名字，这让他气愤不已。这种侮辱是长期的、故意的，让他几个月来越来越愤怒。另一个例子是我大学期间在酒店餐厅工作的经历。1925年前后，我在一家度假酒店申请了一份暑期服务生的工作，然后自己掏钱去了酒店，结果却被安排去做勤杂工，工资低得多，而且根本没有小费。在这种情况下，我完全被骗了——我没有钱回去，而且再找另一份工作已经太迟了。老板答应很快就让我当服务生，我相信了他的话。作为一个没有小费的餐厅勤杂工，我一个月的工资大约是十到二十美元。这是一份一周七天的工作，每天大约要工作十四个小时，没有休息日。此外，老板还要求我们这些员工承担制作沙拉的额外任务，因为他说负责这份工作的沙拉师傅要晚一两天才能到。我们做了几天额外的工作后，问他沙拉师傅在哪里，他说第二天就来。这样的事情持续了大约两周，但我越来越清楚，老板只不过是在欺骗我们大家，想通过这样的做法多捞点利润。

最后，到了7月4日国庆节的时候，酒店里有三四百名客人，我们被要求留下来熬夜准备一些样式很好看，但需要花费大量的时间的精美甜点。所有员工都聚在一起，同意了这样做，没有抱怨。但是我们在节日当天上完晚餐的第一道菜后，所有的员工都辞职了。当然，这对员工们来说是一个巨大的经济损失，因为现在再去找一份好的工作已经太迟了，而且可能已经找不到任何工作了。然而仇恨和报复的欲望是如此强烈，以至于这样做的满足感一直伴随着我，直到三十五年后的今天。这就是我所说的极端恶劣条件。

不管怎样，可以收集这类实例，并以此为基础列一份清单，以便让良好管理条件下的员工更加意识到他们的幸福（通常他们是不会意识到这种幸福的，他们会认为这是理所当然的）。也就是说，与其让他们自愿去抱怨，不如向他们提供一份恶劣条件的清单，问问他们是否发生了这些事情。例如，工作环境里是否有臭虫，是否太冷、太热、太吵、太危险，是否有腐蚀性化学物质溅到他们身上，他们是否遭受了人身伤害或攻击，是否有危险的设备但却没有安装警报装置，等等。任何一个人看到这样一份列有二百个项目的清单都会意识到，如果这二百个恶劣条件都不存在，这本身就是一件好事。

第六部分 存在性认知

第十九章 简论纯真的认知

"Suchness"是日语"sono-mama"的同义词〔在铃木（Suzuki）的书《神秘主义：基督徒和佛教徒》（*Mysticism: Christian and Buddhist*）中有所描述〕。字面上它的意思是指事物的"本来样子"（as-it-isness）。它也可以用英文后缀"-ish"来表达，比如tigerish，意思是如同老虎一样，或nine-year-oldish，或Beethovenish，或德语单词amerikanisch，意思分别是：就像九岁一样、就像贝多芬一样、就像美国人一样。这一切都是指用特殊性和特征性所定义的事物的整体性质或完形，使事物成为它本来的样子，赋予其独特的个性，使它有别于世上一切其他事物。

旧时的心理学词汇"quale"与"suchness"的意思是相同的。"quale"指那种无法定义或描述的特性，它使得红色与蓝色不同，我们感到不同，却说不出具体如何不同。红色的样子（reddishness）或红色的本性（the suchness of the red）与蓝色的本性（the suchness of the blue）是不同的。

在英文中，当我们说到一个特定的人时，有时也会暗示一些类似的东西，比如"他会如何如何"。这对我们来说意味着能够对这个人做出一些预期，即这符合他的本性，是他独有的特征，等等。

铃木在他的书第99页将"sono-mama"定义为"suchness"，并进一步解释说，这与统一的意识（unitive consciousness）意思相同，与"生活在永恒之光中"（living in the light of eternity）意思相同。他引用了威廉·布莱克（William Blake）的诗句，指出当他说"把无限握于掌心，让刹那收藏永恒"时，就是在说"sono-mama"。铃木在这里很明显地暗示了这种"suchness"或"sono-mama",与存在性认知是同一个意思。而且他也暗示了,看到事物的"sono-mama",从本来的样子去看事物,与具体的感知(concrete perception)是同一个意思。

戈尔茨坦对脑损伤的人的描述非常类似于铃木对"suchness"的描述,例如,他描述了脑损伤的人其色觉已还原到具体化,而抽象的能力则丧失了。脑损伤的人看到的不是一般分类意义上的绿色或蓝色,他们看到的每种颜色都有自己本来的样子,与其他任何东西都没有关系,不属于任何连续体上的一部分,不带有任何其他东西的影子,不比其他任何东西更好或更坏,不比其他任何颜色更深或更浅,似乎它就是世界上独一无二的颜色,没有任何事物可以拿来同它比较。这就是我所理解的关于"suchness"的一个要素(不可比性)。如果我的解读是正确的,那么我们必须非常小心,以避免把戈尔茨坦所描述的具体化与健康人那种非具体化的对新鲜和具体事物的感知相混淆。此外,我们必须把这一切同存在性认知区别开来,因为存在性认知不仅可以是对具体的"suchness"的认知,而且也可以是各种抽象意义上的认知,更不用说它还可以是对整个宇宙的认知。

此外,我们也需要将上述所有这些体验与高峰体验本身,或是铃木所描述的禅悟(satori)体验区分开来。例如,存在性认知常常在一个人拥有高峰体验的时候出现,但它也可能出现在没有高峰体验的时候,甚至可能来自悲惨体验。然后,我们还需要区分两种高峰体验和两种存在性认知。首先是巴克的宇宙意识,或者是各种神秘主义的宇宙意识,在这种宇宙意识中,整个宇宙都被感知,其中的任何事物都与其他事物有关联,包括感知者本人。我的被试者曾这样描述这一点:"我能看到我属于这个宇宙,而且我能看到我在宇宙中身处何处,我知道自己是多么重要,但同时也知道自己是多么的无足轻重和渺小,因此这让我变得谦逊,也让我感到自己很重要。""我绝对是这个世界不可或缺的一部分,我是这个家庭的一员,可以说,我不是在外面看,不是在与这个世界分离,不是在悬崖上看另一个悬崖,而是在事物的中心,我是在这个家庭里,在这个大家庭里,我属于它,而不是像一个孤儿,一个被收养的孩子,或一个从窗外往房子里看的人。"这是一种高峰体验,一种存在性认知,它必须与另一种体验明确地区分开来,后者会产生入迷的感觉,意识会极度地缩小变窄并聚焦到特定的知觉对象上,例如,聚焦到一张脸或一幅画上,或者聚焦到一个孩子或一棵树上,等等,在这种体验中,世界的其他部分被完全遗忘,而自我本身也被完全遗忘。在这个时候,对知觉对象有如此多的专注和迷恋,世界上的一切都被遗忘,以至于有一种超脱的感觉,或者至少是失去了自我意识的感觉,或者自我消失了,世界消失了,这意味着知觉对象变成了整个宇宙、整个世界。在这一时刻,它是唯一的存在。因此,所有用于观察整个世界的认知法则,现在也适用于观察这个令我们着迷、已然成为整个世界的知觉对象。这是两种不同的高峰体验和两种不同的存在性认知。铃木在他的书中也进一步谈到了这两种体验,但没有加以区分。有时候他会谈到在一朵小野花里看到整个世界;有时候他又会以一种宗教和神秘主义的方式谈论禅悟,认为那是对上帝、天堂或整个宇宙的认同。

这种意识变窄的入迷状态跟日本的无我("muga")概念很像。在这种状态下,你全神贯注地做你正在做的事情,不考虑任何其他事情,不犹豫、不批评、不怀疑、没有任何形式的压抑。这是一种纯粹、完美且完全自发的行为,没有任何阻碍。只有当自我被超越或遗忘时,才有可能进入这种状态。

这种无我状态在很多禅宗文献中经常被提到,似乎它与禅悟的状态是一样的。无我的状态就像是一个人全神贯注于当时所做的事情中,比如,全身心投入到劈木材这件事情上。禅宗信徒也常谈论无我,似乎它意味着与宇宙的神秘统一。但这两种说法在某些方面显然是非常不同的。

因此,我们也应该批判禅宗对抽象思维的攻击,禅宗认为,似乎只有具体的"suchness"才有价值,而抽象只能是一种危险。当然,我们不能同意这一点。这将是一种自愿的自我还原(self-reduction),

还原到具体上,这样做的不良后果戈尔茨坦已明确指出过。

出于这样的考虑,很显然,我们心理学家不能把具体的感知当作唯一的真理或唯一的善,也不能承认抽象仅仅是一种危险。我们应该还记得,我们曾描述过,只要情境需要,自我实现者是又能具体又能抽象的人,而且这样的人能从两种活动中都得到享受。

在铃木的书的第100页中,他用了一个很好的例子来说明这一点。一朵小花既被看作是它本来的样子(suchness),也被看作上帝,充满了天国的光辉,挺立在永恒的光明中,等等。很明显,这里的这朵花不仅以一种纯粹的具体的样子被看到,而且被看作排除了其他一切事物的世界的整体,或者以存在性认知的方式被看作整个世界的象征,也就是说,它是一朵存在之花(B-flower),而不是一朵匮乏之花(D-flower)。当花被看作存在之花时,那么永恒、存在的神秘、神圣的光辉等这一切都是真实的,一切都在存在领域里被看到,也就是说,看到这朵花就像是瞥见了整个存在领域。

接下来铃木又批评了坦尼(Tenny),因为在坦尼的诗中,他摘了一朵花,然后对它进行反思和抽象化,甚至是解析它。铃木认为这是一件坏事。他将其与日本诗人的做法进行了对比。如果是一位日本诗人,他不会摘下这朵花,也不会把它弄得支离破碎,他会让这朵花留在原处。我在这里引用铃木的书第102页的描述:"他并不会把它从周围的整体中分离出来,他以它的'sono-mama'的状态来思考它,不仅在它本身中去思考,而且在它所处的环境中去思考——尽可能广泛和深刻意义上的环境。"

铃木在第104页还援引了托马斯·特拉赫恩(Thomas Traherne)的说法。第一段引语很好地说明了统一的意识,即存在领域和缺失领域的融合,第二段引语也不错。但是在随后的第105页中,麻烦就出现了,铃木谈到了纯真的状态,他说这种状态就好像是统一的意识、暂时和永恒的融合,在某种程度上近似于特拉赫恩所描述的儿童那种原初的纯真状态。铃木说这是再访伊甸园,重返天堂,在那里,知识之树尚未结出果实。"是因为我们吃了知识的禁果才导致了理智化的习惯，但就方法而言，我们从未忘记最初的纯真所在。"铃木使这种圣经的纯真、这种基督教的纯真观和"sono-mama"的状态联系起来，和看到"suchness"联系起来。我认为这是一个非常严重的错误。基督教对知识的恐惧，就像伊甸园寓言中所说的那样，知识是导致亚当和夏娃堕落的原因，这种说法在基督教中一直是一种反智主义，一种对智者和科学家的恐惧；同时也是一种感觉，认为圣弗朗西斯（St. Francis）那种纯真的信仰、虔诚、简单，总比理智的知识要好些。在基督教传统的某些方面，甚至有一种感觉，认为这两者是互不相容的，也就是说，如果你知道得太多，你就不能有一个简单的、纯真的信仰，而信仰当然要好于知识，所以最好不要学得太多，也不要研究得太多，或不要当科学家之类。当然，在我所知道的所有"未开化"的教派中，也都是一致地反智、不信奉学习和知识的，就好像知识"只属于上帝而不属于人类"。①

但无知的纯真与明智或老练的纯真是不同的。此外，在具体感知及其认识事物本性的能力方面，儿童与自我实现的成人显然也是不同的。两者至少在这样的意义上是很不一样的：儿童还没有还原到具体，更没有学会抽象，他的纯真是因为他的无知。这和聪明的、自我实现的、年长的成人的"第二次单纯"或"第二次纯真"是很不相同的，这样的成人了解整个匮乏领域，了解整个世界，了解世界上的一切罪恶、竞争、贫穷、争吵和眼泪，但却能够超越它们，并能通过统一的意识去看到存在领域，在所有的罪恶、竞争、眼泪和争吵之中，看到整个宇宙的美。通过缺陷，或在缺陷中，他能看到完美。这和特拉赫恩所说的无知儿童的幼稚纯真是迥然相异的。儿童的纯真和圣人或贤人所达到的那种境界确实不同，后者已经在匮乏领域中走过一遭，同它做过斗争，吃过它的苦头，但又能完全超越它。

这种成年人的纯真或"自我实现式的纯真"可能与统一的意识

---

① 我推测，这个传说中的"知识"可能也意味着旧时性意义上的"知识"。也就是说，吃苹果可能意味着发现被禁止的性欲，并因此失去了纯真，而不是像传统解释中所说的意思。这或许也是传统基督教反对性欲的原因。

有重叠之处，甚至可能是同义的。在统一的意识中，存在领域和匮乏领域是相互融合和整合在一起的。这是一种方法，能够分化出健康的、现实的、有知识的和人性的完美，强大的、有力量的和自我实现的人能够在一定程度上达到这种完美，而这完全依赖于他们对匮乏领域的充分认识。这与儿童的存在性认知是完全不同的，儿童对这个世界一无所知，因而他们所拥有的可以称作是"无知的纯真"。这也不同于某些宗教人士的幻想世界，包括特拉赫恩，他们以某种方式拒绝了整个匮乏领域（在弗洛伊德的意义上），他们对它熟视无睹，不愿承认它的存在。这种不健康的幻想就像只感知到"存在"，而没有任何"匮乏"。这是不健康的，因为它仅仅是一种幻想，或者它仅仅是基于否认或幼稚的无知，缺乏知识或经验。

这相当于辨别和区分出高级涅槃和低级涅槃、向上的统一和向下的统一、高级退化和低级退化、健康的退化和不健康的退化。对一些宗教人士来说，具有诱惑力的是把对天堂的感知或对存在世界的感知变成向童年或向无知的纯真的倒退，或者是退回到尝知识禁果之前的伊甸园。说来说去都是一样的道理。这就好比说，只有知识才会让你痛苦。这就意味着——"变得愚蠢些、无知些，那样你就永远不会再有痛苦。"或者"那时你将进入天堂，那时你将进入伊甸园，那时你就远离那个充满眼泪和争吵的世界了。"

但这是一个普遍的原则，即严格地说，"你不能再回去"，你不能真正倒退，成年人不能再变回孩子。你不能"撤销"知识，你不能真的再次变得纯真起来。一旦你看到了什么，你就无法收回看到的东西。知识是不可逆的，感知是不可逆的，认识是不可逆的。从这个意义上说，你不可能再回去了，即使完全放弃你的理智或力量，你也无法真的倒退。你不能渴望神话中的伊甸园，假如你是一个成年人，你也不能渴望再有童年，因为你无法得到它。人类唯一可能的选择就是理解向前发展和成长的可能性，向前发展到"第二次纯真"，发展到成熟的纯真，发展到统一的意识，发展到能够理解存在性认知，这样才有可能立足于匮乏领域中，也只有这样才能超越匮乏领域。只有通过真正的知识、通过成长、通过完满的成年，才能实现超越。

因此,有必要强调以下"suchness"的区别:(1)还原到具体化的人,包括脑损伤的人;(2)尚未发展到抽象化的儿童的具体感知;(3)健康成年人的具体感知,它与抽象感知是可以共存的。

这种说法类似于华兹华斯(Wordsworth)的自然神秘主义。把儿童作为自我实现的模型确实是不恰当的;此外,儿童也不是存在性认知、具体感知或者"sono-mama"的好模型。这是因为儿童没有超越抽象,甚至还没有达到抽象。

对于埃克哈特(Meister Eckhart)大师、铃木以及许多其他宗教人士来说,他们是通过完全否认暂时而对统一的意识(永恒与暂时的融合)进行定义的。这些人几乎总是否认世界的现实,而倾向于把神圣的、永恒的或神一般的世界当作现实来对待。但我们必须在暂时中才能看到永恒,在世俗中看到神圣,在匮乏领域中看到存在领域。再无其他的观察途径,因为没有任何存在领域处于地理学意义上的彼岸某处,或与我们所在的世界完全不同,是某种世外之物,或是亚里士多德哲学意义上的"非世界"(not-world)的某种东西。只有我们的这个世界,只有一个世界。而融合"存在"和"匮乏",实际上就是要能够对这个世界同时保留"存在"的态度和"匮乏"的态度。如果我们使用其他任何说法,我们就会落入另一个世界的陷阱,终结在九霄云外的天国寓言中,就像那里有另一座房子或另一个房间,我们可以看到、感觉到、触摸到,在那里,宗教变成了彼岸的、超自然的,而不是现世的、人本主义的、自然主义的。

这里需要强调说明,谈论存在领域和匮乏领域其实是谈论对同一世界的两种感知、两种认知和两种态度,而并不是在谈论实际物理空间或实际物理时间中的两个分立的、隔开的领域。说统一的态度而不说统一的意识可能更恰当些。如果我们把存在性认知和匮乏性认知仅仅看成是两种认知态度或风格,就可以消除这种混淆,而在铃木的书中可以看到这种混淆的例子,他在书中认为有必要讨论轮回、化身、再生、灵魂,等等。这是把这些态度转化为真实的客观事物的结果。如果我们把这两种认知视为态度,那么这些轮回等等就完全不适用于这种新的感知方式,这种感知就像是一个人在学完一门音乐结构课后对贝多芬交响乐有了新的认识。这也意味着,贝多芬交响乐的意义或结构在课程开始之前就已经存在了,只是现在感知者的无知被消除了。现在,他能够感知到了,他有了正确的态度,知道该寻求什么以及如何寻求,并且能够看到音乐的结构和内涵,感知到贝多芬想要表达和传达的是什么,等等。

第二十章 再论认知

世界的存在性认知与匮乏性认知的特征比较[1]

存在性认知	匮乏性认知
1. 被视为整体的、完整的、自给自足的、统一的。一种是巴克的宇宙意识，即整个宇宙被感知为一个单独的事物，感知者本人也属于其中；一种是人、物或所见世界的一部分被视为了整个世界，即世界的其他部分被遗忘了。对统一性的综合感知。感知到世界或事物的统一。	1. 被视为部分的、不完整的、非自给自足的、依赖于其他事物的。
2. 排他地、意识完全变窄地关注；专心致志、入迷、全神贯注。不区分主体和背景。有丰富的细节；全方位地观察。"关切"地看，完全地、强烈地、彻底地投入。聚精会神。相对重要的变得不重要；各方面都同等重要。	2. 同时关注所有相关的原因。明确区分主体和背景。作为世界的一部分，被视为处于与世界上其他所有事物的关系中。标签化；仅关注某些方面；选择性地注意或选择性地不注意某些方面；随意关注，仅从某些角度出发去关注。
3. 不做比较。在自身中，通过自身看到自身。不与其他任何事物竞争。此类中的唯一成员（就哈特曼的意思而言）。	3. 位于一个连续体上或一个系列当中；要做比较、判断、评估。被视为一个类中的一个成员、一个实例、一个样本。

---

[1] 这是马斯洛对《存在心理学探索》第6章的完善，并参见该书第7章关于高峰体验中存在性认知者（自我）的特征。

续表

存在性认知	匮乏性认知
4. 与人类无关。	4. 涉及人类关注的问题,例如:它有什么好处,它可以用来做什么,它对人是有益的还是有危险的,等等。
5. 经由反复体验而变得更加丰富。越来越深刻的感知。"事物内部的丰富性"。	5. 经由反复体验而变得贫乏,丰富性降低,趣味性和吸引力降低,事物的需要特性丧失。熟悉导致了厌倦。
6. 感知被视为是非必需的、无目的的、无欲求的、无动机的。感知似乎与感知者自身的需要无关,因此感知对象可以被视为是独立的,有其自身的权利。	6. 有动机的感知。感知对象被视为需要的满足品,是有用的或无用的。
7. 以感知对象为中心。忘我、超越自我、无私、公正。是中心性的。感知者与感知对象的同一与融合。全神贯注地投入到体验中,以至于自我消失了,这样一来,整个体验就以感知对象为中心点,围绕感知对象组织起来。感知对象不受影响,不与自我混淆。感知者的自我牺牲。	7. 体验以自我为中心组织起来,这意味着把自我投射到感知对象上。不仅仅是对感知对象的感知,还包括了对感知者的自我的感知,是一种混合的感知。
8. 感知对象被允许做它自己。谦逊的、接纳的、被动的、无选择的、不强求的。道家式的,对事物或感知对象不予干涉。顺其自然地接纳。	8. 感知对象由感知者主动塑造、组织和选择。他改变它,重新安排它,把它作为加工的对象。这肯定比存在性认知更令人疲劳,而后者或许还能治疗疲劳。不断尝试、追求、努力。意志、控制。
9. 被视为目的本身。自我验证。自我证明。具有内在的趣味性。具有内在价值。	9. 被视为一种手段,一种工具,没有自身的价值,只有交换价值,或是为了其他事物而存在,又或是为了到达其他某处。

续表

存在性认知	匮乏性认知
10. 超脱于时间与空间。被视为永恒的、全宇宙的。"瞬间即永恒，永恒即瞬间。"感知者迷失于时空中，意识不到周围环境。感知对象与周围环境无关。超脱于历史。	10. 在时间与空间之中。暂时的，局部的。在历史中，在物质世界中。
11. 存在的特征被感知为存在的价值。	11. 匮乏性价值是手段的价值，即是否有用、是否可取、是否适合于某一目的。评价、比较、谴责、赞成或不赞成、判断。
12. 绝对性（因为永恒与无限，因为脱离了地表，因为被看作它本身，因为世界的其他地方和历史都被遗忘了）。这与对过程的感知是一致的，在感知中存在着变化和活跃的组织——但它严格处于感知范围内。	12. 与历史、文化、性格、局部价值、人的利益和需要有关。感觉它正在流逝。它的真实性取决于人；如果人消失了，它就会消失。整体上从一种症候群转变为另一种症候群，即有时和这个症候群有关，有时又和那个症候群有关。
13. 两极化、对立、冲突的解决。矛盾双方被认为是同时存在的，是合理和必要的，即被看作一种高级的统一体或整体，或处于高级的整体之中。	13. 亚里士多德的逻辑，即分离的东西被视为是割裂的、相互隔绝的、彼此非常不同，相互排斥并常常存在着利益冲突。
14. 具体地（并抽象地）感知。所有方面同时被感知。这种感知用普通的语言是无法描述的，如果一定要描述，那只能借用诗歌、艺术等手段，但即使是这样，也只有拥有过这种体验的人才能够理解。这种感知本质上是审美体验（就诺斯罗普①的意思而言）。非选择性的偏好或分选。感知事物本来的样子（这种感知与幼儿、不成熟的成人或脑损伤者的具体感知是不同的，它能够与抽象能力并存）。	14. 只有抽象的、分类的、图表的、标签化的、公式化的。分门别类。"还原到抽象"。

---

① 诺斯罗普·弗莱（Northrop Frye），加拿大文学批评家。——译者注

续表

存在性认知	匮乏性认知
15.独特的感知对象;具体的、唯一的实例。分类是不可能的(抽象方面除外),因为它是此类的唯一成员。	15.常规的、一般的、统计上的合法性。
16.内部世界和外部世界之间动态同构性的增进。当人感知到世界的存在本质时,他也同时在接近自己的存在;反之亦然。	16.同构性降低。
17.感知对象通常被认为是神圣的、圣洁的、"非常特别的"。它"需要"或"呼吁"敬畏、崇敬、虔诚和惊奇。	17.感知对象被认为是"常规的"、日常的、普通的、常见的、不特别的、司空见惯的。
18.世界和自我常常(但不总是)被视为有趣的、好玩的、幽默的、滑稽的、好笑的,但同时也是深刻的。欢笑(是与泪水相接近的)。哲学式的幽默。世界、人、孩童,等等,被视为是可爱的、好笑的、迷人的、讨喜的,可能会同时引发欢笑和泪水。喜剧和悲剧二分法的融合。	18.如果有幽默的话,也是低级幽默。与有趣的事情很不相同的严肃的事情。怀有敌意的幽默、毫无幽默感。严肃。
19.无法互换。不可替代。没人能够取代。	19.可以互换。可以替代。

纯真的认知(作为存在性认知的一个方面)

纯真的状态;即在纯真的人看来,一切都有同样的可能性,一切都同等重要,一切都同样有趣。想要真正理解这一点,最好的方法就是像儿童一样去看待它。例如,对儿童来说,"重要"这个词一开始并没有任何意义,那些引人注目的、闪亮的或偶然抓住眼球的事物，与其他事物是同等重要的，这里似乎只存在环境的最初结构和分化（什么凸显为主体，什么退化为背景并成为基础）。

如果一个人不抱有期待，没有预期或忧虑，从某种意义上说未来是不存在的，因为儿童的各种活动完全发生在"此时此地"，那么就不会有惊喜，也不会有失望。每件事情发生的可能性都一样大。这是一种"完美的等待"，不期待某件事发生而另一件事不发生，不去预知什么。没有预测就意味着不会有担心、焦虑、恐惧或不祥的预感。例如，任何孩子对疼痛的反应都是完全的，没有任何抑制和控制，整个机体都在痛苦和愤怒地吼叫。在一定程度上，这可以理解为一种对"此时此地"的具体反应。因为没有对未来的期望，因此也就没有对未来的准备，没有预演和预感。当未来是不可知的，也就不会有任何渴望之情（如"我等不及了"），当然也不会感到急不可耐。

无论发生什么事情，儿童都会完全无条件地接受。儿童拥有的记忆不多，也很少依赖于过去，因此他们很少把过去带到现在或未来。其结果是儿童完全活在当下，或者可以说是全然的纯真，或完全不带有过去和未来。用上述这些方法能够进一步界定具体感知以及（儿童的）存在性认知，也能进一步界定成熟的成年人所具有的存在性认知（这类成年人成功实现了"第二次纯真"）。

这一切都与我所说的创造性人格的概念有关，我认为拥有这样人格的人完全活在当下，不带有过去和未来的影子。另一种说法是"有创造性的人是纯真的人"。一个纯真的人可以是一个成年人，但他仍然能像孩子一样去感知、思考或做出反应。正是这种纯真在"第二次纯真"中得到了恢复，或者我将其称为智慧老人的"第二次天真"（他已然恢复了孩童般的能力）。

纯真也可被看作对存在性价值的直接感知。就像安徒生童话中的那个男孩，当所有成年人都受到愚弄，认为皇帝穿着衣服时，他能够看出皇帝没有穿衣服。

行为上的纯真，指的是全神贯注或入迷时的不自觉的自发性，即自我意识的匮乏,这意味着忘却了自我或超越了自我。这时,行为完全是由对自我之外的有趣世界的入迷而组织起来的,这意味着"不试图对旁观者施加影响",没有诡计或预谋,甚至没有意识到自己也是被审视的对象。这样的行为是纯粹的体验,而不是为了达到某些人际目的的手段。

第七部分　超越与存在心理学

第二十一章　超越的各种意义

1. 超越的其中一种意义是自我意识、自我觉察的丧失。这是一种忘我心境，它源于全神贯注、入迷和专心致志。从这个意义上说，冥想或专注于自己心灵之外的事物会产生自我遗忘，从而导致自我意识的丧失，这是特定意义上的自我超越或对意识自我的超越。

2. 在超越心理学的意义上，超越指的是超越自己的皮肤、身体、血液，就像认同存在性价值并将其视为自我本身的内在价值一样。

3. 超越时间。举个例子来说，我有次在参加学生的毕业典礼时感到了厌烦，对于自己身着学位服感到有点可笑，然而在某个瞬间，我突然产生了一种感觉——我是这永恒境界中的一个象征，而不是在当下这个特定时刻、特定地点中的一个无聊又恼火的人。在我的想象和幻象中，学术的队列一直延伸到很远很远的未来，远到我无法望到尽头，它以苏格拉底为起点，我想，这意味着，在我之前早已有很多人在此矗立过，而我是所有这些伟大学者、教授、智者的继承者和追随者。接着，在想象中我又看到学术队列从我身后延伸出去，进入模糊朦胧的无限之中，那里有尚未出生的人，他们也将加入这支由学者、智者、科学家和哲学家组成的队列。这支队列让我激动不已，我感受到了它的庄严，感受到了我身上的学位服的荣耀，我甚至为自己能成为这支队列中的一员而感到无比光荣。也就是说，我变成了某种象征，代表着某些超越我自身的东西。我不仅仅是我自己这个个体，我还具有永恒教师的"角色"，具有柏拉图式导师的本质。

这种对时间的超越在一种意义上是真实的，那就是，我可以以一种私人之间充满深情的方式，与斯宾诺莎、亚伯拉罕·林肯、杰斐逊、威廉·詹姆斯、怀特海等人友好相处，仿佛他们还活着一般。这就是说，在特定的方式下，他们"确实"还活着。

人还可以在另一种意义上超越时间，那就是为尚未出生的子孙后代或其他继承人而努力工作。关于这一点，艾伦·惠利斯（Allen Wheelis）的小说《探索者》（*The Seeker*）中有所描述，故事中的英雄在临死时想到，他能做的最好事情就是为子孙后代种树。

4. 超越文化。在一种非常特殊的意义上，自我实现的人或者超越了自我实现的人，是具有普遍性的人，是人类的一员。他根植于一种特定的文化，但又超越了这种文化，可以说他以各种方式独立于这种文化之外，并能从高处俯视它。或许这就像一棵树，它的根扎在土壤中，尽管它的树枝已经伸展到了很高的地方，但也不能轻视它所植根的土壤。我曾写过自我实现的人对文化适应的抵抗。一个人可以以一种超然而客观的方式审视自己根植于其中的文化。这类似于心理治疗的过程，在体验的同时，以一种或批判或评论或超脱或远离的方式对体验进行自我观察，这样就可以批评它、赞成或反对它、管理和控制它，进而有可能改变它。一个人能够有意识地接受自己所在文化的一部分，与他不用思考、盲目、毫无意识、不加分辨地完全认同自己所在的文化，这两种态度是完全不同的。

5. 对过去的超越。一个人对于自己的过去，可能有两种态度。其中一种态度可以被称为超越的态度。一个人可以对自己的过去有一种存在性认知，也就是说，一个人的过去可以被他现在的自我拥抱和接纳。这意味着完全接纳，意味着因为理解而原谅，意味着超越了悔恨、遗憾、内疚、羞耻、尴尬，等等。

另一种态度是把过去看作令人无助的、被动的，以及完全由外部因素决定的。从某种意义上说，超越的态度就像是对自己的过去负责，这意味着"不论过去和现在，一个人都是他自己的代理人"。

6. 超越自我、自身、自私，以自我为中心，等等。这是当我们在对外部任务、原因、职责，以及对他人和现实世界之责任的需求性做出反应时，达到的超越。一个人履行自己的职责，这也可以被看作在永恒的层面上，对自我和自身较低需要的超越。当然，说到底，这实际上是超越性动机的一种形式，以及对"需要"做的事情的认同。这是对心灵外部需要的一种敏感性，这也意味着一种道家式的态度。"与自然和谐相处"这句话意味着一种屈服、接纳或回应的能力，一种与心灵外部的现实生活共存的能力，就好像是从属于现实生活，或是能与它和谐相处。

7. 作为神秘体验的超越。这可以说是一种神秘的融合，无论是与另一个个体，还是与整个宇宙，或是与介于两者之间的任何事物。这里我所说的神秘体验，就像宗教神秘主义者在各种宗教文献中所做出的经典描述那样。

8. 超越死亡、痛苦、疾病、邪恶等。当一个人处于足够高的水平时，就会与死亡、痛苦等的必然性产生和解。从上帝或诸神的视角来看，死亡或痛苦等这一切都是必然的，并且也是必要的。如果拥有了这样的态度（比如在存在性认知中就可以发现这种态度），那么痛苦、反叛、愤怒、怨恨就有可能全部消失，或者至少会大大减轻。

9.（与上文有重合之处）超越是接纳自然世界，是以道家式的方式让其顺其自然地存在，是超越自我的低级需要——即超越个体内心的自私需要，超越个体以自我为中心的对外部事物的判断，判断其是危险的还是不危险的，是可食用的还是不可食用的，是有用的还是无用的，等等。这是真正意义上的"客观地感知世界"，这是存在性认知的一个必要方面。存在性认知意味着对自我、低级需要、自私等的超越。

10. 超越"我们—他们"的两极对立。超越人与人之间的零和游戏。这意味着上升到协同作用的水平（人际协同、社会制度或文化的协同）。

11. 对基本需要的超越（要么满足这些需要使它们从意识中消失，要么能够放弃满足并克服这些需要）。这从根本上是受超越性动机所驱动的，这意味着对存在性价值的认同。

12. "认同—爱"（identification-love）是一种超越，比如对自己

的孩子，对亲密的朋友。这意味着"无私"，意味着超越利己主义的自我。这也意味着认同范围的扩大，即认同的人越来越多，直到认同整个人类。这也可以表述为自我越来越具有包容性。这里的极限是对人类物种的认同，这一点可以从心灵内部体验以及现象学上得以表达，例如，作为兄弟团中的一员，去体验自我；作为人类物种中的一员，去体验自我。

13. 安吉亚尔式的同律性的所有例证，无论是高级的还是低级的。

14. 从走马灯里脱身。从屠宰场穿行而不沾染血腥。出淤泥而不染，洁身自好。我们可以超越广告，这意味着在它之上，不受它的影响，不为它所动。从这个意义上说，一个人可以超越所有的束缚、奴役、等等，就像弗兰克尔（Frankl）、贝特尔海姆（Bettelheim）等人可以超越集中营的情况一样。举个例子来说，1933 年《纽约时报》头版上有一张照片，那是在柏林街头，一个大胡子的犹太老人被装进一辆垃圾车游街示众，旁边围满了嘲笑他的人群。我记得照片中的他对人群充满同情，用怜悯甚至宽恕的眼光看着他们，认为他们是不幸的、病态的、低等的人。像这个老人那样独立于他人的邪恶、无知、愚蠢或不成熟之外（即使这些恶意是针对自己的）是有可能的，尽管这很困难。然而在这样的情况下，一个人可以看清整个情况——包括置身其中的自己——仿佛是从一个伟大的、非个人的或超个人的高度，客观、超然地俯视一切。

15. 超越他人的意见，即来自他人的反馈性评价。这意味着有一个能够自己做决定的自我。这意味着一个人会坚持做正确的事，即使这是不受欢迎的；他能成为一个独立自主的人，拥有一个能够自行决断的自我，书写自己的人生脚本，做自己的主角，不受人摆布，不受人诱惑。在阿施（Asch）式的实验中，这样的人是反抗者（而不是顺从者）。他们拒绝被贴标签，能够从角色中解放出来，即超越自己的角色，成为一个人，而不是所扮演的角色。这种反抗包括对建议、宣传、社会压力、被投票否决等的反抗。

16. 超越弗洛伊德的超我，上升到内在良知和内在愧疚，以及应该承受的和适当的悔恨、歉意、羞愧的水平。

17. 超越自己的软弱和依赖，超越自身的孩童性，成为自己的父母。不仅不再去依赖他人，还要能够变得强大和负责任，超越自己的软弱并变得坚强有力。由于我们自身内部总是同时拥有软弱和强大这两种品质，所以在很大程度上，这只是一个孰轻孰重的问题。但尽管如此，这其中还是有一些可以挖掘的意义，对于一些人来说，他们本质上是软弱的，他们与其他人的关系就像弱者与强者的关系一样，他们所采取的所有适应机制、应对机制、防御机制，都是弱者对强者的防御。与之类似，在依赖与独立之间、有责任感与无责任感之间，也存在这样的关系。这种关系就像一个人既是船长又是船员，既是司机又是乘客。

18. 超越现状。用戈尔茨坦的话来说就是，"在可能的和现实的方面与存在相联系"。这就是说，摆脱刺激物的束缚、当下情境的束缚、现实的束缚。戈尔茨坦式的还原到具体是可以被超越的。也许最好的表述方式是：既要上升到可能的境界，又要回归到现实的境界。

19. 超越二分法（两极性、黑白对立、非此即彼，等等）。从二分法上升到高级的整体性。赞同不同层次的整合，从而超越原子论。把分散的东西集合成一个整体。这里的极限是把宇宙作为一个整体来感知。这是终极的超越，但在通向终极极限的道路上，每一步本身就是一种超越。任何二分法都可以被视为例证，例如，自私与无私、男性与女性、父母与孩子、老师与学生，等等。所有这些都是能够被超越的，超越相互排斥、对立以及零和游戏。这样一来，我们就会站在一个更高的视角，并由此看到这些相互排斥的对立差异可以协调成一个更现实、更真实、更符合实际的统一体。

20. 在存在性领域中超越缺失性领域。（显然，这与其他的超越有重叠之处。事实上，每种超越之间都有重叠之处。）

21. 超越主观意志。屈服于自己的天命、命运并与之融合，从斯宾诺莎或道家的意义上去爱自己的命运。充满爱意地拥抱自己的命运。这是对个人主观意志、掌控、控制、对控制的需要等的克服。

22. 超越这个词也有"胜过"（surpass）的意思，简单地说，就是能够做到比自己认为的更好，或者做到比自己过去做得更好。例如，比过去跑得更快，或者成为一个更好的舞者、钢琴家、木匠，等等。

23. 超越也意味着变得神圣或像神一般，超出了人类的一般水平。但在这里必须小心，不要认为这种说法暗示了任何超人类或超自然的东西。我在考虑使用"超越性的人"（metahuman）或"存在性的人"（B-human）这样的词，来强调这种变得非常高深、神圣或像神一般的能力是人类本性的一部分，尽管在实际中这并不常见，但它仍然是人性的一种潜能。

超越两极化的民族主义、爱国主义或种族中心主义，即"他们的"对阵"我们的"，或者"我们—他们"的对立，又或是阿德利（Ardrey）的敌对—友好情结（enmity-amity complex）。例如，皮亚杰笔下的日内瓦小男孩，他无法想象自己既是日内瓦人又是瑞士人，他只知道自己要么是日内瓦人，要么是瑞士人。一个人需要更进一步的发展才能更包容、更高级、更整合。我对民族主义、爱国主义或我所处的文化的认同，并不一定会削弱我对人类物种或联合国的认同，以及更包容、更高级的爱国主义。事实上，这种高级的爱国主义不仅更具有包容性，而且与严格的地方主义（被认为是敌对的或排他的）相比，要更健康、更具有完满的人性。也就是说，我可以是一个好的美国人，当然同时也必然是一个美国人（这是我成长的文化，我永远无法摆脱它，也不想摆脱它，它有助于我成为一个世界公民）。这里要强调的是，一个没有根的、不属于任何地方的、以四海为家的世界公民，不同于一个在某个家族里长大的、有归属地的、有家庭的、有其特定语言和特定文化的世界公民，后者会有一种归属感，并能在这种归属感上产生更高级的需要和超越性需要。成为人类物种的高级成员，并不意味着否定较低的水平，而是将其包含到层次体系的整合当中，比如对文化多元化的接纳，欣赏差异，享受不同餐厅所提供的不同种类的食物，喜欢去其他国家旅游，对其他文化的民族学研究充满兴趣，等等。

24. 超越可以意味着生活在存在领域，使用存在性的语言，拥有存在性认知和高原体验。它可以意味着平静的存在性认知，也可以意味着高峰体验中那种高潮般的存在性认知。在经历了顿悟、巨大转变、强烈的神秘体验、重大的启迪、猛然的觉醒之后，新奇感消失了，美好甚至伟大的事物变得习以为常，这时你就会平静下来，在天堂里过着悠闲的生活，安享无限与永恒。当度过了惊讶和震惊之后，你就会平静地生活在柏拉图式的本质或存在性价值中。这里有个措辞，与高潮般的、情感深刻的洞察和存在性认知形成对比，那就是"高原认知"（plateau-cognition）。高峰体验必然是短暂的，事实上就我所知道的而言，它是短暂的。然而，由高峰体验带来的启发或洞察力留在了这个人身上。有过这种体验的人已然不能再像他从前那样天真、单纯和无知了。他无法"视而不见"，无法再变得盲目。然而，必须要有一种语言，用来描述一个人习惯了这种转变、启示或者在伊甸园中的生活。一个觉醒的人通常会以一种统一的方式，或以一种存在性认知的方式，作为日常活动——当然，只要他愿意，随时都可以这么做。这种平静的存在性认知或高原认知可以由这个人自己控制，他可以根据自己的意愿关闭它或者打开它。

（短暂地）达到完满的人性，或是达到终结，或成为目的本身，就是一种超越。

25. 在超越不干涉、中立、不关心、旁观者式的客观（其本身超越了单纯以自我为中心的不成熟的非客观）中获得道家式（存在水平）的客观。

26. 超越事实与价值之间的分裂。事实与价值的融合，合二为一（参见第8章）。

27. 超越消极事物（包括邪恶、痛苦、死亡等，但还不止于此），这一点可以在高峰体验者的报告中见到。在高峰体验中，世界被认为是美好的，人们会与自己所感知到的邪恶和解。这也是一种对禁忌、阻碍、否定、拒绝的超越。

28. 超越空间。这种超越从最简单的意义上说，就是一个人太专注于某件事而忘记了自己身在何处。但它也可以上升到最高的意义上，那就是一个人与整个人类融为一体，因此，在地球另一端的同胞们也是他的一部分，从这个意义上说，他既身在地球的另一端，也身在此地。存在性价值的内化也是超越空间的，因为存在性价值无处不在，它们是自我的本质特征，而一个人的自我也是无处不在的。

29. 与上述一些超越有重叠之处的是超越努力和奋斗、愿望和希望、矢量性或意图性。当然，在最简单的意义上，这纯粹是一种对于满足、对于希望的达成和实现、对于在那里而不是努力地去那里、对于到达了而不是向那里走去的状态的享受。这有种"处于幸运中"（being fortuitous）的感觉，或者叫作"高度的无忧无虑"（high carelessness）。这是一种道家式的感觉，任由事情发生而不是使得事情发生，是一种完全快乐的感觉，并接纳这种不奋斗、不希望、不干涉、不控制、无欲求的状态。这是对功利心和效率的超越。这是一种拥有的状态而不是没有的状态，在这种状态下，一个人自然一无所缺。这意味着他有可能进入到幸福、满足、对现状感到满意的状态。纯粹的欣赏。纯粹的感恩。感受到顺遂、幸运、无偿的恩典。

处于目的的状态意味着在各种意义上超越了手段。但对于这一点必须非常小心谨慎地阐释清楚。

30. 特别指出，为了研究目的和治疗目的，要能够识别出特殊类型的超越。超越了恐惧，会进入到无恐惧（not-fearing）或勇气（courage）的状态（这两种状态不完全相同）。

31. 巴克对宇宙意识的运用也有助于理解超越。这是一种特殊的现象学状态，在这种状态下，一个人以某种方式感知整个宇宙，或至少是感知宇宙及宇宙中一切事物的统一和整合，包括他自己。这样一来，他就会觉得自己是属于宇宙的。他成为这个大家庭中的一员，而不是一个孤儿；他身在其中，而不是站在外面往里看。他既因为宇宙的浩瀚而感到自身的渺小，又因为绝对存在于宇宙之中而感到自身的重要。他是这宇宙的一部分，而不是一个陌生人或闯入者。在这里，他能够感受到强烈的归属感，而不是排斥感、孤立感、孤独感、抛弃感、无根感、无家可归感。在有了这样的感知之后，一个人显然可以永久地感受到这种归属感，即拥有一席之地、理所当然地存在于那里的感觉，等等。（我在高峰体验中使用了这种宇宙意识类型的存在性认知来与另一种类型的认知形成对比,后者来自意识范围的缩小变窄,意识集中到对某人、某事或某活动的强烈、完全的专注和迷恋上,而被关注的事物在某种程度上成了整个世界、整个宇宙。我将其称为意识变窄的高峰体验和存在性认知。)

32. 有一种超越是在存在性价值的内化和认同意义上的超越,在此之后的状态主要是受存在性价值驱动的。也许应该对这种超越进行专门的、单独的陈述。

33. 一个人甚至可以在一种非常特殊的意义上超越个体差异。对待个体差异的最高态度是意识到它们,接受它们,但同时也要欣赏它们,并最终深深地感激它们,认为它们是宇宙智慧的美丽例证——认可它们的价值,并惊叹于这种差异。这当然是一种高级的态度,因此我认为这是一种超越。与这种对个体差异的终极感激截然不同的另一种态度是超然于这种差异,认识到个体之间本质上的共性和相属关系,以及在终极人性或物种性的意义上认同所有的人(把每个人都看作自己的兄弟或姐妹,这样一来,个体差异甚至性别差异就通过一种特殊的方式被超越了)。也就是说,有的时候一个人可以很清楚地意识到个体之间的差异,但另一些时候,同普遍的人性和人类之间的相似性相比,这些个体差异又暂时显得不那么重要,可以把它搁在一边。

34. 一种具有理论价值的特殊超越是对人类的极限、不完美、缺点和有限性的超越。这种超越要么来自完美的终极体验,要么来自完美的高原体验,在这种体验中,一个人可以是目的本身、是神、达到完美状态、发现事物本质、是存在(而不是成为),庄严而神圣。这可以被描述为对普通的、日常的人性的超越,或者是超越性人性(metahumanness),或其他类似的措辞。这是一种实际的现象学状态;它可以是一种认知,也可以是哲学或理想构思的极限——例如,柏拉图式的本质或理念。在这种激烈的瞬间,或者在某种程度上的高原认知中,一个人会变得完美,或者认为自己是完美的。例如,在那一刻,我可以热爱一切、接受一切、原谅一切,甚至与伤害我的邪恶和解,我能理解并欣赏事物的本来样子,我甚至能在主观上感受到一些只属于神的东西,即无所不知、无所不能、无处不在(在某种意义上,在这样的时刻,一个人可以成为神、贤者、圣人或神秘主义者)。也许,可用来强调人性这一部分的最佳词汇就是超越性人性。

35. 超越自身的信条、价值体系或信仰体系。这一点值得单独讨论,因为在心理学中存在一个特殊情况,那就是许多人认为三股势力(依次是行为主义、精神分析、人本主义)是相互排斥的。当然,这是错误的。人本主义心理学更具包容性而非排他性,它是基于弗洛伊德和实证主义的科学。与其说前两股势力是错误的,不如说它们是有局限性的、片面的。它们的本质非常适合一个更大的包容性结构。当然,将它们整合到这个更大、更具有包容性的结构中,肯定会在某些方面改变它们,纠正它们,指出它们的某些错误,但也会吸纳它们最基本的一部分特征。在知识分子中,存在着一种"敌对—友好"(enmity–amity)情结,对弗洛伊德、克拉克·赫尔(Clark Hull)、伽利略、爱因斯坦或达尔文的忠诚,可以是一种局部排外的"爱国主义",这时要组成一个俱乐部或兄弟会,就会把一些人拒之门外,也要把一些人包括在内。这是包容性、层次整合或整体论的特殊例子,但需要特别指出的是,这对于心理学家、哲学家、科学家和倾向于划分所谓"思想学派"(schools of thought)的智力领域是有益的。这就是说,一个人可以对一个思想学派既持有二分法的态度,又持有整合的态度。

一个扼要的说明。超越指的是人类意识最高的、最具包容性的或最整体性的层次,作为目的而不是手段,与自己、与他人、与所有人类、与其他物种、与自然、与宇宙发生关联。(层次整合意义上的整体论是已设定的;认知和价值的同构性也是如此。)

第二十二章　Z理论

最近，我发现越来越有必要区分两种类型（或称两种程度，也许会更恰当）的自我实现者，一种是那些明显很健康，但很少或没有超越体验的人；另一种人，超越体验对他们而言很重要，甚至是最主要的。对于前者，可以列举的人物有埃莉诺·罗斯福夫人（Mrs. Eleanor Roosevelt），也许还有杜鲁门和艾森豪威尔；对于后者，相关的实例有阿道司·赫胥黎、施魏策尔、布伯（Buber）和爱因斯坦。

不幸的是，在这个水平上，我无法再保持理论上的纯粹。我发现不仅自我实现的人会有超越体验，那些不健康的人、没有自我实现的人也会有重要的超越体验。我在许多人身上似乎都发现了某种程度的超越，超越不仅仅是在自我实现者的身上才会有的。也许当我们发展出更好的技术和更好的概念体系后，它会被更广泛地发现。毕竟，我在这里报告的是我在最初步的探索中所得到的印象。总之，我的初步印象是：超越的认知不仅存在于自我实现的人中，也存在于极富创造力或才华横溢的人、高智商的人、性格强大的人、强有力和负责任的领导者和管理者、极为善良的（有道德的）人、战胜逆境并因而变得更强大而不是更弱小的"英雄"式的人当中。

从某种未知的程度上讲，后者是我所称的"高峰者"（peakers）而不是"非高峰者"（nonpeakers），是说"是"的人而不是说"不"的人，是积极生活的人而不是消极生活的人（在赖希所说的意义上），是渴望生活的人而不是厌烦生活的人。

前者本质上是更实际、更现实、更平凡、更能干、更世俗的人，更多地活在当下的世界中，即我所说的"匮乏领域"，匮乏性需要和匮乏性认知的世界。在这种世界观中,看待人或物的方式在本质上是实际的、具体的、当下的、务实的,将人或物看作匮乏性需要的供应者或受挫者,也就是说,以有用或无用、有帮助或有危险、对个人而言重要或不重要来看待它们。

在这种情况下,"有用"既意味着"对生存有用",也意味着"对朝着自我实现方向成长和摆脱基本匮乏性需要有用"。更具体地说,它意味着一种生活方式和世界观,不仅由基本需要的层次(纯粹的物质生存,安全和保障,归属感、友谊和爱,尊重和尊严,自尊和价值感)所产生,而且还由实现个人特质潜能的需要(自我同一性、真实的自我、个性、独特性、自我实现)所产生。也就是说,它不仅指个体物种共性的实现,也指个体自身特质潜能的实现。这样的人生活在世界上,并能在其中获得满足。对于这个世界,他们能够掌控它、主导它、利用它达到良好的目的,就如(健康的)政治家或务实的人所做的那样。也就是说,这些人往往是"实干家",而不是冥想者或观望者,更注重实效而不是审美,更注重现实检验和认知,而不是情感和体验。

另一种类型的人〔或许可以叫作"超越者"(transcenders)?〕可以说能够更经常地意识到存在领域(B-领域和B-认知),生活在存在水平上(目的水平、内在价值水平);更明显地受到超越性动机的驱动;更容易拥有或多或少的统一意识和"高原体验";拥有或曾有过高峰体验(神秘的、神圣的、狂喜的);通过偶然或经常获得的启迪、洞察力或认知改变了对世界和自己的看法。

总的来说,"仅仅健康"(merely-healthy)的自我实现者在总体上实现了麦格雷戈的Y理论的期望。而对于那些已经超越了自我实现的个体,我们必须说,他们不仅实现了,而且超越或超过了Y理论。他们生活在这样一个水平上,为了方便起见,我在这里把这个水平称为Z理论,因为它与X理论和Y理论处于同一连续体上,它们构成了一个层次系统。

很显然,我们在这里讨论的是非常复杂的问题,事实上,我们讨论的是一般的人生哲学。扩展和延伸对这一问题的讨论需要更多的章节或论著。

但是我想我们可以在表 1 的帮助下简要地了解一下。以基思·戴维斯（Keith Davis）简便的汇总表作为基础，我以斜体字对其进行了扩展。看懂这张表格并不容易，但我确信那些真正对此感到好奇或感兴趣的人，都能或多或少从我试图传达的内容中捕捉到一些东西。

表 1　组织管理水平与其他层次变量间的关系①

	专制型	保守型（维持的）	支持型（激励的）	合作型（家人般的同事关系）	Z 理论的组织管理：组织管理的超越
取决于	权力	经济资源	领导力	共同的贡献	献身于存在以及存在性价值
管理倾向	权威	物质奖励	支持	整体化	假定所有人都具有奉献精神，无论是管理者还是员工。
员工倾向	服从	安全感	业绩	责任感	赞赏；爱；对卓越的接纳。
对员工心理的影响	依赖于个人	依赖于组织	参与感	自律	奉献；自我牺牲。
员工需要的满足	生存	维持生活	更高的秩序感	自我实现	超越性需要；存在性价值。
精神面貌	顺从	满足	积极性	献身于任务和团队	献身于存在性价值
与其他理论的关系					
麦格雷戈的理论	X 理论		Y 理论		Z 理论
马斯洛的需求层次论	生理需要	安全与保障的需要	中级需要	高级需要	超越性需要；存在性价值。
赫茨伯格（Herzberg）的双因素激励理论	维持因素	维持因素	激励因素	激励因素	

---

① 作者以基思·戴维斯的表格〔《工作中的人际关系》(*human relations at work*，第 3 版，1967）〕为基础，作者对表格内容进行了添加。

续表

	专制型	保守型（维持的）	支持型（激励的）	合作型（家人般的同事关系）	Z理论的组织管理：组织管理的超越
怀特（W.H.Whyte）的观点		组织人			
布莱克(Blake)和莫顿（Moulton)的管理方格理论	9.1	3.5	6.6	8.8	
动机环境	外部的	外部的	内部的	内部的	融合的
动机风格	消极的	大多数时候是中立的	积极的	积极的	
管理风格	专制的		参与性的		占优势的；卓越的；优秀的；客观的，超个人的，包括自愿放弃权力。
个人发展的模式水平	所有者	老板；父亲；家长。	不成熟的半等	健康的；成熟的。	超越的；超越自我意识的存在水平；超个人的。
人的形象	可被利用的事物；可替换的；缺乏个性的。所有者。	宠物；孩子；玩偶；仁慈的独裁者。	满足共同利益和共同需要的伙伴关系。缺失性的爱。	人人都是将军。强烈的自我同一性。独立个体之间的联盟。真实自我。自我实现。	圣贤；圣人；政治家；实用主义者；神秘主义者；菩萨。正直而有道德的人；存在性的人；祭司般的奉献与非个人化；赫拉克利特式的人。
客观性	不相容；所有权；不认同；客观的所有物；客观的旁观者。			存在性的爱与客观性的融合。	道家式的客观；超越的客观；不干预的客观性；爱的客观性。

续表

	专制型	保守型（维持的）	支持型（激励的）	合作型（家人般的同事关系）	Z理论的组织管理：组织管理的超越
政治策略	奴隶；把人进行物化。	家长制	为了共同利益而结盟	议员制；人人都是将军；完全的自主权。	存在性的政治；无政府主义；存在性的谦卑；非集权化；非个人化；超个人化。
宗教性	恐惧与愤怒之神	父权之神	爱与仁慈	人本主义	超越人本主义（以宇宙为中心，而不是以人类为中心）
男性—女性	占有；剥削。	有责任感的、充满爱的占有。	关爱与仁慈；共同利益的满足。	相互尊重；平等；也许还有存在性的爱；完全的自主权。	存在性的爱；融合；轻松自如的状态。
经济	维持生存；物质主义；满足最低水平的经济需要。	仁慈的占有者；贵族式的恩惠。	民主的；合伙关系；较高水平的经济需要。	伦理式经济；道德式经济；会计制度中包含了社会指标。	无政府主义；非集权化；存在性价值作为最有价值的报酬。精神性的经济。超越性需要的经济；超个人的经济。
科学水平	物化的科学	类人的科学——人本主义科学→超越人类的科学；以宇宙为心的科学，人人都是超个人科学家。			
价值水平	价值无涉	类人的"价值"——人本主义价值→超越人类的价值；存在性价值；宇宙价值。			
方法	原子论的，二分法的，还原论的，分析的→层次的整合；协同作用；一体化。				
恐惧—勇气	恐惧 ↔ 勇气→超越恐惧和勇气；战胜恐惧和勇气。				
人性的程度	人性的萎缩；发育不良→完满的人性→超越人性；超个人。				
矢量方向	退行 ↔ 形成—进步—成长—存在				
卓越性	→卓越程度的增长→				
心理健康	完满人性→健康程度与人性程度的增长→				

续表

	专制型	保守型（维持的）	支持型（激励的）	合作型（家人般的同事关系）	Z理论的组织管理：组织管理的超越
教育	训练 ←——— 支配型的教育　外在教育　相互教育 ———→			内在教育；为即兴创造而教育；面对没有准备的情况充满信心。	超越人性的教育；个性化的教育；道家式的教育。赫拉克利特式的人；"不是我的意愿而是你的"；奉献；拥抱命运；责任；职责。
治疗和治疗师的水平；帮助的水平	技工；外科医生。	兽医；家长式的权威（令人畏惧和信任）；发号施令。	仁慈而全能的父亲（受人爱戴并充满仁爱；关爱他人又让人捉摸不透）；镜映。	存在主义的；"我与你"；工作上的同伴；兄长；发现同一性；发现命运；发现价值。	道家式的指引；咨询顾问；宗教领袖；圣人；顺其自然；存在性价值的分享；菩萨；正直而有道德的人；悲悯—爱—同情。
性	肮脏的；邪恶的；单方面的；转瞬即逝的；（对另一个人的）利用。	"自然的"；去神圣化的。	爱与性；极乐；欢愉。	神圣化；通往天堂的途径；充满奥秘的。	天堂—存在的状态；超越性欲的。
沟通的风格或水平	命令式的	命令式的		共鸣式的	存在性的语言
抱怨水平	低级	中级		高级	超越性抱怨
报酬；薪水；奖励	物资和财产	现在和未来的安全保障	友谊；喜爱之情；团体归属感。	尊严；地位；荣耀；赞赏；荣誉；自由；自我实现。	存在性价值。公正、美、善、卓越、完美、真实，等等；高峰体验；高原体验。

最后提醒一下：应该注意到，这种层次安排留下了尚未解决的困

难问题，那就是，以下的进程或层次之间的重叠或相关关系问题：

1. 需要的层次（可以像埃里克森按照时间进程处理危机那样来处理需要的层次，也可以保持年龄不变）。
2. 基本需要满足的进程，从婴儿期到儿童期、青年期、成年期、老年期，但这个进程是不间断的。
3. 生物的、种族的进化。
4. 从疾病（衰弱、发育不良）到健康和完满的人性。
5. 从生活在恶劣环境条件下到生活在良好环境条件下。
6. 从天生的"不良试样"（生物学家的视角）到"良好试样"（动物饲养员的视角）。

当然，所有这些复杂问题使得"心理健康"这一概念的实际意义变得更弱，而使用"完满的人性"这个概念作为替代是更合适的，后者可以毫无困难地适用于所有这些变化。相反，我们可以用"人性的发育不良或萎缩"这个概念来替代不成熟、不幸、病态、天生缺陷、弱势，等等。"人性的萎缩"涵盖了所有这些意思。

"超越者"和"仅仅健康的人"之间（在程度上）的区别

非超越的自我实现者（Y理论型的人）和超越的自我实现者（Z理论型的人）都拥有自我实现的所有描述性特征，唯一的区别在于高峰体验、存在性认知以及高原体验（宁静而沉思的存在性认知，而不是高潮般的存在性认知）是否出现、出现的次数以及重要性。

但让我印象深刻的是，与超越者相比，非超越的自我实现者不具备或很少具备以下特征：

1. 对超越者来说，高峰体验和高原体验是其生命中最重要的事情，是生命的制高点，是对生命的验证，是生命中最宝贵的方面。
2. 他们（超越者）能够轻松地、自如地、自然地、不自觉地运用存在性的语言,这是在永恒的概念下,生活在柏拉图理念层面或斯宾诺莎层面的人、诗人、神秘主义者、预言家、虔诚的宗教人士所使用的语言。因此,他们应该能够更好地理解比喻、修辞、悖论、音乐、艺术、非语言的交流,等等。(这是一个容易检验的命题。)

3. 他们用统一的或神圣的(世俗中的神圣)方式去进行感知,或者说,他们既能够看到一切事物的神圣性,同时也能够从实际的、日常的匮乏性水平上去看待这些事物。他们能够根据自己的意愿将一切神圣化,即从永恒的角度去感知它们。这种能力是对在匮乏性领域中进行良好的现实检验的一种补充,而不是与之相斥的。(禅宗的"无分别"概念很好地描述了这一点。)

4. 他们更自觉地、更有意识地受到超越性动机的驱使。也就是说,存在的价值或存在本身,在他们那里既被视为事实,又被视为价值。如,完美、真、美、善、统一、超越二分化、存在性的娱乐等,是他们主要的或最重要的动机。

5. 他们能够以某种方式认出彼此,甚至即使在初次见面时,也能立刻感到亲密和相互理解。他们不仅能用语言交流,也能用非语言的方式进行交流。

6. 他们对美更敏感。这可能是一种美化所有事物的倾向,包括美化所有的存在性价值,或是能够比其他人更容易看到美的事物,或者更容易产生审美反应,认为美是最重要的,或者把不是常规或传统意义上的美视为美。(这理解起来可能有点困难,但这是我目前能做的最好的说明了。)

7. 他们对世界的看法比那些"健康的"或实际的自我实现者更具有整体性(虽然后者对世界的看法也是具有整体性的)。人类是一个整体,宇宙是一个整体。"国家利益""父辈的信仰""不同等级的人或智商"等概念都不复存在或者极易被超越。如果我们接受最终极的政治需要(也是当今最紧迫的需要),认为人人皆兄弟,把国家主权(发动战争的权利)看作一种愚蠢或不成熟的形式,那么超越者会更容易、更本能、更自然地产生这样的想法。超越者很难用我们那种"正常的"愚蠢或不成熟的方式去思考问题。

8. 与整体性的感知同时发生的是，自我实现者协同作用倾向的自动增强——心灵内部的、人与人之间的、文化内部的、文化之间的协同作用。因为篇幅问题，这一点在这里不能完全说明。一个简洁的（也许不是很有意义的）陈述是：协同作用超越了自私和无私之间的二分法，并将它们包含在一个更高级的概念中。这是对竞争、零和游戏、赢输策略的超越。感兴趣的读者可以参阅我曾写过的关于这个主题的文章。

9. 当然，他们也更有可能并且更容易超越自我和同一性。

10. 和那些最优秀的自我实现者一样，这样的人不但是可爱的，也是令人敬畏的，是更"超凡脱俗"的，更具有神性的，更"圣洁"的，更受尊敬的，并且在旧时的观念上被认为是更"可怕"的。他们常常让我产生这样的想法："这是一个伟大的人。"

11. 这些特征综合起来会带来一个结果，那就是，超越者比健康的自我实现者更容易成为革新者、新事物的发现者，而健康的自我实现者则更容易做好"现实世界中必须做的事情"。卓越的经验和启示能够使人更清晰地看到存在性价值、理想、完美，以及什么是应该的样子，什么是实际的样子，什么是潜在的并有可能实现的状态。

12. 我有一个模糊的印象，那就是超越者不如那些健康者"快乐"。与快乐和健康者相比，他们会更入迷，更狂喜，会体验到更高水平的"幸福"（这是一个程度较弱的词）。但有时我也会有这样的印象，即超越者很容易，也更容易对人们的愚蠢、他们自己的失败和盲目、他们对彼此的残忍、他们的目光短浅等感到一种宇宙性的悲哀或存在性的悲哀。也许这是由现实世界和理想世界之间的对比所导致的，超越者可以很轻易、很生动地看到理想世界，并且原则上他们也很容易到达理想世界。也许这是超越者所必须付出的代价，因为他们可以直接看到世界之美，看到人性中神圣的可能性，看到人性中过多不必要的邪恶，看到似乎必然需要一个美好的世界；例如，一个世界性的政府、协同作用的社会制度、对人性良善的教育，而不是更高的智商或更擅长某些原子论概念下的工作，等等。任何超越者都能在五分钟内写出一份实现和平、友谊和幸福的方案，而且这个方案是切实可行、绝对可以实现的。然而当他看到这一切还没能实现，或是在某处实现的过程太缓慢，以至于毁灭已先到来时，那么他的悲伤、愤怒或焦躁不安也就不足为奇了。但同时从长远来看，他还是很"乐观"的。

13. 能够达到自我实现的人都是优秀的人，但与仅仅健康的人相比，超越者更容易解决或至少更容易控制自我实现理论中固有的关于"精英主义"的深层冲突。之所以能做到这一点，是因为他们更容易同时生活在缺失领域和存在领域中，更容易地将每个人神圣化。这意味着，他们能够更好地调和两方面的矛盾，一方面是缺失世界中某种形式的现实检验、比较和精英主义的绝对必要性（就某项工作而言，你必须挑选一个技艺好的木匠而不是一个技艺差的木匠；你必须把罪犯和警察、病人和医生、诚实者和虚伪者、聪明者和愚蠢者加以区分）；另一方面是每个人的无限和平等，以及无可比拟的神圣性。从经验和必要性的角度来看，罗杰斯谈到"无条件积极关注"是有效心理治疗的先决条件。法律禁止"残酷和异常"的惩罚，也就是说，无论一个人犯了什么罪，他受到的对待都必须能够让他保持尊严，不能毫无底线地贬斥他。严肃的有神论者也说过，"人人都是上帝的孩子"。

每一个超越者都能很容易、很直接地感知到每一个人、每一个生命体，甚至是那些美丽的非生命体在其现实中所蕴含的神圣性，以至于这令他难以忘记。这种感知与他对匮乏领域卓越的现实检验能力相融合，使他可以成为神一般的惩罚者，成为比较者，从不表现出轻蔑，也永远不会剥削弱者、愚人或无能者，即使他真切地认识到在匮乏领域这些特质是可分级的。我发现，超越者通常会像对待兄弟一般地对待那些低于自己的人，无论那些人做什么，都把他们当作家人一样去关心和爱护。但超越者依旧可以扮演严厉的父亲或兄长的角色，而不只是一个宽容的母亲或慈爱的父亲。这种惩罚与神一般的无限的爱是相容并立的。从超越的观点来看，很容易看出，即使是对犯罪者本人来说，惩罚他，挫败他，对他说"不"，也要比当下去满足他或取悦他更好。

14. 令我印象深刻的是，对于超越者而言，不断增长的知识与不断增长的神秘感和敬畏感之间呈现出更显著的正相关关系，而不是通常的负相关。对于大多数人而言，科学知识确实是一种减少神秘感的方法，并由此减少了恐惧，因为对大多数人来说，神秘孕育了恐惧。于是乎，人们就会把追求知识当作一种减轻焦虑的方法。

但对于高峰体验者，特别是超越者，以及一般的自我实现者来说，神秘是更有吸引力和挑战性的，而不是令人恐惧的。自我实现者在某种程度上容易对已知的东西感到厌烦，不管这些知识可能会多有用处。这一点对高峰体验者来说尤其如此，因为他们将崇敬和敬畏带来的神秘感视为一种奖赏而不是一种惩罚。

无论如何，我发现，在我与之交谈过的最具创造性的科学家中，他们知道得越多，就越容易进入一种狂喜之中，在这种状态中，谦卑、自感无知和渺小、对浩瀚宇宙感到敬畏、被一只蜂鸟所震撼，或是感到婴儿的神秘，都是其主观积极感受的一部分，并被视为一种奖赏。

因此，伟大的超越者—科学家（transcender-scientist）是谦卑和自感"无知"的，同时也是充满幸福感的。我认为我们所有人可能都有过这样的体验，尤其是在孩提时代。然而，超越者会更经常、更深刻地拥有这样的体验，并将其视为生命中最重要的时刻。这一点不仅适用于科学家和神秘主义者，也适用于诗人、艺术家、企业家、政治家、母亲及许多其他类型的人。无论如何，作为一种认知理论和科学（可被检验的）理论，我敢肯定，在人类发展的最高水平上，知识与神秘感、敬畏感、谦卑感、终极无知感、崇敬感和奉献感是正相关的，而不是负相关的。

15. 我认为，超越者应该比其他自我实现者更不惧怕"疯子"和"怪人"，因此可能更善于去挑选有创造性的人才（这样的人有时候看起来疯狂又古怪）。我猜想，自我实现者通常更重视创造性，因此能更有效地选拔人才（能很好地胜任人事经理、选择者或顾问等职务）。但是从理论上讲，要能够赏识像威廉·布莱克这样的人，还需要有更丰富的超越体验并珍视这种体验。反过来说，情况也是如此，即超越者也应该更有能力去屏蔽掉那些不具有创造性的疯子和怪人，我想这类人会占大多数。

对于这一点，我没有任何可以报告的经验，而是理论性的推论和易于验证的假设。

16. 从理论上讲，超越者应该更能够"与邪恶和解"，即从更广泛的整体意义上去理解邪恶发生的必然性，也就是说，"从上方"，从神一般的视角去理解邪恶的发生。这意味着对邪恶有更深刻的理解，因此应该对其产生更大的同情，以及更少的矛盾和顽强斗争。这听起来像是一个悖论，但稍加思考就可以看出它一点也不自相矛盾。更深刻的理解意味着，在这个层面上，拥有更强大的力量（而不是更弱的力量），更果断，更少冲突、矛盾和后悔，从而能更迅速、坚定、有效地采取行动。如有必要，一个人可以怀着同情之心打倒邪恶之人。

17. 在超越者身上还会发现另一个悖论，即他们更倾向于把自己视为才能的载体、超越个人的工具，以及更高的智慧、技能、领导力或效率的临时保管人。这意味着他们对自己有一种特殊的客观性或超然，而对于那些非超越者来说，这可能听起来像是自大、浮夸，甚至是偏执。我发现最能说明问题的例子就是怀孕的母亲对她自己和她未出生的孩子的态度。什么是自我？什么不是？她到底有多苛刻，多自我欣赏，多傲慢？

我想我们也会对如下这句话感到震惊，"我是他这项工作的最佳人选，因此我要得到这份工作"；同样也可以说，"你是这份工作的最佳人选，因此你有责任从我手里夺走这份工作。"超越带来了"超越个人的"（transpersonal）忘我。

18. 原则上，超越者更倾向于具有深刻的"宗教性"或"精神性"，无论是从有神论还是从无神论的意义上来说都是如此（尽管我没有相关数据）。高峰体验和其他超越体验实际上也被视为"宗教的或精神的"体验，只要我们重新定义这些术语，以排除其历史的、传统的、迷信的、制度化的含义。仅从传统的角度来看，这样的体验确实可以被看作"反宗教的"，或者是宗教的替代物，或者是"宗教或精神的新版本"。一些无神论者比一些牧师更具有"宗教性"，这一悖论很容易被检验，并因此具有操作意义。

19. 也许在这两种自我实现者之间还会出现另一种量化的差异——对此我也还不太确定——那就是，超越者会更容易超越自我意识、自我和同一性，并超越自我实现。为了更清晰地表明我的看法，也许我们可以说，对于仅仅健康之人的描述已然十分充分了，从根本上来说，他们有着强烈的身份认同，知道自己是谁，知道自己要去哪里，知道自己想要什么，知道自己擅长什么。简言之，他们拥有强大的自我，能够按照自己的本性恰当地、真实地运用自己的力量。然而用这些特征去描述超越者，显然是不够充分的。超越者肯定具有这些特点，但远不止于此。

20. 我认为（同样是一种印象，没有具体的数据），由于超越者更容易感知存在领域，因此他们会比仅仅健康的人拥有更多的（关于事物本来样子的）目的体验（end experiences），以及更多的入迷体验，就像孩子们会对水坑里的颜色、窗玻璃上滴下的雨滴、皮肤的光滑或毛毛虫的蠕动感到心醉神迷一样。

21. 从理论上讲，超越者应该更具有道家思想，而仅仅健康的人则更为务实。存在性认知使一切看起来更奇妙，更完美，就像它们应该有的样子。由此一来，对于改造事物的冲动就会降低，因为事物本身就很美好了，不再需要改进或干扰。更多的冲动应该是单纯地看着它们，仔细观察它们，而不是对它们或用它们做些什么。

22. 有一个概念叫作"后矛盾双重性"（postambivalent），它没有增加任何新内容，但是将上述所有内容与弗洛伊德理论的丰富结构联系在了一起，我认为这个概念更像是所有自我实现者的特征，而且在一些超越者中可能会表现得更为突出。它意味着全心全意、无冲突的爱、接纳、表达，而不是所谓的"爱"、友谊、性、权威或权力，等等（这些实际上是爱与恨的混合）。

23. 最后，我要请大家注意"报酬的水平"和"报酬的种类"的问题。尽管我还不能确定我所说的两类自我实现者在这方面是否存在很大差异。但至关重要的是，除了金钱以外，还有很多种类的报酬。随着财富的增加和个性的成熟，金钱的重要性不断下降，而更高形式的报酬和超越性报酬（metapay）的重要性在不断上升。而且即使在金钱报酬依然显得很重要的地方，金钱也往往不是其字面上的、具体的特征，而是作为地位、成功、自尊的象征，用以赢得爱、赞赏和尊重。

这是一个很容易研究的课题。一段时间以来，我都在收集广告，这些广告旨在吸引专业人士和行政管理人员，以及维和部队和志愿服务队的工作人员，有时甚至是为了寻求技术含量较低的蓝领员工。在这些广告中，吸引求职者的不仅是金钱，还有更高层次需要的满足和超越性需要的满足，例如，融洽的同事关系、良好的工作环境、未来安全的保障、挑战性、成长性、理想的实现、责任、自由、某种重要的产品、对他人的同情心、对人类的帮助、对国家的帮助、将个人想法付诸实践的机会、能令人自豪的公司或团队、完善的学校体制，甚至能够享受的惬意垂钓和秀美的山峰，等等。更有甚者，例如和平队，会用强调低薪、艰苦、自我牺牲等来吸引人，力图说明这一切都是为了帮助他人。

我认为拥有较高的心理健康水平会使这类报酬更有价值，尤其是在有足够的金钱和有稳定的收入时。当然，很大一部分自我实现者已然将工作和娱乐融为一体，他们热爱自己的工作。对于这样的人，可以说他们是从爱好中获得了报酬，所做的工作本身就能给他们带来满足。

在这个问题上，如果对我所说的两种自我实现者进行进一步的研究，我觉得他们之间的唯一不同可能会是，超越者会更积极地寻找那些更容易获得高峰体验和存在性认知的工作。

在此背景下谈及这一点的一个原因是，我相信从理论上要规划优心态社会、美好社会，那么必须要将领导力与特权、剥削、财产、奢侈、地位、控制他人等分开来。要保护那些更有能力的人、领导者和管理人员，使他们免遭弱者、穷人、能力不足者、需要帮助者的仇视、嫉妒和摧毁，唯一的办法就是付给他们更少的而不是更多的钱，付给他们"高级报酬"，甚至是"超越性报酬"。这一点遵循了迄今为止在这里以及在其他地方所阐述的原则，它可以使自我实现者和心理发展程度较低的人都感到满意，并且能够终止社会阶级之间愈演愈烈的相互排斥和对立（这种排斥和对立是贯穿人类历史长河的）。要使这种后马克思主义、后历史主义变为现实，我们需要做的就是不要为金钱付出太多。此外，还必须消除金钱的象征意义；也就是说，金钱不再象征成功、尊重或爱的价值。

这些变化原则上应该是很容易实现的，因为它们符合自我实现者的前意识或非完全意识中的价值生活。这种世界观是否符合超越者的特征还有待发现。我对此表示怀疑，主要理由是，历史上的神秘主义者和超越者似乎都自发地偏爱简单朴素，避免奢侈、特权、荣誉和财产。在我的印象中，大多数"普通人"都会因此而爱戴和敬畏他们，而不是恐惧和憎恨他们。所以，这也许有助于我们设计一个世界，在这个世界里，最能干、最觉醒、最理想主义的人会被选为领导者、教师以及仁慈和无私的当权者，并受到爱戴。

24. 我忍不住还想要表达一种模糊的直觉，那就是，我所说的超越者，他们的体型在某种程度上更倾向于威廉·谢尔顿（William Sheldon）所说的"外胚型"（ectomorph），而我所说的较少超越的自我实现者，其体型更倾向于"中胚型"（mesomorphic）。（我之所以提到这一点，只是因为从理论上说这是易于验证的）。

结束语

要让很多人都相信上述内容是很困难的，因此我必须明确地指出，我在商人、实业家、管理者、教育工作者和政界人士中发现的超越者人数，与我在专业的"宗教人士"、诗人、知识分子、音乐家等人群中所发现的超越者人数是大致相同的。我必须说，每一个"行业"都有不同的习俗、不同的行话、不同的外表和不同的着装。任何一个牧师都会大谈超越，即使他根本不知道那是什么感觉。而大多数实业家都会小心翼翼地将他们的理想主义、超越性动机和超越体验隐藏在"坚韧不拔""现实主义""自我中心"（这些东西只是肤浅的和防御的）的面具之下。他们更真实的超越性动机往往不是被压抑了，而是被封锁住了，我有时候发现，通过非常直接的提问和对峙，很容易就能够突破他们的保护层。

我还必须小心谨慎，避免给人造成任何错误的印象，比如研究对象的数量（我只对三四十个人进行了较为细致的访谈和观察，而对另外的一两百人仅仅进行了一般性的谈话和观察，并翻阅了相关资料但不够细致和深入），或是我所提供的信息的可靠性（这些都是探索、调查或预先的探测，而不是详细的最终研究。是对问题的初探，而不是通常在随后才会进行的科学验证），或者是我的样本的代表性（我用了我所能得到的样本，但主要是在智力、创造性、性格、力量、成功等方面的最佳样本）。

同时，我必须坚持，这是一种实证性的探索，我的报告来自我的感知，而不是我的幻想。我发现，如果将我的自由探索、论断和假设称为"前科学的"而不是"科学的"（在很多情况下，"科学"这个词意味着验证而不是发现），那么大家都不会再担心我所做的是不科学的了。无论如何，本文中的每一个论断从理论上讲都是可被检验的、可被证实的或可被证伪的。

第八部分　超越性动机

第二十三章　超越性动机理论：价值生活的生物学根源

一

从定义来看，追求自我实现的人（self-actualizing individuals）（更成熟、拥有更完满的人性），他们的基本需要已经获得了适当的满足，现在是以另外的高级方式受到驱动，我们称之为"超越性动机"①。

从定义来看，追求自我实现的人所有的基本需要（归属感、情感、尊重和自尊）都得到了满足。也就是说，他们有归属感和"根基感"（feeling of rootedness），他们的爱的需要得到了满足，他们有朋友，感到被爱和值得被爱，他们在生活中有一定的地位，能得到他人的尊重，他们有合理的价值感和自尊感。如果我们换一种消极的说法——从这些基本需要的受挫以及病理学的角度来说——那么，我们可以说，这些追求自我实现的人不会（在任何一段时间内）感到焦虑、不安全、没有保障、孤单、被排斥、无所寄托或被孤立，不会感到不被爱、被拒绝或不被需要，不会感到受轻视、被人瞧不起，不会感到不配拥有一切，也不会有严重的自卑感或无价值感。

当然，这也可以用其他方式进行表述，我就是这么做的。例如，既然基本需要被认为是人类唯一的动机，因此说自我实现的人是"无动机的"，这种表述是合理的，而且有时也是有用的。这是为了使这些人符合东方哲学的健康观，认为健康是对奋斗、欲望或欲求的超

---

① 以下列出的二十八篇论文作为可验证的观点展示。

越。〔斯多葛（Roman Stoic）学派也有类似的观点。〕

我们也可以将追求自我实现的人描述为"表达的"（expressing）而不是"应对的"（coping），并强调他们是自发的、自然的，他们比其他人更容易做自己。这种说法还有另外一个有用之处，那就是它与对神经症的看法是不矛盾的，即神经症被认为是一种可以理解的应对机制，是一种合理（尽管愚蠢而可怕）的努力，用以满足一个更深层、更内在、更具有生物学意义的自我的需要。

上述的每一种表述在特定的研究背景中，都有其自身的实际作用。但为了某些特定的目的，最好能问一问如下这些问题："追求自我实现的人，他们的动机是什么？自我实现的心理动力学原因是什么？促使他们行动和奋斗的动力是什么？是什么驱使（或牵引）着这样的人？什么会吸引他？他希望得到什么？什么使他愤怒、专注或自我牺牲？他认为应该忠于什么？献身于什么？他所珍视、追求、渴望的是什么？他甘愿为了什么而付出生命（或活着）？"

显然，我们必须直接区分自我实现水平以下的人（受基本需要驱动的人）的普通动机，和那些所有基本需要已经得到了充分满足的人的动机（他们不再受基本需要所驱动，而是由更高级的动机所驱动）。我们最好把追求自我实现的人的这些高级的动机和需要称为"超越性需要"，同时也应该区分动机的类别和"超越性动机"的类别。

（现在我更清楚地认识到，基本需要的满足并不是超越性动机的充分条件，尽管它可能是一个必要的先决条件。在我的某些被试者身上，基本需要的满足与"存在性神经症"、无意义、无价值或类似的东西是同时存在的。现在看来，超越性动机似乎并不是在基本需要满足之后自动产生的。我们还必须提到另外一个变量，那就是"对超越性动机的防御"。这就意味着，为了更好地进行沟通和理论建构，在对追求自我实现的人进行定义时，可能有必要再增加一些内容，即他不仅完全没有疾病，基本需要得到了充分满足，积极地运用自己的能力，而且受到某些价值的驱动，这些价值是他为之努力或探索的，是他为之效忠的。）

二

所有这样的人都献身于"他们身外的"某种任务、召唤、天职、钟爱的工作。

在直接调查追求自我实现的人的过程中，我发现在所有情况下，至少在我们的文化中，他们都是有奉献精神的人，致力于某种"自身之外"的事务，某种天职、职责或钟爱的工作。通常来说，这种奉献和献身精神是如此明显，以至于我们可以用"天命""召唤"或"使命"来描述他们对"工作"的热情、无私和深沉的情感。我们甚至可以用"命运"或"宿命"这样的词来进行描述。有时我甚至会将这种奉献与宗教意义上的供奉相提并论，即为了完成某项特定的任务，为了某种自身之外又大于自身的原因，为了某种无私且非个人的东西，将自己供奉或奉献于某个圣坛上。

我认为对于天命或命运这样的概念，其意义有可能进一步得到延伸。这是当一个人听到追求自我实现的人（以及其他一些人）谈论他们的工作或任务时，感到词穷而表达自己感受的方式。这是当一个人听到某人得到一份心爱的工作，得到某个符合他"天性"的、适合他的，甚至是他为之而生的工作时，所产生的感受。我们很容易感受到这里面有一种预先建立起来的和谐，或者也许有人会说，这就像一份完美的爱情或友谊，在这种关系中人们似乎是属于彼此的，是天生的一对。在最完美的情况下，一个人和他的工作结合在一起，就像一把钥匙和一把锁那样完美匹配，或者像唱出的音符与钢琴键盘上特殊的琴弦产生共鸣一样。

可以说，上述这些对于女性被试者来说也同样适用，即使是在不同的意义上。在我的女性被试中，至少有一个人在全身心地做着母亲、妻子、家庭主妇和家族的女族长。她的天职——你可以很合理地这样称呼它——是抚养她的孩子，使她的丈夫生活快乐，以及把一大群亲戚维系在一个人际网络中。在这方面她做得很好，而且我看得出来，她乐在其中，她全心全意地爱着她的命运。就我所知，她从来没有渴望过任何别的东西，并在这个过程中很好地发挥了她的全部才能。其他的女性被试者也会不同程度地结合家庭生活和职场工作，这也会产生同样的奉献感，她们所做的事情既是自己热爱的，也是重要的和值得去做的。有一些女性令我不禁想到，"生孩子"就是一种最完满的自我实现，至少在一段时期内是如此。然而，在谈到女性的自我实现时，我其实会感到不那么有信心。

三

在理想情况下，内部需求（inner requiredness）和外部需求（external requiredness）是一致的，"我想要"和"我必须"是一致的。

在这种情况下，我通常会有这样一种感觉，即我可以把相互作用的（合成的、融合的或存在化学反应的）两种决定因素区分开来。这种相互作用是在二元性的基础上形成的一种统一，这两种决定因素有时能够并且也确实存在独立的变化。其中一个决定因素可以说是个人内在的反应，比如，"我喜爱婴儿（或绘画、研究、政治权力等）胜过世界上的任何东西，我对它很着迷……我无法抗拒地倾向于……我必须……"我们可以称之为"内部需求"，它被认为是一种自我放纵，而不是一种责任。它与"外部需求"不同，也是可以与"外部需求"相分离的。"外部需求"是对环境、情境、问题、外部世界加诸人的要求或召唤所作出的一种反应，就像火"需要"被扑灭，或像无助的婴儿需要人们照料，或像一些显然有失公正的事情需要得到纠正。此时一个人更多感受到的是责任、义务或职责，无论他之前有什么打算或想法，此时他都不得不被迫做出反应。这里更多的是"我必须做，我不得不做，我被迫去做"，而不是"我想要"。

在理想的情况下，"我想要"与"我必须"是相一致的，幸运的是，我实际上遇到过许多这样的情况。内部需求与外部需求很好地匹配在了一起。这时观察者就会被他所感知到的那种令人折服、不可抗拒、命中注定、必然与和谐程度等感到震惊。此外，观察者（以及相关的人）不仅感到"必须如此"，而且感到"应该如此，这是对的，是恰当的、合适的、正确的"。我经常会觉得这种相互归属、合二为一的模式，有一种格式塔的性质。

能否简单地称之为"目的性"（purposefulness），这让我很犹豫，因为那可能意味着它的发生仅仅是出于意愿、目的、决定或筹谋，而没有充分考虑到那种席卷而来的、心甘情愿的、热切地向命运屈服，同时又幸福地拥抱命运的主观感受。在理想的情况下，一个人也能够发现自己的命运，命运不仅仅是被安排、被建造或被决定的，它被认为是一个人在不知不觉中一直在等待的。也许称之为"斯宾诺莎式的"或"道家式的"选择、决定、目的甚至是意愿，会更加合适。

向那些无法凭直觉直接理解这些感受的人传达这种感受的最好方法就是用"坠入爱河"做例子。"坠入爱河"显然不同于履行自己的职责，或者按照理智和逻辑做事；至于说"意愿"，很明显也只能用在一种非常特殊的意义上。当两个人全心全意相爱时，任何一方都能体会到像磁铁一般吸引对方和像铁屑一般被对方吸引的感受，以及同时拥有这两者的感受。

四

这种理想状态会产生幸运感，也会产生矛盾感和无价值感。

"坠入爱河"这一模型也有助于传达那些难以用语言表达的感受，即对好运、幸运、无偿恩典的感受，对奇迹发生的敬畏感，对自己被选中的惊奇感，对自豪感和谦卑感的融合，对傲慢感以及对恋人所经历的不幸的怜悯。

当然，幸运和成功也可能会引发各种神经症性的恐惧、无价值感、反价值感、约拿情结，等等。在全心全意拥抱最高价值之前，我们必须克服这些阻碍我们发挥最大可能性的防御机制。

五

在这一水平上，工作和娱乐的二分法已经被超越；薪酬、爱好、假期，等等，必须在更高的水平上加以定义。

当然，对于这样一个有着真实意义的人，可以说他就是他自己，或者说他是在做自己，也可以说他是在实现他的真实自我。把对这种终极和完美典范的观察中得出的推论用一种抽象的方式表述出来就是：这个人是全世界最适合这个特定工作的人，而这个特定工作对于这个特定的人以及他的天赋、能力和品位来说，也是全世界最好的工作。他为这一工作而生，而这一工作也是为他而存在的。

当然，一旦我们接受了这一点并对它有所感悟后，我们就进入了另一个讨论的领域，那就是存在领域、超越领域。在这个领域里，我们只能用存在性的语言（在神秘的水平上进行沟通，等等）来表达意义。举个例子，对于这样的人来说，很明显，工作和娱乐之间那种常见的或是传统意义上的二分法已经被完全超越了。在这样的情况下，一个人的工作和娱乐当然就不再有分别。他的工作就是他的娱乐，他的娱乐就是他的工作。如果一个人热爱他的工作，享受于它胜过世界上任何其他活动，热切渴望从事它，任何原因导致的中断都使他迫切想要回到工作中去，那么，我们怎么能说这是一种违背意愿的被迫"劳动"呢？

例如，"假期"这个概念还有什么意义？我们经常观察到，这样的人在他们的假期中，也就是说，在他们可以完全自由地选择他们想做的事情又不必承担任何外在责任时，他们快乐地、全身心地投入到他们的这份休息的"工作"中。或者，在这一水平上，像"找点乐子""消遣"这样的词是什么意思呢？"娱乐"这个词又是什么意思呢？这样的人是如何"休息"的呢？他的职责、责任、义务是什么？他的"爱好"又是什么？

此时，金钱、工资或薪水又意味着什么呢？对任何一个人而言，最美丽的命运、最奇妙的好运，就是从事他所热爱的工作并从中获得报酬。我的许多（也许是大多数）被试者的情况正是如此。当然，金钱是受欢迎的，而且一定数量的金钱是有必要的。但它肯定不是最终目的和目标（对于生活在富裕社会里幸运的人而言）。这种人得到的薪水只是他"报酬"的一小部分而已。自我实现的工作或存在性的工作（存在水平上的工作），作为其自身的内在回报，已经把金钱或薪水变成了一种副产品，一种副现象。当然，这与大多数人的情况是很不相同的。大多数人为了得到金钱而做他们不想做的事，然后用这些钱去换取他们真正想要的东西。金钱在存在领域的作用与金钱在匮乏领域和基本需要领域中的作用是迥然不同的。

如果我指出，这些问题已经在猴子和猩猩身上进行了一定程度的研究，这将有助于表明我的观点，即这些是科学问题，可以用科学的方法进行研究。当然，最明显的例子就是关于猴子的好奇心的大量研究文献，以及关于人类对真理的渴望和满足感的其他先驱研究。但从理论上讲，探究这些动物以及其他动物的审美选择也一样容易，无论是否在恐惧条件下，无论研究对象是否健康，无论选择条件是否良好。对于其他存在性价值，如秩序、统一、公正、合法、完善等，也是如此。因此，在动物、儿童等身上开展相关研究应该是可行的。

当然，"最高级的"也意味着最弱的、最易消耗的、最不紧急的、最意识不到的和最容易被压抑的。基本需要是更具优势的，因此被推到了最前面，可以这么说，它们对生命本身、对身体健康和生存来说，是更加必不可少的。但是，超越性动机也确实存在于自然界和普通人之中。在这一理论中，既不需要超自然力量的干预，也不需要武断地创造存在性价值，它们既不是先验性的，也不只是逻辑的产物或意志决定的产物。它们可以被任何人揭示或发现，只要他们有这样的意愿并能重复这些操作。也就是说，这些命题是可被证实或可被证伪的，并具有可重复性；它们可以通过操作得到阐释。很多这样的命题都是可公开的或可展示的，也就是说，能够同时被两个或更多的研究者感知到。

假如高级的价值生活对科学研究是开放的，并明确地处于（人本主义界定的）科学管辖范围之内，那么我们就有理由预期，这一领域中的进展是有可能的。提高对高级价值生活的认识不但能够促进相互理解，而且能够为自我提高、改善人类物种以及改良所有社会制度开辟新的可能性。当然，我们也用不着一想到"同情的策略"（the strategy of compassion）或"精神的技术"（spiritual technologies）就感到不寒而栗，因为很显然，它们与我们已知的那些"低级的"策略和技术是迥然不同的。

六

这些热爱自己天职的人倾向于认同（吸纳、内摄）他们的"工作"（work），并使之成为自我的一个定义性的特征。"工作"成了自我的一部分。

如果你问这样的人（追求自我实现的、热爱工作的人），"你是谁？"或者"你是什么样的人？"他们的回答往往是他们的"工作"，比如，"我是一名律师""我是一位母亲""我是一名精神科医生""我是一名艺术家"，等等。换言之，他们是在告诉你，他们把自己的"职业"与自己的身份和自我等同了起来，也就是说，"工作"往往是他整个人的一个标签，是他这个人的定义性特征。

或者，如果有人问他，"假设你不是科学家（或者教师、飞行员），那么你会是什么？"或者，"假设你不是心理学家，那将会怎样？"我的印象是，他们的反应往往会是要么感到困惑，要么若有所思，要么感到很震惊，也就是说，给不出一个预先准备好的答案，或者他们会开玩笑似的回应这个问题。实际上，真正的答案是："如果我不是一个母亲（或者人类学家、企业家），那么我就不是我自己。我会成为另外一个人，但我无法想象自己成为另外一个人。"

要回应这种问题，就像要回应"假设你是一个女人而不是男人"

这个问题一样,都会让作答者感到困惑。

于是,我们可以得出一个初步的结论,即对追求自我实现的人来说,他们钟爱的"工作"往往被视为其自我的一个定义性特征,与其自身相一致、合为一体、内摄到自我中,并成为这个人存在的一个不可分割的部分。

〔我没有刻意问过那些较少自我实现的人同样的问题。在我的印象中,上述概括对某些人而言并不那么正确(对他们来说,这是一份外在的工作);而对另一些人来说,工作或职业会具有独立的功能,也就是说,某人只能是一名律师,而不是一个能与之相分离的人。〕

七

他们所献身的工作似乎可以解释为内在价值的体现或化身(而不是达到工作以外其他目的的手段,也不具有独立的功能)。这些工作之所以是受热爱的(被内摄为自我的一部分),是因为它们体现了这些价值。也就是说,他们最终所热爱的是价值,而不是那些工作。

如果你问这些人为什么喜爱他们的工作(或者更具体地说,他们什么时候会在工作中获得更大的满足感,什么时候所获得的奖赏能让所有这些艰苦工作变得有价值并能够忍受,什么时候是高峰时刻或者会拥有高峰体验),你将会得到许多具体的、特定的答案,在表2中进行了罗列和概括。

表2 自我实现者通过他们的工作以及其他方式获得激励和满足
(这些都是基本需要之外的满足)

伸张正义带来的喜悦。
制止残酷和剥削带来的喜悦。
与虚假和谎言做斗争。

续表

他们希望善有善报。
他们似乎钟爱幸福的结局、完美的结局。
他们痛恨罪恶和邪恶能够得逞，也痛恨那些因此逃避惩罚的人。
他们是善于惩罚邪恶的人。
他们试图纠正错误，收拾残局。
他们以行善为乐。
他们赞赏守信、才华、美德等。
他们会避免宣扬、声名远播、收获荣耀、享有荣誉、广为人知、拥有名望，或至少不会追求这些。无论如何，这些都不太重要。
他们并不需要所有人都爱他们。
他们通常会从自己身上找原因（尽管这些原因少之又少），而不是对广告、宣传活动或他人的劝告做出反应。
他们喜爱和平、平静、安静、愉快，等等，不喜欢动荡、打斗、战争，等等（在每条战线上他们都不只是普通的战士），他们能够在"战争"中获得乐趣。
他们也很务实、精明、现实，而非不切实际。他们喜欢雷厉风行，不喜欢拖泥带水。
他们的斗争并非源于敌意、偏执、自大、权威、反叛等，而是为了寻求正义。这样的斗争是以问题为中心的。
他们既热爱这个世界本来的样子，同时又努力去改善它。
在任何情况下，他们都对人、自然和社会的改善抱有希望。
在任何情况下，他们似乎都能很现实地看到善与恶。
他们能够应对工作中的挑战。
能有机会改善境况或运作方式，对他们而言是一种莫大的奖赏。他们享受改善事物带来的乐趣。
他们通常会从孩子那里获得极大的快乐，从帮助孩子成长为优秀之人的过程中获得快乐。
他们不需要，也不寻求，甚至不喜欢奉承、喝彩，不需要声望、地位、威望、金钱、荣誉，等等。
他们经常会表达感激之情，或是常会意识到自己是多么幸运。
他们有一种高尚的责任感。这是一种优越者、见多识广者的责任感，其中包含了耐心和宽容，就像对待孩子一样。
他们倾向于被神秘的、未解决的问题、未知以及挑战所吸引，而不是被它们吓倒。
他们乐于为混乱不堪、杂乱无序、肮脏不洁的情形带来法则和秩序。
他们憎恶（并与之斗争）腐败、残忍、恶意、不诚实、自大、虚假和伪装。

续表

他们试图摆脱幻象,勇敢地正视事实,去除障眼之物。
他们会因天赋被浪费而感到遗憾。
他们不会做卑鄙之事,并且会对他人做卑鄙之事感到愤怒。
他们往往认为每个人都应该有机会发挥自己的最大潜力,有公平的机遇,有平等的机会。
他们喜欢把事情做好,"把工作做好",把需要做的事情做好。许多这样的描述加在一起就是"创造好的作品"。
他们身为老板的一个优势就是有权力使用公司的资金,去选择做什么样的公益事业。他们喜欢将自己的钱花在那些他们认为重要的、好的、有价值的公益事业上。他们是乐善好施的。
他们乐于见到并帮助他人,尤其是帮年轻人获得自我实现。
他们乐于见证幸福,并乐于帮助他人获得幸福。
他们会因认识了值得尊敬的(勇敢的、真诚的、高效的、直率的、强大的、有创造性的、圣洁的,等等)人而感到快乐。"我的工作可以让我接触到很多杰出的人。"
他们乐于承担责任(能够尽职尽责),不会惧怕或逃避自己的责任。他们会响应责任的召唤。
他们一直认为自己的工作是有价值的、重要的,甚至是必不可少的。
他们喜欢高效,会使操作更灵巧、更简洁、更简单、更迅速、成本更低,他们会用更少的零件、更简便的操作、更少笨拙、更少努力、更可靠、更安全、更"优雅"、更省力地制造出更好的产品。

当然,除此之外,你还会得到很多这类的"最终回答"——"我就是爱我的孩子,仅此而已。我为什么爱他?就是爱啊。"或者,"我从提高工厂的效率中获得了很大的乐趣。为什么?我就是感到很快乐啊。"高峰体验、内在愉悦、有价值的成就,不论其程度如何,都不需要进一步的理由和验证。它们是内在强化物。

对这些获得奖赏的时刻进行分类是有可能的,这将更加简洁清晰。但当我试图这么做时,我很快发现,最好的、最"自然"的分类类别大多或完全是一种终极且不可简化的抽象"价值",如真、美、新颖、独特、公正、简洁、简单、善、整洁、效率、爱、诚实、天真、进步、有序、优雅、成长、干净、真实、宁静、平和,等等。

对这些人来说,职业似乎不具有独立的功能,而是终极价值的载体、工具或化身。例如,对他们来说,法律这种职业是达到正义目的的一种手段，而不是目的本身。也许我可以用这种方式来表达我对这种细微差别的感受：对某个人来说，他热爱法律是因为它是正义的化身；而对另一个人来说，比如对一个纯粹的价值无涉的技术专家来说，他热爱法律可能仅仅因为法律在本质上是一套可爱的规则、判例和程序，而与使用它的目的或结果无关。这样的人就像单纯喜欢汽车而不考虑它的用途，或是像喜欢一种游戏（如象棋）而不考虑它为什么存在一样。

我不得不学会区分几种与"事业"（cause）、职业或使命有关的认同。职业可以是一种隐藏和压抑目的的手段，这就像它本身可以成为目的一样容易。或者更确切地说，它可能是受到缺失性需要，甚至是神经症性需要以及超越性需要驱动的。它可以由多种因素决定，这些因素可以是（任何形式的）全部的或任意的一种需要，以及超越性需要。从"我是一名律师，我热爱我的工作"这句简单的陈述中，我们不能过多地去做假设。

让我印象深刻的是，一个人越是接近自我实现、接近完满的人性，等等，他的"工作"就越有可能受到超越性动机的驱动，而不是受到基本需要的驱动。对于进化程度更高的人来说，"法律"更倾向于成为一种寻求正义、真理、善良等的方式，而不是为了经济保障、荣誉、地位、威望、支配感、男子气概等。当我提出这样的问题：你最喜欢你工作的哪些方面？什么能给你带来最大的快乐？什么时候你能从工作中获得乐趣？等等，这些人更倾向于用内在价值，用超越个人的、超越自私的、利他的满足感来作答，例如，伸张正义，把工作做得更完美，弘扬真理，惩恶扬善，等等。

八

这些内在价值与存在性价值有很大程度的重叠，甚至它们有可能是相同的。

我的"数据"（如果我可以这么称呼它们的话）显然是不够牢靠

的，不足以让我在这里进行任何精确的分析，但我始终认为，我对存在性价值的分类列表（已经发表过）与上述发现的终极或内在价值列表的内容十分接近，因此是有用的。在两个列表之间有相当多的重叠，而且它们可能趋于一致。我觉得用我对存在性价值的描述是可取的，不仅因为这具有理论上的吸引力，而且因为这些价值可以有很多不同的操作性定义。也就是说，这些价值是许多不同研究道路的最终发现，这不禁使人做出猜测，即在这些不同研究道路（比如，教育、艺术、宗教、心理治疗、高峰体验、科学、数学，等等）之间存在某种共同的东西。如果真是这样，那么我们也许可以再增加一条通往终极价值的道路——"事业"、使命、天职，即自我实现者的"工作"。（从理论上讲，在这里谈论存在性价值是具有理论意义的，因为我强烈地感觉到，那些追求自我实现的人或拥有更完满人性的人，无论在工作之外还是在工作之时，都表现出对这些价值的热爱和由此获得的满足感。）

换句话说，那些在所有基本需要上都得到适当满足的人，现在受到了存在性价值的"超越性驱动"，或至少受到了"最终的"终极价值不同程度的驱动，这些终极价值会以这样或那样的组合形式出现。

还有一种表述是：追求自我实现的人不会受到初级动机的驱动（不会受到基本需要的驱动）；他们主要受到超越性需要（存在性价值）的超越性驱动。

九

这种内摄（introjection）意味着自我已经扩展到包括世界的各个方面，因此自我与非自我（外部的、其他的）之间的差异已经被超越了。

这意味着，这些存在性价值或超越性动机不再只是心灵内部的或机体的。它们既是内部的，又是外部的。内部的超越性需要和外部的需求性之间，是相互激励和相互回应的。它们变得越来越难以区分，也就是说，趋向于融合。

这意味着自我与非自我之间的差异已被打破（或已被超越）。现在，世界和人之间的差异更小了，因为个人已经把世界的一部分吸收到了他的自我当中，并由此定义了他自己。我们可以说，他的自我扩展了。如果正义、真理或法律对他来说变得如此重要，以至于他把自己与它们等同起来，那么它们究竟在哪里呢？在他的皮肤之内，还是在他的皮肤之外？此时，这种内外的差异几乎变得毫无意义，因为他的自我不再以他的皮肤作为边界。现在，内部之光与外部之光似乎已经没有区别了。

显然，单纯的自私在这里被超越了，必须在更高的水平上加以定义。例如，我们知道一个人有可能通过让他的孩子吃东西而不是自己吃东西，来获得更多的快乐（自私？无私？）。他的自我已经扩展到足以包容他的孩子了，伤害他的孩子就是伤害了他。很明显，这个自我不再是那个由心脏供应血液，由血管输送血液才能存在的生物学实体。这个心理上的自我显然要大于他自身的躯体。

正如可以将所爱的人吸纳到自我之中，成为自我的定义性特征一样，所爱的事业和价值也同样可以被吸纳到一个人的自我之中。例如，许多人满腔热情地投身到制止战争、消除种族歧视、消灭贫民窟或消灭贫困当中，以至于他们非常愿意做出巨大的牺牲，甚至甘冒生命危险。很显然，他们并非单单为了自己这个生物学个体而去伸张正义，一些东西现在已然大于自己这个躯体。他们将正义作为一种普遍价值，这种正义是为了每一个人，这种正义是一种原则。对存在性价值的攻击，就是对任何将这些价值吸纳到自我中的人的攻击。这样的攻击变成了一种人身侮辱。

一个人的最高自我与外部世界的最高价值相一致，至少在某种程度上意味着与非我的融合。但这种一致性不仅发生在与自然界之间，也适用于与其他个体之间。也就是说，某个人的自我中最有价值的部分，与其他追求自我实现者的自我中最有价值的部分是相同的。他们的自我相互重叠。

将价值吸纳到自我中还会产生其他重要的后果。例如，你能够去爱这个世界上的正义和真实,也能够去爱一个人身上的正义和真实。当你的朋友接近于真实和正义时,你会变得更快乐;当他们远离真实和正义时,你会变得更悲伤。这很容易理解。但假设你能够看到自己成功地走向了真实、正义、美和美德时,那又会如何呢?当然,你可能会发现,你将会用一种我们的文化中所没有的对自己的超然和客观的态度,去爱自己和欣赏自己,就像弗洛姆描述的那种健康的自爱一样。你能够尊重自己,欣赏自己,爱护自己,奖励自己,觉得自己善,值得被爱,值得尊重。因此,一个有极大才能的人可能会保护他的才能和他自己,就如同他是某些事物的载体,而这些事物既是他自己,又不是他自己。可以这样说,他可能会成为他自己的守护人。

十

进化程度较低的人似乎会更多地利用他们的工作来满足较低的基本需要和神经症性的需要,把工作作为达到目的的一种手段,工作是出于习惯,或作为对文化期待的一种回应,等等。当然,这些也有可能是程度上的差异。也许所有人(潜在地)在一定程度上都受到了超越性动机的驱动。

尽管这些人在具体实践中是在为法律工作,为家庭工作,为科学工作,为精神病学工作,为教学工作,为艺术工作,也就是说,他们做着一些常规类别的工作,但他们似乎是受内在价值或终极价值(或终极事实,或现实的某些方面)所驱动的,而职业仅仅是一种工具。这是我在观察他们、访谈他们时所获得的印象,比如,询问他们为什么喜欢行医,或者在经营家庭、担任委员会主席、孕育孩子或写作时,哪些时刻最有意义。如果我将他们的数百条回答,关于什么是他们渴望的,什么令他们满足,什么是他们所珍视的,他们日复一日为了什么而工作以及他们为什么要工作等(当然,这些是在低级价值基础之上的),归纳为若干条内在价值,那么可以很有意义地说，他们是在为真理、美、善、法律和秩序、正义、完美而工作。

我并没有设置一个特殊的对照组，即用非自我实现的人作为对照。但我可以说，大多数人其实就是一个控制组，这是肯定的。我的确对普通人、不成熟的人、神经症和边缘型的人、精神变态者等对待工作的态度有着相当丰富的经验，毫无疑问，他们的态度都围绕着金钱、基本需要的满足（而非存在性价值）、纯粹的习惯、刺激物、神经症性的需要、习俗、惰性（未经检验和未经思索的生活），以及做别人期望或要求的事情。然而，这种直觉的常识或自然主义的结论很容易受到更仔细、控制更严格以及预先设计好的检验的影响，并因此得到证实或是被否定。

让我印象深刻的是，我所选择的追求自我实现的被试者与其他人之间并没有一条明显分界线。我相信，我的每一个追求自我实现的被试者或多或少都符合我的描述；但是，其他一些不太健康的人也在某种程度上受到存在性价值的超越性驱动，尤其是那些有特殊才能的人和处于顺境中的人。也许所有人在某种程度上都具有超越性动机[①]。

常规类别的事业、职业或工作可以作为许多其他动机的实践途径，更不用说纯粹的习惯、习俗或功能的独立性在实践动机中的作用了。它们可能会满足（或者无法满足）个体的一种或多种基本需要，以及各种神经症性的需要。它们可能是"见诸行动"或者"防御"的一种方式，也可能是实现真正满足的方式。

我的"经验性的"印象和一般心理动力学理论都支持这样的猜想，即我们最终会发现，所有这些不同的习惯、决定因素、动机和超越性动机同时在一种非常复杂的模式下运作，而这一模式是以某种动机或决定因素为核心的。这就是说，我们所知道的那些发展水平最高的人，超越性动机的程度要高得多，而基本需要的动机程度

[①] 对此，我有足够的信心提出建议：成立研究超越性动机的机构。这应该和某些机构专门从事的所谓的动机研究一样，是值得开展的。

要低于一般人或发展水平较低的人。

我的另一个猜测是,"混乱"(confusion)的程度也将是一个相关因素。我已经在其他地方报告过我的观点,我的那些追求自我实现的被试者可以非常容易地和果断地在自己身上做到"明辨是非"。这与目前普遍存在的价值混乱形成了鲜明的对比。不仅是混乱,还有一种奇怪的黑白颠倒,一种对善良者(或试图成为善良者的人)的强烈仇视,对优越、卓越、美丽、才能等的强烈仇视。

> 政客和知识分子让我感到厌烦。他们似乎都是不真实的;这段时间我常常见到的这些人在我看来似乎才是最真实的人:妓女、小偷、吸毒者,等等。(来自对小说家纳尔逊·艾格林的采访。)

我把这种仇视称为"逆反性评价",也可以称它为尼采式的怨恨。

十一

对人或人性的完整定义必须包含内在价值(它们是人性的一部分)。

如果我们试图对真正的自我、自我同一性或真实的人的最深刻、最真实、最基础的方面进行定义,我们会发现,要做到全面,我们必须将个体的体质和气质包含在内,还要包含解剖学、生理学、神经学和内分泌学的内容,不仅要将这个人的能力、生物学类型、基本的本能需要包含在内,还要包含存在性价值,那些也是他的存在性价值。(这应该被理解为对萨特式的武断存在主义的断然拒绝,萨特认为自我是由命令创造的。)这些存在性价值连同他的"低级"需要一起,都是他的"本性"、定义或本质的一部分,至少在我的那些追求自我实现的被试者中是这样。存在性价值必须被包含在"人类"、完满的人性或"某一个人"的终极定义中。的确,它们在大多数人身上并没有完全显现或得到实现（成为真实的且能够起作用的）。然而，就我目前所见，在这个世界上的任何人身上都有可能具有这样的潜能。（当然，将来我们也有可能发现与这一假设相悖的新数据。而且最终要考虑到严格意义上的语义和理论构建方面的问题，例如，对于一个意志薄弱的人，我们应该赋予"自我实现"这个概念什么意义？）但是无论如何，我认为至少对某些人来说这一点是正确的。

对充分发展的自我或人的全面定义应该包含这种价值体系，正是这种价值体系令他具有了超越性动机。

十二

这些内在价值是类本能的。它们是避免疾病和达到最完满的人性或成长所必需的。剥夺内在价值（超越性需要）会导致的"疾病"，我们可以称之为超越性疾病。因此，"最高"价值，精神生活，人类的最高愿望，是适合进行科学研究的主题。它们存在于本性中。

现在我想提出另一个论点，它也来自我对我的研究对象和一般人群之间的对照观察（非系统化的和非计划性的）。这一论点是：我之所以把基本需要称为类本能的或生物学上必需的，是有很多原因的，但主要是因为人们必须用基本需要的满足来避免疾病，避免人性的萎缩，而且，从积极的意义上说，这是朝向自我实现或完满的人性迈进。我强烈感觉到，追求自我实现的人的超越性动机也存在类似的情况。在我看来，超越性动机也是生物学上必需的，它们可以（1）在消极意义上，避免"疾病"；（2）在积极意义上，达到完满的人性。由于这些超越性动机是生命的内在价值，因此这就意味着存在性价值（不论是某一种还是几种的结合）在本质上也是类本能的。

这些"疾病"（由于存在性价值、存在性需要或存在性事实被剥夺而导致的）是新发现的，人们还没有将其作为病态进行过描述，除了无意间的提及或暗示，或是像弗兰克尔那样，用一种非常普遍和泛泛的方式谈到，这些问题尚未被梳理成可研究的形式。几个世纪以来，是宗教学家、历史学家和哲学家们一直在精神或宗教缺陷的范畴内谈论这些问题，而不是内科医生、科学家或心理学家在精神、心理或生物"疾病"、发育迟缓或萎缩的范畴内谈论这些问题。在一定程度上，这些问题也与社会学上和政治上的动乱、"社会病态"等问题有重叠之处（表3）。

将这些"疾病"（或者更恰当地说，是人性的萎缩）称为"超越性病态"，并将它们定义为是一般的或特定的存在性价值被剥夺的结果（见表3和表4）。根据我之前对各种存在性价值的描述和列举，有可能形成一种分类列表（表4），一些尚未发现的疾病也可能会被列在表中，以供将来查找。它们将在多大程度上被发现和描述，我的印象和假设就将在多大程度上被证实。（我曾把电视领域，特别是电视广告作为各类超越性病态的丰富来源，即对其内在价值的破坏并将其低俗化。当然，也有许多其他容易获得的资料来源。）

表3 一般的超越性病态

疏离感。
混乱。
兴趣缺失。
丧失生活热情。
无意义感。
缺乏享受的能力；漠不关心。
无聊；倦怠。
生命不再拥有内在价值，不再有自我确认。
存在性的空虚。
心灵性神经官能症（Noogenic neurosis）。

续表

哲学危机。
情感淡漠,顺从,宿命论。
无价值感。
生活的去神圣化。
精神疾病和危机;枯燥、死板、陈腐。
缺乏价值导致的抑郁。
渴望死亡;放弃生命;对死亡无动于衷。
感觉自己没有用,不被需要,不重要;无效用感。
绝望、冷漠、失败、停止应对、屈服。
感觉完全被动;无助;丧失自由意志。
终极质疑:有什么是值得的吗?有什么是重要的吗?
绝望,痛苦。
无愉快感。
徒劳感。
愤世嫉俗;对所有高级价值的不信任、丧失信心,或用还原论进行解释。
超越性抱怨。
"漫无目的"地破坏、怨恨、故意毁坏。
疏远所有的长辈、父母、权威;脱离社会。

表4 存在性价值和特定的超越性病态

存在性价值	致病的剥夺	特定的超越性病态
1.真	不诚实。	不相信、不信任、愤世嫉俗、多疑、猜忌。
2.善	邪恶。	极度自私;仇恨、排斥、厌恶;只依靠自己,只为自己;虚无主义;愤世嫉俗。

续表

3. 美	丑陋。	粗俗；特定的不快乐；烦躁、丧失品味、紧张、疲倦；庸俗；凄凉。
4. 统一、完整	混乱；原子论、丧失关联性。	解体；"世界正在瓦解"；武断。
4a. 超越二分化	黑与白的二分化；丧失层次和程度；被迫进行两极化；被迫进行选择。	非黑即白的思维；将任何事物都看作争斗、战争或冲突；低协同作用；简单化的生活观。
5. 活力、进程	死气沉沉；机械化的生活。	死气沉沉；机械呆板；感觉完全被动；失去情感；无聊、丧失生活热情；体验空虚。
6. 独特	千篇一律、一致性、可互换性。	缺乏自我感和个性感；感觉自己是可与他人互换的、匿名的、不被需要的。
7. 完美	有缺陷、凌乱、质量低劣、粗制滥造。	沮丧、绝望、无所事事。
7a. 必然	意外、偶然、不一致。	混乱、不可预测；丧失安全感；警惕。
8. 完成；定局	未完成。	持续性的未完成感；绝望；停止努力和应对；无效的尝试。
9. 公正	有失公正。	不安全感、愤怒、玩世不恭、不信任、不服从法律、认同丛林法则、完全的自私。
9a. 秩序	不服从法律；混乱；权威的瓦解。	不安全感；戒备心；失去安全性、失去可预测性；必须保持警惕、警觉、紧张、警戒。
10. 简单	混乱的复杂性；分离；解体。	过于复杂、混乱、困惑、冲突、迷失方向。
11. 丰富、整体、全面	贫乏；狭窄化。	抑郁、不安、对世界失去兴趣。
12. 不费力	费力。	疲劳、紧张、奋斗、笨拙、尴尬、不优雅、僵硬。
13. 欢娱	缺乏幽默。	冷酷，抑郁，过分偏执而缺乏幽默感，丧失生活的热情；不快乐；丧失享受的能力。
14. 自足	不确定、事故、偶然。	对感知者的依赖；依赖成了责任。
15. 有意义	无意义。	无意义；失望；无感觉的生活。

表4中的第三列是一项非常初步的探索，可以把它看作对未来研究的启示，除此之外不必对其过于认真。如果说一般的超越性病态是背景，那么特定的超越性病态就是主体。我详细阐释过的唯一一种特定的超越性病态就是第一种（参见《存在心理学探索》一书），也许用它来激励对其他超越性病态的阐释工作是可行的。我猜测，阅读宗教病理学的文献，尤其是神秘主义传统的文献，会有一些启发。我还猜测，在"时髦"艺术、社会病理学、同性恋亚文化领域以及反存在主义的文献中，也可以获得一些线索。存在主义心理治疗中的个案史，精神疾病，存在性的空虚，神秘主义者的"枯燥"和"死板"，由一般语义学者的仔细剖析所导致的二分法、赘述和过度抽象，艺术家们极力批判的庸俗主义，社会精神病学家所谈论的机械化、自动化和非个人化，疏离感、自我身份的丧失、责他反应（extra-punitiveness）、牢骚、抱怨、无助感、自杀倾向，荣格所谈论的宗教病理学，弗兰克尔所说的心灵性神经官能症、精神分析学家所说的人格障碍——这些以及许多其他价值紊乱，无疑都是相关信息的来源。

综上所述，如果我们认同这种失调、疾病、病态或萎缩（由于被剥夺了超越性需要而导致的）确实是完满的人性或人类潜能的一种衰退，如果我们认同存在性价值的满足能够增强或实现人的潜能，那么显然，这些内在的和终极的价值就可以被认为是类本能的需要，它们与基本需要同属于一个话语领域，同处于一个需求层次系统中。尽管它们具有某些区别于基本需要的特性，但仍然可以用探讨和研究基本需要（例如对维生素C或钙的需要）的方式来了解它们。在更广泛的意义上，它们也属于科学领域，所以当然也就不只是神学家、哲学家或艺术家身上所特有的东西。因此，精神生活或价值生活是属于自然领域的，而不是属于一个不同的、对立的领域。它不仅是心理学家和社会科学家热衷研究的对象，而且从理论上说，随着神经学、内分泌学、遗传学和生物化学逐渐发展出合适的方法，它最终也会成为这些学科的研究对象。

十三

富有而放纵的年轻人的超越性病态，部分来自对内在价值的剥夺，来自对社会的幻灭所导致的"理想主义"受挫，他们（错误地）认为这个社会只能受到低级的、动物性的或物质的需要驱动。

超越性病态的理论产生了如下这个易于检验的命题：我相信，富人（低级的需要已经得到了满足）的很多社会病态，是内在价值匮乏（intrinsic-value-starvation）所导致的。换句话说，富有的、有特权的、基本需要已经得到满足的高中生和大学生的许多不良行为都是由于"理想主义"受挫导致的，这在年轻人中是很常见的现象。我的假设是，这种行为可能是对信仰的持续追寻和对失望感到愤怒的融合。（我有时会在个别年轻人身上看到，他们怀疑这种价值的存在，甚至对其感到完全失望或绝望。）

当然，这种理想主义的受挫和偶尔的绝望，部分原因是受到了一些普遍存在的愚蠢的动机理论的影响。把行为主义和实证主义理论——或者更确切地说把非理论——放在一边，就像简单地拒绝看到问题一样，这是一种精神分析式的否认。这样一来，还有什么是对理想主义的年轻男女有用的呢？

不仅整个19世纪的官方科学和正统的学术心理学不能给他提供任何东西，而且大多数人用以指导生活的主流的动机理论也只能把他引向抑郁或愤世嫉俗。弗洛伊德学派，至少在他们的官方著作中（虽然没有在良好的治疗实践中），对所有高级的人类价值也是持还原论的态度。弗洛伊德学派认为，最深层和最真实的动机是危险和肮脏的，而最高的人类价值和美德本质上是虚假的，不是它们看上去的样子，而是"深层的、黑暗的和肮脏的"东西伪装后的样子。我们的社会科学家在这方面也同样令人失望。完全的文化决定论仍然是大多数社会学家和人类学家的官方正统学说。这一学说不仅否认内在的高级动机，而且有时近乎否认"人性"本身，而这是极其危险的。而经济学家，不论是西方的还是东方的，本质上都是唯物主义的。我们必须严厉批评经济学的"科学性"，它通常是对一种人类需要和价值理论的熟练、精准和技术性的应用，而这种理论是完全错误的，它只承认低级的需要或物质需要的存在。

这样一来，年轻人怎么能不感到失望和幻灭呢？他们在得到了物质上的和动物性的满足后却仍然感到不快乐，这是那些理论家、父母和老师的传统智慧，以及广告商的灰色谎言不断引导所带来的结果。在这样的引导下，他们还能怎样呢？

接下来，人们会如何对待"永恒的真理"呢？如何对待终极真相呢？社会各阶层都同意将其交给教会和教条化的、制度化的、传统的宗教组织来处理。但这也是对崇高的人性的一种否定！这样的做法实际上意味着，那些寻找真理的年轻人肯定不会在人性本身中找到它，他必须从一个非人类的、非自然的源泉中寻找真理，而这一源泉是当今许多有智慧的年轻人所完全不信任或拒绝的。

> 这种过度放纵的最终结果是物质价值越来越占主导地位。作为结果，人类对精神价值的渴求之情一直没有熄灭。因此文明已经达到了一个濒临灾难边缘的阶段。——舒马赫（E. F. Schumacher）

我之所以在这里关注年轻人的"受挫的理想主义"，是因为我认为它是当今的一个研究热点。当然，我认为任何人身上的超越性病态也都是源于"受挫的理想主义"。

十四

这种价值匮乏（value-starvation）和价值饥饿（value-hunger）既来自外在的剥夺，也来自我们内在的矛盾心理和逆反性评价。

我们不仅因为被环境被动地剥夺了价值而导致了超越性病态，

我们也惧怕自身内部及外部的那些最高的价值。我们不但被这些价值所吸引，同时也会对其感到敬畏、震惊、战栗、恐惧。也就是说，我们往往是矛盾和冲突的。我们会设置防御来使自己不受存在性价值的影响。压抑、否认、反向形成，也许还有弗洛伊德的所有其他防御机制，都可用来对抗我们自身内部的最高价值，就像它们被动员起来对抗最低价值一样。谦卑和无价值感会导致对最高价值的逃避；同样，害怕被这些巨大的价值所淹没，也会导致逃避。

我们有理由假设，不论是外在的强制性剥夺，还是自我剥夺，都会导致超越性病态。

十五

与超越性需要相比，基本需要的层次系统更占优势。

基本需要和超越性需要处于同一个层次系统中，即在同一连续体中，在同一话语领域中。它们具有同样的"被需要"的（必要的、对个体有益的）基本特征，剥夺它们会产生"疾病"和萎缩，而"摄入"它们会促进成长，使个体趋向于完满的人性、更大的幸福和喜悦、心理上的"成功"、更多的高峰体验，简言之，就是趋向于更多的生活在存在水平。它们都是生物学上所渴望的，也都会促进生物学上的成功。然而，它们的定义方式是不同的。一直以来，生物学上的价值或成功都是被消极看待的，即认为其无非是简单的生命耐力、生存能力、避免疾病的能力、维持个体及其后代生存的能力，等等。但我们在这里也暗示了生物学上或进化上的成功的积极标准，即不仅包括生存价值，还包括自我实现的价值。基本需要和超越性需要的满足有助于产生"更好的试样"，他们在生物学上更优越，在统治阶级中处于高位。不仅那些更强壮、更有统治力、更成功的动物会有更大的满足感、更好的领地、更多的后代，等等，不仅那些弱小的动物在统治阶级中地位较低，更容易被吃掉，更不容易繁殖，更容易挨饿，等等，而且"更好的试样"也会过着更充实的生活，拥有更多的满足，更少的挫折、痛苦和恐惧。这里我们并没有试图对动物的快乐进行描述——然而我认为这是可以做到的——但我们仍然可以合理地提出这样的问题："一个印第安农民和一个美国农民都能繁衍后代，难道他们的生物生命和精神生活就没有区别吗？"

首先，很明显，基本需要的整个层次相比超越性需要是更占优势的，或者换句话说，与基本需要相比，超越性需要是"后优势的"（postpotent，不那么紧迫，要求不那么强烈，是较弱的）。我打算把这作为一种一般性的统计陈述，因为我发现有一些人，他们的特殊才能或独特的敏感性使得真、美或善对他来说比一些基本的需要更重要、更迫切。

其次，基本需要又可称为匮乏性需要，具有我已描述过的匮乏性需要的各种特征，而超越性需要似乎更具有"成长性动机"（growth motivations）的特殊特征。

十六

通常来说，超越性需要彼此之间的优势程度是一样的。但对于任何一个特定的个体来说，他们可能是，而且常常是按照特殊的才能和体质差异来划分层次的。

据我所知，这些超越性需要（或存在性价值、存在性事实）并不是按优势等级排列的，它们的优势程度是相同的。换一种表述方式就是，每个人似乎都有自己的优先顺序（或者层次系统、优势），这与他自己的才能、气质、技能、能力等是相一致的。对一个人来说，"美"比"真"更重要，但对他的兄弟来说，情况可能正好相反。

十七

似乎任何内在价值或存在性价值都完全由大多数或所有其他

存在性价值所定义。也许它们形成了某种形式的统一，每个特定的存在性价值只是从另一个角度看到的整体。

我的（不确定的）印象是，任何存在性价值都被其他存在性价值的总和充分地定义了。也就是说，"真"要被完全和彻底地定义，就必须是美、善、完美、活力、简单、秩序、合法、活力、全面、统一、超越二分法、不费力和有趣的。（"真，完全的真，除了真什么都不是"这种说法显然是不充分的。）同样，完全定义的"美"必须是真、美、完美、活力、简单的，等等。这就好像所有的存在性价值都有某种统一，每一个单独的存在性价值都是这个整体的一个方面。

十八

价值生活（精神的、宗教的、哲学的、价值论的，等等）是人类生物学的一个方面，与"低级"的动物生活处于同一连续体上（而不是处于分离的、二分法的或相互排斥的领域里）。因此，它可能是全人种的、超越文化的，尽管它必须通过文化才能得以实现和存在。

所有这一切都意味着，所谓的精神生活或价值生活，或者"高级的"生活，与肉体的或身体的生活（动物性的生活、物质生活、低等的生活）处于同一连续体上（具有相同的种类或性质）。也就是说，精神生活是我们生物学生活的一部分，是它的"最高"部分，但仍然是它的一部分。

因此，精神生活是人类本质的一部分。它是人性的一个定义性特征，没有它，人性就不是完整的人性。它是真实自我，以及一个人的自我同一性、内在核心、物种性、完满的人性的一部分。在某种程度上，纯粹的自我表达或纯粹的自发性是有可能的，那么在同等程度上，超越性需要也会得到表达。"揭示"疗法、道家式的治疗、存在主义治疗、意义疗法或者"存在成长"技术，应当揭露和强化超越性需要和基本需要。

深度诊断技术和治疗技术最终也能够揭示这些超越性需要，因为我们的"最高本性"与我们的"最深本性"是相同的。价值生活和动物生活并不像大多数宗教和哲学所设想的那样，也不像传统的、非个人的科学所设想的那样，属于两个独立的领域。精神生活（沉思的、"宗教的"、哲学的或价值的生活）在人类思想的管辖范围内，理论上可以通过人类自身的努力得以实现。尽管精神生活已经被以物理学为模板的经典的、价值无涉的科学逐出了现实领域，但它仍然可以被人文科学重新定位为研究对象和技术对象。也就是说，这种扩展的科学必须考虑永恒的真理、终极的真理、最终的价值、等等，才能保持"真实"和自然，它是基于事实的而非基于愿望的，是人类的而非超人类的，是需要被我们研究的正当的科学问题。

当然，在实践中这类问题更难进行研究。低级的生活比高级的生活更占优势，这意味着高级的生活发生的可能性更小。受到超越性动机驱动的生活，其先决条件要多得多，不仅要先满足需求层次系统中的所有基本需要，而且还要拥有更多的"良好条件"（这些良好条件使得高级的生活成为可能）。也就是说，必须有一个更好的环境，不存在经济短缺的情况，必须要能够进行自由选择，以及拥有能够使真正的和有效的选择成为可能的条件，必须生活在协同作用的社会制度下，等等。总之，我们必须非常小心谨慎地指出，高级的生活仅仅在理论上是可能的，而不是很有可能发生或很容易实现的。

让我再来做一个非常明确的提示：超越性动机是全人种的，因此是超越文化的、人类共有的，而不是由文化随意创造出来的。既然这是一个注定会产生误解的论点，请让我对此进行说明：在我看来，超越性需要似乎是一种类本能，也就是说，它们有一种明显的遗传性，是人类物种的共同决定。但它们是潜在的，而不是现实存在的。要实现超越性需要，文化绝对是一项必要条件，但文化也可能无法促成它们的实现，事实上，历史上大多数已知的文化正是如此。因此，这里隐含着一种超越文化的因素，它可以从文化之外或文化之上评论任何文化，即评论某种文化在多大程度上促进或抑制了自我实现、完满的人性以及超越性动机。一种文化可能与人类的生物本质相协同，也可能与人类的生物本质相对抗，但从理论上说，文化和生物学其实并不是彼此对立的。

因此，我们能否说，每个人都渴望高级的生活、精神、存在性价值，等等？在这里，我们完全陷入了语言的不足当中。当然，从理论上说，我们必须把这种渴望看作每个新生儿都具备的一种潜力，除非事实证明并非如此。也就是说，我们最好的猜测是，这种潜力，如果它失去了，那么它一定是在出生后失去的。我敢打赌，当今的社会现实是，大多数新生儿将永远不会实现这一潜能，他们会因为贫穷、剥削、偏见等永远无法获得最高水平的动机。事实上，当今世界存在着机会的不平等。对成年人来说，由于他们的生活方式和生活地点不同，他们所处的社会、经济、政治环境不同，他们的精神病理性程度和类型不同，等等。然而，对于每一个活着的人来说说，从理论上完全放弃其超越性生活的可能性也是不明智的（从社会策略的角度来说）。毕竟我们可以看到，那些精神病学意义上和自我实现意义上的"绝症患者"（incurables）都被"治愈"了。可以肯定的是，为子孙后代放弃这种可能性是愚蠢的。

所谓精神的（或超越的、价值论的）生活，显然是根植于人类的生物本性之中的。它是一种"高级的"动物性，其先决条件是健康的"低级的"动物性，也就是说，它们的层次是整合的（而不是互斥的）。但是，这种更高级的、精神上的"动物性"是那么胆怯和微弱，那么容易丧失，那么容易被更强大的文化力量所摧毁，因此，它只有在赞同人性并因此积极地促进其充分发展的文化中才能得以广泛实现。

正是出于这样的考虑，使得我们有可能解决许多不必要的冲突或二分法。例如，如果黑格尔的"精神"概念和马克思的"自然"概念实际上是处在同一连续体的不同层次上的，也就是说，"唯心主义"与"唯物主义"的层次是整合的，那么这个层次连续体的本质将会给出各种解决方案。例如，低级需要（动物的、自然的、物质的）在相当具体的、经验性的、操作性的、狭义的意义上，比所谓的高级基本需要更占优势，而后者又比超越性需要（精神、理想、价值）更占优势。也就是说，生活中的"物质"条件在崇高的理想之前（先于理想，强于理想），甚至比意识形态、哲学、宗教、文化等更占优势。然而，这些高级理想和价值绝不仅仅是低级价值的副现象。它们似乎拥有相同的生物和心理现实，尽管在强度、紧迫性或优势等级上有所不同。在任何优势层次中，比如在神经系统中，或者在某个社会等级中，高级的和低级的同样都是"真实的"，也同样都是人类的。如果你愿意的话，你当然可以从追求完满人性的角度来看待历史，或是从一种内在的、德国教授式的理念展现来看待历史，即采取一种自上而下的方式；或者你也可以在物质环境中找到最初的、基本的或终极的原因，即采取自下而上的方式来看待历史。（这时，自我利益是占优势的，所以你会认为"利己之心是所有人性的基础"这样的说法是正确的。但从充分描述所有人类动机的意义上讲，这种说法就不正确了。）对于不同的知识目的而言，自上而下和自下而上都是有用的理论，而且都可以被赋予一定的心理意义。我们不必为"精神高于物质"而争论，反之亦然。如果今天的俄罗斯人为理想主义和精神哲学的出现而感到担忧，那是没有必要的。根据我们对个人和社会发展的了解，一定程度的精神满足极有可能是物质主义满足的结果。（对我来说，为什么富裕让一些人获得成长，而让另一些人停留在严格的"物质主义"水平，这是一个巨大的谜。）同样的情况也见于宗教家——要培养精神价值，那么最好从衣、食、住、行开始，这些比布道更为基本。

把我们的低级动物遗传特征与我们的"最高的"、最具精神性的、最有价值的、最"宗教的"遗传特征放在同一尺度上去衡量（因此可以说，精神性的也是动物性的，即更高级的动物性），这样做也有助于我们超越许多其他的二分法。例如，内心的魔鬼之声、堕落、肉欲、邪恶、自私、自我中心、追逐私利，等等，都被认为是与神圣、理想、善、永恒的真理、我们的最高愿望等相对立的。有时，神圣的或最好的东西被认为是存在于人性之中的。但在人类历史上，更多的时候，良好的品性被认为是人性之外的、高于人性的、超自然的。

在我的模糊印象中，大多数的宗教、哲学或意识形态在某种程度上更倾向于接受邪恶或最坏的东西是人类固有的本性。但即使是我们"最坏的"冲动，有时也会被外化，如撒旦的声音或类似的东西。

而且，我们"最低级的"动物本性常常会被我们无意识地诽谤为是"坏的"，尽管原则上它也可以很容易地被认为是"好的"——在一些文化中，也一直是这样认识的。也许这种对我们低级动物天性的恶意，部分原因是二分法本身（二分法导致了病态，而病态又促使了二分法的形成，而在一个整体的世界里，这通常是不正确的）。如果是这样，那么超越性动机的概念就应该能提供一个理论基础，用以解决所有（或大部分）错误的二分法。

十九

快乐和满足可以按照从低到高的层次进行排列。因此，享乐主义理论也可以被看作从低到高的，最高水平即超越性享乐主义（metahedonism）。

存在性价值，被看作超越性需要的满足，也是我们所知道的最高快乐或幸福。

我在别处也曾说过，我们需要意识到快乐是有层次的，例如，从脱离痛苦后的解脱、泡热水澡带来的心满意足、同好朋友在一起的欢乐、伟大音乐带来的享受、拥有孩子带来的欣喜、体验最高的爱所产生的狂喜，一直到与存在性价值的融合。

这种层次系统为享乐主义、自私和责任等问题提供了一种解决方案。如果一个人将最高的快乐包含在我们所统称的快乐之中，那么在一个非常真实的意义上，拥有完满人性的人也只是在寻求快乐，即超越性快乐（metapleasure）。也许我们可以称之为"享乐主义"，然后指出在这个层次上快乐和责任之间并不存在矛盾，因为人类的最高义务当然是追求真理、正义、美，等等，而这些恰恰也是人类能体验到的最高快乐。当然，在这个层次的讨论中，自私和无私之间的相互排斥也消失了。对我们有益的事情对别人也有益，令人满意的事情同时也是值得称赞的，我们的欲望在这时是可靠的、理性的、明智的，我们所享受的对我们是有益的，寻求我们自己的（最高的）良善也是在寻求普遍的良善，等等。

如果有人谈到低级需要享乐主义、高级需要享乐主义以及超越性需要享乐主义，那么这是一个从低到高的顺序，意味着各种可操作和可检验的意义。例如，越往上层走，能达到的人就越少，先决条件就越多，社会环境就必须越好，教育质量就必须越高，等等。

二十

由于精神生活是类本能的，因此"主观生物学"的所有技术都适用于对它的培育。

既然精神生活（存在性价值、存在性事实、超越性需要等）是真实自我的一部分，是类本能的，因此原则上它是能够内省的。它拥有"冲动之音"或"内部信号"，虽然弱于基本需要，但仍能够被"听到"，因此属于"主观生物学"的范畴。

因此，从理论上讲，所有有助于发展（或教导）我们的感觉意识、身体意识、我们对内部信号（由我们的需要、能力、体质、性情、身体等发出）的敏感性的原则和训练——所有这些，尽管不那么强烈，但也都同样适用于我们内在的超越性需要，即适用于培养我们对美、法则、真理、完美等的渴望。也许我们还可以发明一些术语，如"经验的丰富性"（experiential richness），来描述那些对自我的内部声音非常敏感的人，他们甚至能够有意识地内省和享受超越性需要。

这种经验的丰富性在原则上应该是"可教的"，或者至少在某种程度上是可恢复的，也许可以通过适当地使用致幻剂，通过使用伊萨兰式的运用冥想和沉思技术的非语言的方法[①]，通过进一步研究高峰体验或存在性认知等方式得以实现。

我不希望内部信号（来自内部的声音，"平静的、微弱的良知的声音"，等等）被神化。对我来说，经验性的知识当然是一切知识的开始，但它肯定不是一切知识的结束。它是必要的，但不是充分的。即使是最明智的人，内部的声音偶尔也会出错。这些明智的人通常会在任何可能的情况下，用外部现实来检验他们的内部命令。因此，对经验性的知识所进行的实际检验和验证总是井然有序的，因为有时内部非常确定的声音——即使来自一个真正的神秘主义者——也会被证实是魔鬼的声音。无论我们多么尊重内在经验，但如果你认为个人良知要胜过所有其他知识和智慧的来源，这肯定是不明智的。

二十一

然而存在性价值似乎和存在性事实是一样的。现实最终会成为事实—价值或价值—事实。

在清晰性（启示、觉醒、洞察力、存在性认知、神秘感知等）的最高水平上，存在性价值也可以被称为存在性事实（或终极现实）。当人格发展、文化发展、洞察力、情感释放（从恐惧、抑制、防御中获得释放）、不受干扰性同时达到最高水平时，这时就有充分理由肯定，人性独立的现实会在其自身（人性独立）的本质中被看得最清楚，最少受到来自观察者干扰的歪曲。这时，现实就被描述为真、善、完美、完整、活力、合法、美，等等。也就是说，那些最能够准确、恰当地描述被感知到的现实的词汇，正是我们所说的价值词汇。传统的"是"与"应该"的二分法是低水平生活的特征，在事

[①] 位于加州大苏尔的伊萨兰学院就擅长运用这种方法。这种新型教育隐含着这样一种假设，即身体和精神都能够被爱，两者是协同的，在层次上是整合的，而不是相互排斥的，也就是说，一个人可以同时拥有两者。

实与价值相融合的最高水平生活中,这种二分法就被超越了。很显然,那些同时具有描述性和规范性的词汇可以被称为"融合词"。

在这一融合的水平上,"对内在价值的爱"等同于"对终极现实的爱","忠于事实"意味着"热爱事实"。要达到这样的融合,需要尽最大努力去感知,尽最大努力保持客观性,即尽可能地减少观察者的污染效应,减少观察者的恐惧、愿望和自私的算计,产生一个情感上的、审美上的和具有价值论的结果,这一结果指向我们最伟大和最通达的哲学家、科学家、艺术家和精神领袖,同时也是他们所追求的。

对终极价值的思考与对世界本质的思考变成了同一件事。寻求(明确定义的)真理可能与寻求(明确定义的)美、秩序、统一、完美、正直是等同的,因此可以通过任一一种存在性价值来获取真理。这样一来,科学是否就无法区别于艺术、宗教、哲学了呢?一项关于现实本质的基础科学发现是否也是一种精神的或价值论的论断呢?

如果这一切是这样的话,那么我们对现实的态度,或者至少是当我们和现实都处于最佳状态时对所见现实的态度,就不再仅仅是"冰冷的"、纯认知的、理性的、逻辑的、超然的、非卷入的赞同。这种现实也唤起了一种温暖的、情感上的反应,一种对爱、奉献和忠诚的反应,甚至唤起了高峰体验。现实在处于最佳状态的时候,不仅是真实的、合法的、有序的、完整的……它也是美好的、迷人的、可爱的。

从另一个角度来看,可以说我们在这里提供了关于伟大的宗教和哲学问题的隐含答案,例如,哲学的探索、宗教的探索、生命的意义等问题。

这里提出的理论结构是一系列试探性的假设,以供检验和证实,但也有可能被证伪。它是一个由各种水平的科学信度、临床和个人报告,以及纯粹的直觉和预感所组成的"事实"网络。或者换一种说法,我自信地预测或打赌一定会有人对它进行检验,并且我相信它是可以被证实的。但是你们(读者)不能像我这样。即使感觉它是对的,即使它显得十分合理,你们也应该更加谨慎。毕竟它是一系列猜测，也许它是正确的，但最好加以检验。

如果存在性价值与自我等同，并成为自我的定义性特征，那么这是否意味着现实、世界、宇宙因此也与自我等同，并成为自我的定义性特征？这样的说法意味着什么呢？的确，这听起来像是神秘主义者与世界或与他的神之间的融合。这也让我们想起了东方思想中对于这种意义的说法，如个体的自我消融于整个世界中。

是否可以说，我们正在把绝对价值的可能性提升到有意义的程度，至少在现实本身可以被称为绝对的意义上是这样的？如果这类事情被证明是有意义的，那么它会仅仅是人本主义的，还是有可能是超越人类限制的呢？

至此，我们已经达到了这些词汇所能传达的意义的极限。我提及它们只是因为我希望敞开大门，留下还未得到解决的问题。显然，这不是一个封闭的体系。

二十二

不但人是自然的一部分，自然也是人的一部分，而且为了在自然中生存，人至少必须与自然有最低程度的同构性（相似性）。自然让人发生了进化。因此，人与那些超越他的事物进行沟通，也无须被说成是非自然的或超自然的。这种沟通可以被看作一种"生物学的"体验。

赫舍尔（Heschel）①认为："人真正的实现有赖于与超越他的事物之间的沟通。"从某种意义上说，这种说法显然是正确的，但这一意义需要进一步解释清楚。

我们已经看到，人与他自身之外的现实之间并没有绝对的鸿沟。他可以认同这个现实，把它吸纳到自己对自我的定义中，像忠于自

---

① 亚伯拉罕·约书亚·赫舍尔（Abraham Joshua Heschel，1907—1972），波兰神学家。他对"celebration"的阐述见其著作《人是谁》(*Who Is Man*)。

己一样忠于它。于是，他成为它的一部分，它也成为他的一部分。他和它彼此重叠。

这一表述方式为通往另一个讨论领域架起了一座桥梁，即人类生物进化理论。人不仅是自然的一部分，而且必须在某种程度上与自然同构。也就是说，人与非人的自然之间不能完全矛盾。他不能和自然完全不同，否则他现在就不会存在了。

他的生存能力证明了他至少与自然是相容的，是为自然所接受的。他接受自然对他的要求，作为一个物种，至少在维持生存的程度上，他已经臣服于这些要求了。自然并没有置他于死地。从生物学的角度来说，他有足够的策略，接受自然法则，如果他违背这些法则，就意味着死亡。他与自然相处和谐。

也就是说，在某种意义上，他必须与自然相似。当我们谈到他与自然的融合时，也许这就是我们想要表达的一部分意思。也许他在自然面前表现出的无比激动（感知到它的真、善、美等）的情绪，终有一天会被理解为是一种自我认知或自我体验、一种自我存在和充分发挥功能的方式、一种舒适自在的方式、一种生物学上的真实性、一种"生物学上的神秘主义"等。神秘的或高峰的融合，也许不仅是与最值得爱的事物进行沟通，而且也可以被看作与存在的事物的融合，因为他属于存在，是其真实的一部分，就像是一个家庭中的一名成员一样：

> ……有一个方向是我们越来越确信的，那就是，我们基本上与宇宙是一体的，而不是彼此陌生的。——加德纳·墨菲（Gardner Murphy）

从生物学或者进化论的角度来理解这种神秘体验或高峰体验——会发现它可能与精神体验或宗教体验并没有什么不同——这再次提醒了我们，将"最高"看作"最低"或"最深"的反义词，这种做法已经过时了，我们必须摆脱它。当我们认同了我们深刻的生物本质在整体上与自然是同构的，那么这里所描述的"最高"体验，即人类所能想象到的与终极现实之间令人欣喜的融合，就可以同时被视为是我们个人的终极动物性的最深刻体验，以及我们的终极物种性的最深刻体验。

在我看来，这是一种经验主义的说法，至少是自然主义的说法，它使人们感到，把"超越人的事物"定义为非人类的、非自然的或超自然的，就像赫舍尔所做的那样，好像不太有必要，也不太具有吸引力。一个人与超越他的事物进行沟通，可以被视为一种生物学的体验。虽然不能说宇宙是爱人类的，但至少可以说宇宙是以一种不带敌意的方式接纳人类的，允许他们去承担、去成长，偶尔还允许他们享受莫大的快乐。

二十三

存在性价值与我们对这些价值的个人态度和我们对它们的情感反应是不一样的。存在性价值诱发我们产生了一种"需求感"和一种"无价值感"。

存在性价值最好能够与我们对这些价值的态度区别开来，虽然这很困难，但至少在某种程度上是可以做到的。我们对终极价值（或现实）的态度包括：爱、敬畏、崇拜、谦卑、虔诚、惭愧、惊奇、惊讶、惊叹、兴奋、感激、恐惧、快乐，等等。很显然，这些是一个人在看到与自己不一样的事物时所产生的情感—认知反应。当然，一个人越是在高峰体验或神秘体验中与世界相融合，这种内在的反应就会越少，而自我作为一个可拆分的实体，就会失去得越多。

我认为，自我之所以能够保持这种可拆分性，从高于理论和研究的意义上说，主要是由于强烈的高峰体验、启示、孤寂、狂喜、神秘，以及不常发生的融合在起作用。但即使是反应最敏感的人，也只有相当少的一部分时间是在如此特殊的时刻中度过的，更多的时候是在相对平静地对（已在伟大启示中显现出来的）终极状态的沉思和享受（而不是在高峰体验中与之相融合）中度过的。因此，谈论罗伊斯①式的对终极状态的"忠诚",以及谈论责任、义务和奉献,都是相当有益的。

此外,上文的理论陈述使我们相信,这些对存在性价值的反应并不是随机或偶然产生的。根据既往的经验,我们应该更自然地认为,这些对存在性价值的反应在某种程度上是被需要的、被命令的、被要求的,是恰当的、合适的、正确的。也就是说,在某种意义上,存在性价值被认为是值得的,它们甚至会要求或命令我们对它们产生爱、敬畏和奉献。一个拥有完满人性的人可能会情不自禁地产生这些反应。

我们也不应忘记,目睹这些终极事实(或价值)往往会使人强烈地意识到自己的无价值感,意识到自己的不足和缺点,意识到作为一个人、作为人类种族的一员,自己的终极存在是多么渺小、多么有限、多么无力。

二十四

描述动机的词汇必须是分层次的,因为超越性动机(成长动机)与基本需要(匮乏性需要)的特征是不同的。

我们对内在价值和我们对这些价值的态度之间的差异,也催生了描述动机的不同层次的词汇。我已经在其他地方提醒过大家,要注意满足、快乐或幸福的水平与需求层次(从基本需要到超越性需要)是相对应的。除此之外,我们必须记住,当"满足"的概念本身在超越性动机或成长动机水平上被超越时,满足就会永无止境。幸福的概念也是如此,它也可以在最高层次上被全然超越,此时幸福就很可能变成一种广大无边的悲伤,或清醒,或不带情感的沉思。在最低级的基本需要水平上,例如当没有足够的氧气供我们

---

① 乔西亚·罗伊斯(Josiah Royce, 1855—1916),美国哲学家,著有《忠的哲学》(*The Philosophy of Loyalty*)。——译者注

呼吸或者是经历着巨大痛苦的时候，我们当然可以使用如下的词汇来谈论当下的状态，如受到驱使、极度渴求、努力争取、迫切需要。当我们沿着基本需要的层次逐渐上升时，使用诸如渴望、想要、希望、偏爱、选择这样的词汇就会更加合适。但在最高的层次上，即在超越性动机水平上，所有这些词都不足以充分表达主观感受，而诸如向往、献身、追求、爱、崇拜、钦慕、崇敬、受到吸引或深深着迷这样的词汇，则更能准确地描述受到超越性动机驱动的感觉。

除了这些感觉之外，我们还必须面对一项艰巨的任务，那就是找到能够表达如下这些感受的词汇，如恰当感、责任、适宜、纯粹的公正、爱（针对本质上可爱的、值得被爱的、需要爱甚至命令爱的、要求被爱的、应该被爱的事物）。

但所有这些词汇都含有这样一种假设，即需求者和他需求的东西之间存在着分离。我们该如何描述当这种分离被超越，并且在需求者和他需求的东西之间（或者说需求者和某种意义上需求他的东西之间）达到某种程度的一致性或融合时会发生什么呢？

这也可以被描述为斯宾诺莎式的对自由意志与决定论的二分法的超越。在超越性动机的水平上，一个人自由地、愉快地、全心全意地拥抱他的决定因素。他选择和主宰自己的命运，没有丝毫勉强和"自我矛盾"（ego-dystonic），而是充满爱的、热情的。而洞察得越深刻，这种自由意志和决定论的融合就越"自我和谐"（ego-syntonic）。

二十五

存在性价值会导致行为表达或"庆祝"（celebration），也会导致主观状态的产生。

我们必须同意赫舍尔对"庆祝"的强调，他将其描述为"对一个人需要或感到荣耀的事物表示尊重或崇敬的行为……它的本质是唤起人们对生活的崇高或庄严的一面的关注……庆祝是分享更大的快乐,是参与一场永恒的演出"。

值得注意的是,最高价值不仅仅是独自享受和沉思,它们往往还会导致表达和行为反应,这些当然比主观状态更易于研究。

在这里,我们发现了"应该感"(ought feeling)的另一个现象学意义。对存在性价值的庆祝,让人感到是合适的、恰当的,是一种愉悦而紧迫的责任,就好像我们应该这样做,就好像我们对它们的保护、培养、加强、分享和庆祝是公平、合理、自然的事。

二十六

区分存在领域(或水平)与匮乏领域(或水平),并识别这两种水平上的语言差异,必然对教育和治疗有所助益。

我发现对我自己而言,最为有用的就是将存在领域和匮乏领域进行区分,即区分永恒和"实际"。简单地说,这是一种策略,是一种帮助,它能让我们生活得很好、更充分,让我们能够选择自己的生活,而不是被动地承受生活。在匆忙的日常生活中,很容易就会忘记终极价值,尤其是年轻人。通常我们只是反应者,可以说仅仅是对刺激、奖惩、紧急情况、痛苦和恐惧、别人的要求、肤浅的事物等做出反应。至少在开始阶段,我们需要一种特定的、有意识的、有针对性的努力,才能把注意力转向自身内在的事物和价值。这种努力也许是寻求身体上的真正孤独,也许是让自己接触伟大的音乐、善良的人、自然的美,等等。只有经过实践之后,这些策略才会变得容易,变得自然而然,那时,一个人甚至不需要许愿或尝试就能够生活在存在领域,即过着一种"统一的生活""超越的生活""存在的生活",等等。

我发现这种词汇有助于引导人们更清晰地了解存在的价值、存在的语言、存在的终极事实、存在的生命、统一的意识,等等。当然,这些词汇听上去确实有点蹩脚,有时还会让人感觉不舒服,但使用这样的词汇确实有助于达到目的,比如在设计研究时使用它们就是很有用的。

通过偶尔观察到的现象,我进一步提出一个假设,即高度发展或成熟的个体①,即使他们彼此之间是初次见面,也能够在最高的生活水平上,极为迅速地使用我所说的存在性语言进行交流和沟通。对于这一点,我想说的是,如果存在性价值的存在是确切的、真实的,是容易被一些人而非另一些人所感知的,那么,与这另一些人(不易感知到存在性价值的人)的沟通也可以是真实的,只是必然发生在一个较低级的、不太成熟的意义上。

此时此刻,我并不知道该如何验证这个假设,因为我发现有些人在并没有真正理解的情况下就能去运用这些词汇,就像有些人在没有真正体验过音乐或爱情的情况下就能对其侃侃而谈一样。

我还有一些更为模糊的印象,那就是,高度成熟的个体之间除了能够运用存在性语言进行轻松沟通,他们彼此还会产生一种亲密感,一种分享共同的忠诚的感觉,一种共事的感觉,一种"心心相印"的感觉,一种成为一家人的感觉,也许还有一种同为仆人的感觉。

二十七

"内在良知"(intrinsic conscience)和"内在内疚"(intrinsic guilt)都有最终的生物学根源。

弗洛姆对"人本主义良知"(humanistic conscience)的讨论和霍妮对弗洛伊德"超我"的反思,激励了其他的人本主义作家,他们一致认为,超我之外存在着"内在良知"和"内在内疚",后者是出于背叛了内在自我而应得的一种自我惩罚。

我相信,超越性动机理论的生物学根源能够进一步阐明和巩固这些概念。

---

① 或许可以称为超越性的人(meta-persons)。

霍妮和弗洛姆反对弗洛伊德本能论的具体内容,也可能是由于他们过于接受社会决定论,从而拒绝任何生物学理论和"本能论"的说法。这是一个严重的错误,通过本章的背景就很容易看出来。

一个人的个人生物学无疑是"真实自我"的必要组成部分。做自己、保持自然或自发性、真实、表达自己的特性,所有这些都是生物学上的陈述,因为它们意味着接受一个人的体质、性情以及解剖学上的、神经学上的、内分泌上的和类本能动机的本性。这样的陈述在弗洛伊德学派和新弗洛伊德学派中都可见到(更不用说罗杰斯学派、荣格学派、谢尔登学派、戈尔茨坦学派,等等)。这是对弗洛伊德所探索的事物,以及他那些必要但模糊的想法的一种净化和修正。因此,我认为它符合"真正的弗洛伊德"(echt-Freudian)或"基于弗洛伊德"(epi-Freudian)的传统。我认为弗洛伊德曾尝试过用他的各种本能论来表达类似的观点。我也相信,这句话是对霍妮用"真实自我"概念所试图表达的观点的接受和改进。

如果我对内在自我的更为生物学的解释得到了证实,那么就理所应当对神经症性的内疚和内在内疚进行区分。内在内疚来自对抗自己的本性,来自想要努力成为另一个自己。

但是鉴于前面的论述,我们应该将内在价值或存在性价值包含在内在自我中。从理论上讲,对真理、公正、美或其他存在性价值的背叛,应该会导致内在内疚①的产生,这种内疚是应得的,是具有生物学上的合理性的。这和"痛苦最终是一种祝福"是一个意思,因为它告诉我们,我们正在做危害自己的事情。如果我们背叛了存在性价值,我们就会受伤,从某种意义上说,我们受伤是应得的。此外,这意味着一种对"需要受到惩罚"的重新解释,或者也可以积极地表述为是一种愿望,即希望通过赎罪,重新感到"清白"。

---

① 或许可以叫作"超越性内疚"(metaguilt)。

二十八

许多终极的宗教功能都是通过这一理论结构来实现的。

从人类一直追求的永恒和绝对的观点来看,存在性价值也有可能在某种程度上服务于这一目的。就其本身而言,它们的存在并不依赖于人类的奇想。它们是能够被感知到的,而不是虚构的。它们是超越人类、超越个体的,它们存在于个体的生命之外。它们可以被认为是一种完美。它们可以令人信服地满足人类对确定性的渴望。

但在某种特定的意义上,存在性价值也是人类本身。它们不仅属于他,而且也是他本身。它们要求受到喜爱、崇敬、庆祝、奉献。它们值得人类为之而生、为之而死。思考它们或与它们融合,会给人类带来能够获得的最大快乐。

在这样的背景下,"永生"(immortality)这个概念也具有非常确切的、经验性的意义,因为纳入个体生命的存在性价值作为个体的定义性特征,在他死后仍然会继续存在,即在某种真实的意义上,他的自我超越了死亡。

对于那些有组织的宗教试图实现的其他功能,也是如此。显然,传统宗教(无论是有神论者的还是无神论的,无论是东方的还是西方的)用他们特有的措辞所描述的全部或几乎全部的宗教经验,都可以被同化到这一理论结构中,并且可以用一种具有实证意义的方式来表述,即用一种可检验的方式进行表述。

附录 A

对《宗教、价值观和高峰体验》一书的评论

自《宗教、价值观和高峰体验》一书面世以来，这个世界发生了很多动荡，因此，有很多值得学习的东西。我所学到的一些经验教训与这里要谈的问题有关，它们是对这本书的主要论点的有益补充。或者可以说它们是对过度、危险和片面使用本书论点的警告。当然，这对力求成为整体论的、整合的、兼收并蓄的思想家来说是一种公认的危险。他们不可避免地会知道，大多数人的思维都是原子论式的，即非此即彼、非黑即白、全有或全无、相互排斥和分隔的。有一个例子很好地诠释了我所要表达的意思：一位母亲给她的儿子两条领带作为生日礼物，当他系上一条领带想让她高兴时，她却伤心地问道："你为什么讨厌另一条？"

我想最好的办法是从历史的角度来对两极化和二分法提出警告。我观察到，在历史上，许多有组织的宗教都存在着一种两翼发展的倾向：一翼是"神秘主义的"和个人主义的，另一翼是法律主义的和组织化的。深刻而虔诚的宗教人士可以轻松、自动地整合这些倾向。他受教过程中的礼仪形式和信仰自白对他来说是基于经验的、具有象征意义的、原型的和统一的。这样的人可能会像他众多的同道教徒一样经历同样的动作和行为，但他绝不会像他们中的大多数人那样沦为行动者。大多数人已失去或忘记了主观上的宗教体验，并将宗教重新定义为一套习惯、行为、教条、形式，而这些东西的极端发展就完全变成了法律主义、官僚主义、惯例、空洞事物，确切地说，就是反宗教。神秘体验、启示、智慧的觉醒，连同创始这一切

的超凡先知，都被忘得一干二净，或是转变成了它们的对立面。有组织的宗教、教会，最终可能变成宗教体验和宗教体验者的主要敌人。

但在另一方面，神秘主义（或经验主义）也存在陷阱，这一点我强调得不够多。就像太阳神阿波罗式的人可能会转向极端，变成单纯的行动派，神秘主义者也会变成单纯的体验派。出于狂喜和高峰体验的喜悦和惊奇，他可能会禁不住诱惑，特别地去寻找它们，并且把它们作为唯一的，或者至少是最高的生活财富来珍视，而放弃其他的是非标准。专注于这些美妙的主观体验，他可能会陷入背离世界和背离他人的危险，因为他一心寻找高峰体验的触发点，无论何种触发点。总之，他已不是暂时的自我专注和进行内部探索，而是有可能变成一个自私的人，寻求个人的救赎，试图进入"天堂"，不管他人能否同行，最终甚至可能利用他人作为触发点，作为手段，以达到他的更高意识状态的唯一目的。总之，他不仅会变得自私，而且会变得邪恶。从神秘主义的历史中，我的印象是，这种趋势有时会以卑鄙、龌龊、丧失同情心，甚至成为极端的施虐狂而告终。

可以这样说，历史上（两极化的）神秘主义者可能面临的另一个陷阱，是需要对触发点进行升级的危险。也就是说，要产生同样的反应，需要越来越强的刺激。假如对一个人来说，高峰体验成了他生活中唯一的善，又假如达到这个目的的所有手段都是好的，又假如高峰体验的次数越多越好，那么他就会迫使自己去获取高峰体验，积极推动、搜寻、奋斗和争取。所以这样的人经常转向研究魔法，研究秘密的和深奥的、奇异的和神秘的、有巨大冲击和需苦苦努力的、危险的和狂热的。而对神秘事物的开放态度，对我们所知不多的现实的谦逊承认，对天赐恩惠和普通好运的谦恭和感激的接受——所有这些都可能会逐渐变成反理性的、反经验的、反科学的、反言语的、反概念的。高峰经验可能因此被推崇为通向知识的最佳途径，甚至是唯一途径，因此，所有关于这种启示有效性的检测和验证都可能被抛到一边。

内部的声音，即"启示"，可能是错误的，这是从历史中得到的一个响亮而清晰的教训,但它被否认了,因此就没有办法发现内部的声音是善还是恶。(萧伯纳的《圣女贞德》就面临着这个问题。)自发性(来自我们最佳自我的冲动)与冲动性和行动化(来自我们病态自我的冲动)产生了混淆,无法进行区分。

急躁(尤其是年轻人所固有的急躁)驱使人追求各种各样的捷径。药物用得恰当能有帮助,滥用就会有危险。突然的顿悟变成了"一切",而耐心且自律的"修通"则遭到怠慢或贬低。本应该引人兴奋的事物不是"意外惊喜",而是被计划、被预示、被推销、被出售、被迫存在,并被视为一种商品。性爱,本来是通往神圣体验的一条可能的途径,可以变成纯粹的"性交",也就是去神圣化。越来越多的奇特的、人为的、刻意的"技术"可能会逐步升级,直到它们变成必需的,直到疲劳和阳痿随之而来。

常常会有一些人用朝圣的方式去寻找奇特的、陌生的、非一般的、不寻常的事物,也就是离开他所生活的世界,踏上"东方之旅",到另一个国家或另一个不同的宗教世界中去。然而从真正的神秘主义者、禅宗僧侣、人本主义和超个人心理学家那里得到的深刻教训是:神圣存在于平凡之中,它可以在一个人的日常生活中,在他的邻居、朋友和家人身上,在他的后院里被发现,而远足可能是对神圣的逃避——但这一教训很容易被忘记。在我看来,到别处寻找奇迹必定是无知的表现,因为一切都是奇迹。

在过去,某个祭司种姓会声称只有自己才能掌握与神沟通的职责,而对这一看法的拒绝是人类解放进程中向前迈出的一大步,对于这一成就,我们要感谢的人当中也包含了神秘主义者。然而这种真知灼见也有可能被愚蠢的人滥用,被二分化、被夸大。他们会把它歪曲成在通往自我实现和存在之境的道路上,对指引者、导师、圣人、治疗师、咨询师、长者以及帮助者的拒绝。这往往是一种巨大的危险,也是一个不必要的障碍。

总之,健康的太阳神精神(意味着与健康的酒神精神相结合)发展到极端可能会变成一种夸张的、二歧化的强迫性疾病。健康的酒神(意味着与健康的太阳神相结合)发展到极端也可能会病态化,变成癔症,并表现出它的种种症状①。

很显然,我在此所建议的是一种普遍的整体论态度和思维方式。经验不仅必须被强调并作为抽象和深奥的对立面、作为先验的对立面,被带回到心理学和哲学中来;经验还必须与抽象的和语词的东西相结合,即我们必须为"基于经验的概念"和"具有经验意义的词语"留出位置,也就是说,留出位置给基于经验的理性而不是先验的理性,后者我们几乎已经认为它就是理性本身了。

经验主义和社会改革之间的关系也是如此。目光短浅的人把它们视为相互对立、相互排斥的。当然,从历史上看,这种情况是常见的,今天在许多地方仍很常见。但这种情况本应该是能够避免的。这是一种错误,一种原子论式的错误,是和不成熟联系在一起的二分法和病态化的例子。经验事实是这样的:自我实现者,他们是最好的体验者,同时也是最富同情心的、最伟大的社会改良者和变革者,是反对不公正、不平等、奴役、残忍、剥削的最有力的斗士(也是追求卓越、高效和胜任力的最出色的斗士)。而且,人们也越来越清楚地认识到,最优秀的"助人者"同时也是人性最完满的人。我所谓的菩萨之路,是一种自我完善与社会热情的结合,也就是说,成为一个更好的"助人者"的最好方法,就是成为一个更好的人。但成为一个更好的人的一个必需的方面是帮助他人。因此,一个人必须而且也能够同时做这两件事。("孰先孰后"的问题是一个原子论式的问题。)

在此背景下,我想引用我在《动机与人格》修订版的序言中所做的论证:非规范性的热情与科学的客观性并非不相容,而是可以相互结合,从而达到一种更高形式的客观性,即道家式的客观。

这一切等于是说:小"r"宗教在个人发展更高水平上,与理性、科学和社会热情是完全相容的。不仅如此,原则上它还能够很容易地将健康的动物性、物质与自私同自然主义的超越、精神和价值结合起来。

---

① 科林·威尔逊的《另类人》(*The Outsider*)提供了一切必要的例子。

也由于另一些原因，我现在认为我的《宗教、价值观和高峰体验》一书太倾向于个人主义，而对团体、组织和社群又太过严苛。在过去的六七年里我们才开始逐渐懂得，组织机构并非必然是官僚主义的，因为我们从组织发展和Y理论管理的研究方面、从训练小组、会心团体和个人成长小组里快速积累的经验中，从以色列集体农场的成功经验等方面，对关于人本主义的、致力于满足需要的群体有了更多的了解。

事实上，我可以比以往任何时候都更坚定地说，出于许多经验主义的原因，人类的基本需要只能通过他人，也就是社会来满足。对社群的需要（归属感、接触、团体感）本身就是一种基本需要。孤独、孤立、被驱逐、被群体排斥——这些不仅是痛苦的，而且可能会导致病态化。当然，数十年来人们也已经知道，婴儿时期的人性和物种性只是一种潜能，必须经由社会来使之实现。

我对大多数失败的乌托邦尝试所进行的研究，教会了我用一种更切实可行、更具可研究性的方式来提出一些基本问题："人性能够允许的最好社会有多好？"以及"社会能够允许的最好人性有多好？"

最后，我想在高峰体验的素材中加入更多内容：失落体验，格罗夫（Grof）的精神松弛疗法（psycholytic therapy），使人能正视死亡并延缓死亡和术后幻觉，等等，当然，还有高原体验[①]。高原体验是一种安详而宁静的体验，而不是对奇迹的、令人敬畏的、神圣的、统一的情境和存在性价值的心潮澎湃的、剧烈的、不受控的反应。可以这样说，高原体验总是带有诗意的和认知的成分，而高峰体验并不总是这样，它可以是纯粹情绪性和绝对情绪性的。高原体验比高峰体验更依赖意志的作用。只要愿意，我们几乎都可以学会用这种大一统的方式去看世界。于是这种方式就变成了一种见证，一种

---

① 约翰逊（R. Johnson）和阿斯拉尼（Asrani）的著作中对"高原体验"有更为详尽的研究，此外阿斯拉尼对"自如状态"（Easy State）也进行了细致描述，我在这里只是做一个非常简略的预先说明，我希望自己在不久的将来能写一写这方面的内容。

欣赏，一种我们可以称之为平静的、认知的幸福，但它可能会具有一种随意和闲散的性质。

在高峰体验中，更多的是一种惊喜感，一种难以置信感，一种审美上的震撼，更多的是一种初次经历这种体验的感受。我曾在别处指出过，老化的身体和神经系统会削弱人对于真正震撼的高峰体验的承受力。在此我还想补充一点，成熟和老化也意味着丧失某些第一次的感觉，失去新鲜感、毫无准备感和惊喜感。

高峰体验和高原体验与死亡的关系也不同。高峰体验往往含有一种"小死亡"的意义，一种具有多重含义的重生。高原体验不那么强烈，它更多的是纯粹的享受和幸福，比如，一位母亲安静地坐在那看着她的孩子玩耍，时间一分一秒流逝，她就这样欣赏着、惊奇着、思索着，仿佛一切美好得不真实。她可以体验到这是一种非常愉快的、持续的、沉思的感受，而不是一种类似于短暂的高潮爆发，然后又迅速消亡的感受。

年纪大一些的老人，在面对死亡时能平静下来，更容易被深深触动，带着（甜蜜的）悲伤和泪水看到自己的必死命运和宇宙的永恒之间的对比。这种对比会使周围的一切显得更加深刻和珍贵，例如，"海浪将永远存在，而你将很快逝去。所以，紧握一切，欣赏一切，保持清醒，心存感激。你是幸运的。"

这里非常重要的一个议题是，要认识到高原体验可以通过长期的艰苦努力来实现、习得和获得。它可以成为一种有意义的期待。但这个过程中，似乎必须要经历必要的成熟、体验、生活和学习。所有这些都需要时间。在高峰体验中短暂的一瞥肯定是可能的，每个人都有可能会拥有这样的体验。但要在统一意识的高原上找到栖居之地则完全是另一回事。这需要一生的努力。许多年轻人认为通往超越的道路是在某个夜里突然被发现的，而其实这并不是高原体验，二者不能混为一谈。事实上，高原体验不应与任何单一的体验相混淆。"灵性的修养"（spiritual disciplines），无论是传统的还是新发现的，都需要时间用功训练、研习和投入。

关于这些与超越生活、超个人生活以及存在层面上对生活的体验明显相关的状态，还有很多可以叙述的。我在这里简短提及只是想扭转一种倾向，即认为超越体验只是戏剧性的、高潮般的、短暂的、"顶峰的"，就像在珠穆朗玛峰顶上的那一刻。其实除了高峰之外，还有高原，我们可以在那里停留，并获得"启悟"。

简单概括起来，我会这样说：人有一种高级的、超越的本性，这是他本质的一部分，即他的生物本性，这使他成为一个已进化的物种的一员。对此我最好说得更清楚一些，即这是对萨特式存在主义的果断拒绝，拒绝他对物种的否定，对生物学上人性的否定，拒绝它不能正视生物科学的存在。的确，"存在主义"这个词现在已经被不同的人以不同的方式使用，甚至以相互矛盾的方式使用，所以我在这里的指控并不适用于所有使用这个词条的人。但正因为用法多样，这个词现在几乎没有用处了，我认为最好是废弃不用。问题在于我没有更好的词作为替代。但愿我们能够这样去表述："是的，人在某种程度上是他自己的计划，他造就了他自己，但他能把自己造就成什么样子也是有限度的。对于所有人而言，这项'计划'都是生物学上预先决定了的，人只能成为人，一个人绝不会把变成黑猩猩作为自己的计划，甚至一个男人也不能把自己变成女人，一个成人不能把自己变成孩子。"正确的称呼应该把人本主义、超个人和超人类三者结合起来。此外，它必须是经验性的（现象学的），至少它应该以经验为基础。它必须是整体性的，而不是分解的；它必须是实证的，而不是先验的；等等。

如果读者对本书内容的后续发展感兴趣，可以参阅近期（1969年）创立的《超个人心理学杂志》和较早创立的《末那》杂志。

附录 B

非人灵长类动物的性行为和支配行为与心理治疗中病人幻想的某些相似之处

哲学博士马斯洛；医学博士兰德（H. Rand）；
文学硕士纽曼（S. Newman）

本文的目的是描述人类和非人灵长类动物在支配—服从关系、男性与女性的性征及性格方面的某些相似之处，这些都是我们在工作中发现的。

在这些动物的行为中，公开表现出的迹象往往与人类隐秘的愿望和幻想、梦、神话、性格适应、神经质和精神病的行为和症状的内容惊人的相似，还与人类在父母和孩子之间、男性和女性之间、治疗师和病人之间，以及（通常来说）强者和弱者之间、统治者和被统治者之间的公开和隐蔽的社会和心理互动惊人相似。这种相似性为观察人类心理提供了一个视角，这是用行为观察法不易获得的。

需要强调一下，我们在这里所讨论的是一些有趣的和有启发性的相似之处，而不是对任何事的证明。猴子和猩猩不能证明任何关于人类的事情，但它们能提供许多有用的信息，这一点是确定无疑的。这些相似之处无疑丰富了我们的认知，对人类的许多心理问题提供了另一种观察维度，使我们能够看到很多过去没有注意到的事实。它们也提出了许多问题、猜测和假设，这些对我们来说都是新颖的，当然，也还需要其他技术来进行验证。

明确地说，这其实是我们正在进行的一项智力游戏，在科学作品的思想酝酿层面上、在科学工作的层面上、在"初级过程创造性"的层面上，这项智力游戏是适宜的，甚至可能是必需的。在科学上谨慎当然是必要的，我们也希望如此（特别是针对我们所强调的相似之处）。但只有谨慎是不够的。在推进科学方面，在提出猜测和理论方面，一定的大胆也是需要的。

非人灵长类动物的支配—服从症候群

这种症候群可以涵盖所有的非人灵长类动物，事实上就其基本图式而言，甚至可以涵盖大多数其他动物。从硬骨鱼类到人类的所有脊椎动物（两栖类除外）都对其有过描述。但为了达到我们的目的，最有用的方法是从研究旧大陆的猴子和狒狒开始，在他们身上，这种症候群最明显地表现为施虐—受虐的形式。类人猿和新世界猴子在某些方面有变异，我们可能会在以后考虑对它们进行探讨。

简而言之，据观察，当一对猴子第一次被介绍给彼此时，它们会毫无例外地立即形成一种支配—服从的等级关系，即其中一个将成为领导或霸主，另一个将成为从属。在实验条件下，这种状况与性别无关。无论是雄性还是雌性，都可以成为支配者或服从者。当体型大小存在差异时，较大的那个通常占主导。因此，性别二态性几乎总是保证了雄性在野外的统治地位。然而在实验室里，人们可以任意进行选择。如果被选中的雌性体型比雄性大，她就成为支配者，这时雄性则成为服从者。同样，当两只雄性或两只雌性配对进行实验时，体型较大的那只通常占支配地位。由于在这些实验之前，只有在野外或在兽群中的观察结果可供利用，所以这就可以理解为什么人们会相信支配权是雄性才有的特权。但如果把体型相当的猴子进行实验配对，这样一来，当体型因素被排除后，更微妙的决定因素就出现了。确定感、不犹豫、自信的姿态、骄傲自大——总之，观察者可以明确地称为"自信"的那些因素，是决定地位高低的关键。这就好像动物在初次会面时就能知道谁是支配者，谁是服从者。

由于涉及两个动物，所以有时看起来似乎是其中一个承认了对方的支配地位，有时是其中一个夺取或获得了支配地位，但更多情况下，这两种态度是同时呈现的。其中一个目光保持平视，而另一个则垂下眼睛或看向角落。它们的姿势变得不同，服从的那个采取畏缩和让步的姿态，它的尾巴下垂，腹部接近地板。它显得犹豫不定，它可能会因害怕而浑身颤抖，或躲进角落，或避开对方。

然而在通常情况下，地位上的差异很快就会通过一种假性性行为表现出来。服从的那一方，无论是雄性还是雌性，都会做出承受状（采取雌性的性姿态）；而支配的那一方，无论雄性还是雌性，会骑到对方身上。我们只能称之为假性性行为，因为它通常是一种象征性的行为。在这两个动物身上可能看不到性兴奋，雄性可能并不会勃起，它的骨盆不会向前推，或者只是有轻微而虚假的动作，它可能会骑到对方头上而不是胯部，没有插入的动作，等等。有时服从的那一方会急切或自愿地进入这种情境，有时则不情愿。在少数情况下，不情愿的服从关系会表现为一种面对面的性交姿势，而不是背腹式的性交姿势。这种支配骑乘和服从承受可能会更多地发生在一段关系的初始阶段，而不是在地位稳定之后。

另外，占支配地位的动物会抢先获得食物而另一方不会反抗。支配者能够，也确实在用各种方式欺负服从者。但关系稳定下来后，这种情况就很少发生了。在初期，支配者会先发制人，抢占一切合乎心意的东西——最佳的休憩处、笼中的新物品、笼子的前部，等等。

在动物园或实验室的观察范围内，这种地位关系通常是稳定不变的。但据观察，当雌性动物进入发情期并进行重新适应时，或当几个服从者联合起来推翻一个领主时，这种地位关系会发生变化。也有报告称，在某些实验条件下也会发生这种变化，例如，注射激素、受伤、药物作用等。

人类中的支配—服从关系

在亚灵长类物种中，支配可能涉及实际对体力的使用，例如，在青春期前和正处于青春期的男孩中就可见这种情况。打斗或拳击都有可能确立一个男孩的支配等级：常见的打斗形式是摔跤，当胜者压在败者身上一定时间后才算获胜，这常通过数秒来确定，或通过败者承认自己失败（比如叫胜者"叔叔"）来确定。

但通过武力的威胁，或者某种明显的外部特征——更大的体型、明显的自信、强健的肌肉、昂首阔步、趾高气扬——可能就足够了，跟猴子的情况一样。这一点我们同样也能在男孩身上看到，同时在青春期前的男孩女孩中也能看到，有些女孩可能会试图与男孩比力气，但最终不得不承认男孩更强。大多数孩子也会在心中默认自己的父母及其他成年人比自己更强大。

在长大后的生活中，对支配地位的斗争也表现在人际关系的所有领域：既在外显的公开行为中，又在梦中、幻想中、神经症和精神病的症状中。尤其是在性的领域中，我们可以看到灵长类动物与人类行为模式和幻想之间的相似之处。

假如成熟不能在（弗洛伊德式的）生殖霸权下导致健康的整合，男性性活动就可能被认为是支配、控制、操纵、侵略，甚至是虐待行为。这可能会遍及到各种各样的现象中。在极端情况下，他的伴侣可能会受到限制并遭受到实际的痛苦，或者可能被禁锢、受到恐吓、变得被动、被操纵、被支配、被利用。这样的情形就像在灵长类动物的支配斗争中，权力、支配和侵略方面盖过了生殖冲动并导向了地位的形成。无论当事人的性别是什么，争斗的模式基本上都是与性无关的。因此，在支配权的争夺中有几种可能的组合：

1. 男性—男性的关系。
2. 女性—女性的关系。
3. 男性占支配地位的男性—女性关系。
4. 女性占支配地位的男性—女性关系。

后两种组合常带有欺骗性，会伪装成"正常"（normal）的生殖器适应。

甚至在行为上"正常"的性活动中，也常常会发现支配和服从的幻想。

1. 例如有一个女同性恋者，在治疗过程中出现了强烈的男性欲望，在她第一次和男性发生性行为时，她位于伴侣上方，她不由自主地感觉到自己才是插入的主导者。

2. 一位阴茎无知觉的男性患者会通过性交来获得自我力量感，他会不断幻想着用鞭子抽打一群女人。

3. 一位患者报告说，在"正常"的性交过程中，他会有吸吮对方乳房的幻想。尽管他的行为是支配性的，但他的幻想却是服从性的。

4. 一位性活跃的女同性恋者觉得，当一个天真的女孩在性方面屈服于自己，而不是当她自己获得性快感时，她的引诱行为便达到了高潮。事实上，她几乎不在意自己是否有性快感。

在行为上"正常"的性交中（在摄像机的记录下），幻想可能表达的是一种支配—服从的冲动，而不是爱、性或生殖的冲动。这一点通常会表现在性交中使用"screwing""fucking"①等词语，来表达强烈的侵略、轻蔑、征服、占主导地位，甚至是残酷行为。这些词也会被用在许多与性无关的场合，比如，"Did I get screwed！"一个人可能会这样叫喊来表达他被人利用了；一个人可能会在自己受到他人利用、愚弄、欺诈或剥削的情况下说："I got 'raped'"（"我被'奸淫'了"）或"I got 'shafted'"（我被'利用'了）；或者对于一个令人讨厌的盛气凌人或装腔作势的女人，男人往往会说"She ought to be raped"（"她真是欠干"），似乎这样就能轻松打败她。

成年人——有意识地、前意识地、无意识地——常常会以孩子般的方式感知和描述性行为，即认为那是男性（压制的、残忍的、恶劣的）做某种有害于女性（无助的、不情愿的、软弱的）的事。孩子可能会认为性行为是爸爸在杀害或伤害妈妈，当他看到动物交配时也会这样想。

人们可能会认为性行为本质上就是施虐受虐和操纵，并会用相

---

① 这两个词是英文中的粗俗俚语，都含有"性交"的意思。——译者注

应的语言去表达自己的这种认识。

这是一名占支配地位的女性的（自慰）幻想：她是一个东方女王，非常强大。她被一群身型壮硕的几乎、一丝不挂的男奴隶包围着。她在他们当中选择了一个作为性伴侣，并命令他为自己服务。他用她喜欢的方式性交，她背朝上，他在她上方。她喜欢被他的体重压倒的感觉。他力气很大，用一个巨大的阴茎令她感到彻底满足。她完全释放自己，纵情狂欢。但在这一切结束后，因为他犯了亵渎女王的罪，她下令将他斩首，然后他被处决。他不会反抗，而是认识到这是不可避免的、恰当的和合适的。接着，她命令另一个奴隶做同样的事。

这名女性在实际性交中很冷淡。她有常见的强奸和卖淫幻想。很明显，这些幻想能够使她完全屈服并享受性活动。在这类具有高度支配性的女性中，有些人在性方面是神经质的，她们"支配"了性行为，通过以下这些幻想，她们在性行为中获得了一些妥协的快乐：

1. 她们通过采取女上体位，要求男方保持不动，这样就可以想象自己是男人，有阴茎（"就好像那是我身体的一部分，是我在进入他的身体"）。

2. 一些女性报告说，她幻想自己的身体上有阴茎，而且她正在"上"他，尽管她躺在下方。

3. 那个男人实际上是在"服侍"她，是她的奴隶，干活卖力，流着汗，咕哝着取悦她而不是取悦他自己，而她认为自己是在放松，不使劲，不费力，偷偷利用他。

4. 通过拉长和拔出阴蒂来模仿手淫中的阴茎。

5. 绝对不"屈服"，会拒绝顺从（即使是性方面的顺从），即不会表现出对顺从的享受，会隐藏顺从带来的快乐，表现出轻蔑的姿态（比如性行为进行过程中在随意抽烟、打哈欠、轻蔑地嘲笑对方的兴奋），等等。

服从者的适应模式

在动物中，向支配者"示好"的方式是各种各样的，从用一种象征性的姿势表示承认对方的优越性，到在情急之下真的"放弃"自己的雄性角色，试图以此躲避对方的伤害和惩罚。

当食物被投进笼子时，完全处于服从地位的动物会躲到远处的角落里，以此来表明它并不是在竞争食物。为了获得食物，它可能会经常做出肯普夫（Kempf）所称的"卖淫行为"（prostitution behavior），也就是说，它可能会用性来献身于占支配地位的一方。这也是为了避免被攻击或是求得保护。这些表现通常只是有名无实的举动，是不完全的，可以说是"象征性的"。它们不同于真正发情期的性行为。观察发现，当动物中的服从者被支配者骑乘时，它们会出现以下反应：恐惧、忧虑、无兴趣、单纯的温顺、为难、不耐烦、被动、畏缩、蜡样屈曲①或试图逃跑。在许多情况下（但并非完全如此），这样的反应模式表明，被支配性的骑乘是令它不快的。

献身和服从可以作为一种手段，去达到一些目的，这些目的可以归纳在自我保护以及在威胁情境下处理恐惧的大标题下，具体包括：抵御攻击、避免惩罚、获得食物以及其他利益和权利。

人类从小就学会了服从的行为模式。当他确实弱小无助的时候，他学会了服从父母和其他成年人。他必须这么做，因为他（或她）的生存依赖于父母的照顾。此外，遇到威胁的情境和恐惧的事物，孩子也只有在父母（或父母的替代者）的帮助下才能对付得了。孩子只有在父母的允许下才可以坚持自己的意志，并且他的坚持要不致构成对父母的威胁才行。总的来说，当他年幼的时候，只有成为父母爱和照顾的对象，他才能够求得安全。除非父母允许，否则他不可能真正对父母做出具有男性气质的独断行为；或者他会在父母意识不到的情况下，通过各种隐蔽的妥协方式来坚持自己的所作所为，比如，明显没有能力在学校取得父母要求的好成绩时。

这种年幼孩子的无助处境，对于人类个体以及对于文化、艺术和社会而言，都会留下深刻烙印。列奥纳多·达·芬奇在他的笔记

---

① 在精神病学上被归为行为障碍的一种临床表现。——编者注

中提到有关海狸的（未经证实的）传说[①]：海狸在被敌人追赶时会自我阉割以保全性命，不是雄性可能会使它幸免于难。男孩或成年男性也是如此，他们会通过否认或放弃自己的男性气质，来试图逃避竞争和遭到攻击的危险，或是逃避受惩罚的威胁[②]。

成年人也可能用服从模式来作为处理威胁、逃避惩罚、获得支持与认可的手段。换句话说，这样的成年人不会坚持他的意志，不会战斗、竞争或挑战，而是会试图通过"贬低"自己，通过让步或逢迎，自愿服从和苟且求安来逃避危险。这并不是一个或全或无的情况——中间有很多程度的分级。举个例子来说，如果一只猴子不愿意屈服，它可能会通过面对自己的性伴侣而不是献出自己的臀部来保持一定程度的优势。妥协的形式在人类中也很常见。完全服从是很少见的。在许多时候，人们还是会努力保持尽可能多的自尊、意志和自由。

逢迎诌媚、不断微笑、不能取胜、善意的姿态——所有这些都可以被看作试图避免危险、甘愿接受支配并明确表示自己对支配者不构成威胁的做法。还有一些其他的技巧，包括：姑息，顺从，奉承，谦卑，求和，温顺，不要求不质疑，呜咽，畏缩，表现出敬畏，哀诉，屈从，诌媚，自贬，通过表现得无能、无助、恐惧或孱弱来求助于对方，依赖，乞怜，不断赞美对方，做出"善良"的样子，仰慕，崇拜，膜拜，被动，向对方表达"你永远是正确的"，等等。处于弱势地位的孩子采取这些技巧来适应与父母在一起的生活，对他们而言，父母是施虐狂般的、强大的。这些也是弱势群体适应较

[①] 在《美国心理分析协会杂志》（*Journal of the American Psychoanalytic Association*）1956 年 7 月的那一期中，勒文斯坦（R. M. Loewenstein）在他的文章中对各种形式的受虐狂进行了区分。他坚持认为，受虐狂在生存过程中确实发挥了作用。它是"弱者的武器……是每一个孩子……在面对他人攻击的危险时都会使用的武器"。可以认为，放弃支配地位或男性气质是比放弃生命本身更可取的。

[②] 这或许只是人类的一种投射，因为我们不知道有动物会阉割其他动物：它们要么厮杀、战斗、逃跑，要么献身于对方。只有人类才有名副其实的阉割。

强大的群体所惯用的技巧。

这些服从技巧（"献身技巧"）都可以被看作具有性特征的（sexualized），因为这些技巧大都可以被称为是"女性化的"，即使在我们的文化中也是如此，事实上，在更传统的施虐受虐狂的文化中，女性的地位要低于男性。弱者可以让强势得到软化，通过将自己性特征化，通过向强者提供象征性的性服务来避免危险。同时，优势和潜在的优势也可能会通过性的方式来得到表现和证明。

为什么献身及其变式能够如此有效地平息和阻止强者的愤怒？我们确实不太清楚原因。但我们知道这样的行为确实有效，而且在非人灵长类动物身上也存在这些相似点，这就使我们不得不去思考，这其中可能会有类本能的原因。例如，动物行为学家曾描述过狼和狗中的"侠义反射"（chivalry reflex）。两只动物可能会激烈战斗，甚至会丧命，但如果其中一只翻身露出喉咙和腹部认输，不再战斗，征服者就会停止进攻，并转身离开。在某种同构形式中，这类现象也能在许多其他物种中看到。在非人灵长类动物中，用性来献身显然具有同样的意义，或至少具有同样的安抚和保命的效果。

在一些低等物种中，这是一种机制，雄性进攻者用它来区分对手是雄性还是雌性。如果对方反击了，那它就是雄性，搏斗就会发生；如果它不反击，而是采取另一种姿势（不同物种姿势会不一样），那它就是雌性，那么接下来性行为就会发生。在某些鸟类中，雌性不仅会通过采取性诱惑的姿势来表示服从，而且还会像一只羽翼未丰的雏鸟那样向雄性索要食物。目前还没有雄性动物在野外这样做的例子。在这一点上，人类也有许多明显的相似之处。女性或孩子对恐惧、无助、被动、接受等的承认，对于许多男性而言是具有吸引力的，这暗示了一种类似于"侠义反射"的现象。在我们的文化中，大多数男性，尤其是不成熟的男性，不会被强势、果断、自信、自负的女性所吸引，假如他会，那么我们会怀疑是他的女性部分被她的男性部分所吸引。也就是说，在潜意识和幻想的层面上，这可能只是一种角色的反转，因为强大的女性也可能被依赖的男性所吸引，就像一个男人被一个女人吸引，或是像一位母亲被她的儿子吸引一样。甚至这也让我们想起了"侠义反射"。(当然,我们不能忘记,我们在人类中发现,至少在我们自己的文化中,心理上成熟和强大的男性会被心理上成熟的女性吸引,而这些女性对于那些普通的、较脆弱的男性来说可能太"强悍"了。)

支配,服从,男性气质,女性气质

许多文化中的年轻人或神经质的人会倾向于将服从地位等同于女性地位,将支配地位等同于男性地位。处于服从地位的男人,在面对老板、上级官员或任何对他发号施令的人时,不管他是否情愿,都可能做出好像他是女性的反应,即使是接受正当的命令也会像被污辱或被强奸一样。他对某种现实情境做出反应,就好像他被命令变成女性一样,例如,献身于他人。这就像在猴子中的情况那样,是与性别无关的。也就是说,无论是面对男上司还是女上司,都有可能发生这种情况。有些人以心甘情愿甚至是急切的方式对这种主从关系做出反应,但这些行为往往会遭到鄙视。

在军队的隐语里,这样的人或行为会被称为"brownnose""being cornholed""asskisser""asslicker""being browned",有时也会用"he is prostituting himself"①这样的说法。其他男人可能会对要求或命令发出反抗,似乎那有损于他们的男性气质,即使这些要求或命令是完全自然或正当的。也就是说,这种支配关系变得具有了性特征,就像性关系被视为含有支配—服从的隐喻一样。

此外,在那些"重男轻女"的文化中,被推到服从地位意味着被贬抑或被降格。在这些文化中,无论男女都持有这种态度。那些认为自己的女性特质等同于地位低下或服从的女性,可能会以各种无意识的方式否定自己的女性特质,或者无意识地模仿男性,或者她们可能会在追求尊重、地位或自尊的过程中幻想自己是男性。她

---

① 这些用语类似于中文里的"马屁精""舔屁股""出卖节操"等。——译者注

们似乎认为，变得强大、有能力、聪明或成功的唯一途径就是成为男性。于是，按照同样的假设，女性为了成为一个好女人，可能会觉得必须放弃自己的力量、智慧或才能，因为她害怕这些特质会被认为是阳刚的和非女性化的。

这一点在小女孩身上已经被明显观察到了，她们会公开要求一些与男性一样的活动方式，如站着小便。在成年人中，这种情况并不常见（在精神病患者或一些女同性恋者中有例外），更多出现在对男性的去性化和阉割的幻想中，或是在对被迫进入女性身份的各种抵抗中（无论是真正的还是象征性的）。

同性恋

我们已经从艾弗伦·胡克（Evelyn Hooker）那里，学会了谈论多种同性恋，放弃了一元论的解释和理论。然而，同性恋行为在猴子身上很容易被解释为是支配—服从地位在起作用，对于某些形式的人类同性恋（无论是显性的，还是隐性的）也可以做出类似的解释。支配性的女同性恋者肯定存在，这样的人强烈地认为女性的性别角色是完全由男性支配的，她抹杀了自己的个性和自我，因此她接受不了"软弱"的角色。她感觉自己非常强大，就像有征服力的男性一样。还有一种男同性恋者，他们觉得自己太软弱了，不可能符合支配性的男性形象（这种形象被他们曲解了）：强暴者、掠夺者、剥削者、傲慢又自私的索取者。他们在性方面的献身还能成为一种保护自己或赢得好感的方式，就像在男子监狱里一样。同样的机制在"正常人"身上也可以看到。

一个无意识中感到被动和害怕的人，逢迎和讨好他的治疗师，做了这样一个梦："我沿着阿拉斯加荒野里的一条狭窄的雪道走，突然，一只可怕的大熊用它的后腿站立在我面前，挡住了我的去路。在恐惧中，我转过身，用我的后部对着它，急切而迅速地把它的生殖器塞进我的肛门里，希望它不要攻击我。这样做很有效,我能够继续前行了。"他因为这个梦而感到不安,认为这是同性恋。

在人类同性恋的复杂网络中,对于施虐—受虐这种关系而言,支配—服从至少会是一个决定因素。在施虐—受虐关系中,在许多孩子的报告和成人的隐秘幻想里都有这样的内容:"爸爸在杀妈妈",或者看到动物交配会认为"它(雄性)在伤害它(雌性)"。有些男性不愿意认同伤害者和(或)更愿意认同被伤害者;有些女性不能或不愿意认同被伤害者和(或)倾向于认同伤害者。在这种情况下,将性和支配性进行区分,而不是混淆它们,应该可以治愈同性恋在这一方面的病态。

移情的性特征化

在治疗中,病人的服从地位、他实际的软弱、必要的谦卑、在求人帮助和在暴露自己的羞耻和尴尬中自尊的降低,不仅导致了习惯性的敌意幻想和言词,而且还助长了关系的性特征化。无论病人的性格类型或防御方式是什么,都会在性的转化中显现出来,通常是以支配的形式。也就是说,要么是强奸,要么是阉割,要么是支配治疗师,或者更常见的是通过把自己作为性对象献身给治疗师以赢得对方的爱(当然,也有许多其他的赢得治疗师的爱的幻想方式)。所有这些都与治疗师或病人的性别无关,就如在猴子中的情况一样。这可能被称为"献身于治疗师",并且必然常常与童年期的方式产生同构,病人在孩童时期常"献身于"他的父母,尤其是更强势的那一方父母(与父母的性别无关)。可以推测的是,任何能够将实际的服从地位降到最低程度的治疗氛围或技术都会减少两性关系的性特征化。

有一位23岁的单身男性病人,在他一生的大部分时间里,他都害怕年长一些的男性,尤其是那些身居高位的人。他从未意识到对这些人有任何敌意的感情、愿望或幻想。对于他最早接触到的男性——他的父亲，他也有同样的态度。事实上，如果有人批评他的父亲，他会热情地为他辩护。在分析性治疗中，病人对治疗师发展出了同样的态度。一天他做了这样一个梦：

> 在某种像监狱一样的氛围中，一个大块头的男人逼着自己跟他发生性关系。那个人接近他，准备进入他的身体，然后梦就结束了。

这个梦让病人突然想起前一天发生的事情（或者说他第一次意识到自己对于长者怀有敌意的幻想）。当他离开治疗师的办公室，进到自己的车里时，他看到治疗师的车就在附近。他的幻想是，开车去撞治疗师的车尾。当然，这样的幻想只有一瞬间，随即便被压抑了。这个梦显然反映了一种报复的心态。

宗教的献身

我们不仅可以谈论尼采哲学中的"基督教（以及其他宗教）的女性方面"，我们还可以通过将"支配—服从（骄傲—谦卑）"与"性"区分开来，来对所有宗教体验的奉献性和同律性方面，特别是对皈依体验，有更丰富的理解。詹姆斯（James）、贝格比（Begbie）以及其他许多人描述过的皈依体验，这些描述方式常带有明显的性意味，但有时也会被描述成是为了屈服和献身而放弃骄傲感和自主性，在皈依"成功"的案例中，随之而来的是心灵的平静。如果我们能够清楚地认识到那种同时存在又自相矛盾的对统治与被统治、支配与服从的需求，以及屈服的喜悦，那么我们就能更好地理解这些描述中所提到的对个人意志和自我满足的必然放弃。在西方男性中，这对于（未充分发展的）男性气质的概念尤其构成了威胁，甚至会被认为是一种阉割、一种女性化的表现、一种同性恋的反应，也就是说，被性特征化了。

一名患有同性恋恐惧症的病人跑到另一个城市去，在一家酒店的房间里躲了起来。他无法入睡并常常感到害怕。有天夜里，当他躺在床上的时候，突然感到有一重物压在他身上。他满怀爱意地顺从了它，并感到"这是上帝"。他觉得很安宁，几个月来第一次睡得很熟。第二天早晨醒来时，他精神焕发，心情轻松愉快，并决心以善行侍奉上帝，正如他现在所做的那样。他回到了妻子身边，并恢复了和她的异性恋关系。

我们可以假设，男性的双性化或自相矛盾的冲动（既具有男性气质，又具有女性气质，或既想要掌控，又想要屈从）对他来说通常是危险的，因为他认为女性气质即顺从，顺从即女性气质，并因此感觉自己被阉割了，自尊心降低了，男子气被削弱了。通常来说，他对于自己身上的女性化顺从或献身的冲动没有什么发泄的途径，也没有合理的表达方式。但是，如果他能够屈服于神，屈服于某个无所不能、无所不知的人物，在那里不存在任何竞争，那么他似乎就更有可能满足这些倾向，而无损于自己的男性形象。比起跪在竞争者或同辈面前，跪在上帝面前不是一种懦弱的行为，也不是一种失败。就格式塔心理学的意义来说，这是合适的、恰当的、符合事实的、被需要的。

当然，这种令人满意的献身也有可能是对于人的，如果那个人被视为足够神圣、足够"伟大"的话，例如拿破仑、希特勒，或者林肯、施韦泽。

据我们所知，有趣的是，大多数文化中女性都比男性更倾向于宗教献身（就上述意义来说）。她们似乎更少感到献身是一种威胁，更能以一种简单的方式享受它。因此，女性也更不容易因被外界征服而被摧毁、产生叛逆和"神经质"。对征服者的崇拜不致威胁到她们的人格完整，不像在男性中那样，男性必须同自己的献身倾向做斗争，否则就可能会失去自尊。或者换句话说，被强奸（无论在何种意义上）对女性的心理伤害都要小于对男性的伤害。女性比男性更能让自己"放松和享受"。

支配与性的健康分化：去性化

深度治疗期望达到的一个效果就是将生活中的这两个领域分开、理清，并维持两者的差异性，使病人懂得阴茎其实不是一根棍棒、一把刀剑或一种掠夺的工具，阴道不是一个垃圾桶、一张啃咬的嘴或一口吞噬的井；在性行为中，身体的这些部位只对性便利和性快感有意义；不听从上级的命令，不等于被强暴；强大的人无须为了避免上级的愤怒而做出性的献身。我们希望能够被理解的是，女性在性方面的屈服不是要她放弃自我或自尊，这不是一种征服，不是要女性通过屈服来承认自己的奴隶地位。而男性必须明白，在与妻子性交时，他既不是在征服对方，也不是在获取统治权，更不是在实施虐待。她也不会因此而需要在生活的其他方面向他屈服。如果他感到自己是被喜欢的而不是被厌恶的，感到自己不是在征服而是在合作，那么在性行为结束后他也不必感到内疚或害怕。诸如此类。

所有这些都意味着性与支配—服从的区别。尽管在黑猩猩身上似乎有一些方法可以实现这种区分，但似乎只有人类才有可能完全做到这一点。

有一篇论文具有一定的理论启示但并未受到重视，这篇论文中曾提到，在三大非人灵长类家族中，所谓的"支配品质"（dominance-quality）存在质的差异。简单来说就是，所有新世界猴子都表现出了一种自由放任的支配品质；所有旧大陆的猴子和狒狒都表现出我们在本文中主要讨论的那种施虐的或支配、专制的支配品质；类人猿（我们实际清楚的只有黑猩猩）表现出更友好、更无私、更合作的支配品质。我们所掌握的资料还不够充分，即使是关于黑猩猩的资料也不充分，因而还不能非常确信这一点。但我们确实有证据表明，在黑猩猩中存在较少的假性性行为、较少的将支配等同于性、较少的支配性骑乘行为等。当然，欺凌、奉承和畏缩的情况也比较少见。

这表明，支配与性的混淆（而不是二者的分化）是一种较低级别的进化发展阶段，这与我们的猜测一致，即人类的这种分化可能是心理成熟或发展的一个相关现象或副现象。考虑到这样一种推测的重要性，它肯定还需要更多的调查。

与之相应地，人类中性和支配的混淆可能是不成熟或神经症的迹象，是人类丧失某种特殊能力的迹象，是轻度精神病态的迹象，是人类退化的迹象。

健康的女性气质和男性气质

当然，这里有很多理论上的可能性，而且都很吸引人。我们之所以只提一点，是因为我们有与这个难题相关的证据。事实可能证明了，心理治疗对于人的健康发展而言，其期待的结果并不是废除男性和女性最深层的支配—服从关系，或父母与子女之间的支配—服从关系。更确切地说，这是一种"支配品质"的变化，从狒狒的品质变成了黑猩猩的品质。在黑猩猩中，也能看到支配—服从症候群，但它已呈现出一种完全不同的风格，成为一种友善的、照料式的、承担责任的力量，具有为弱者服务的目的，可以被称作"兄长般的支配"（older-brotherly dominance）。这时，"支配"和"服从"这两个词就显得不太恰当了，而且可能会显得非常具有误导性，作为替代，或许可以使用"仁爱的力量""信任的依赖"这类词。

无论如何，对人类来说，健康的转变是从对服从地位的贬低、相互的敌意，转向接受和爱的态度。随之而来的是强弱地位、领导地位的去性化，这样一来，无论男性还是女性，都可以根据情况的需要，不带焦虑、不受贬抑地成为强者或弱者。无论男女都可以根据实际需要，或成为领导者或成为屈服者，例如，治疗师有时需要成为慈母，单亲妈妈有时需要成为孩子的"父亲"。

本质上，我们关注的是雌雄同体的老问题，男性或女性的"男性特征"和"女性特征"之间的冲突：阴茎嫉妒、阉割焦虑、对男性气质的反抗、对男性的生殖崇拜。

对于这一点，我们不必详细说明其影响，但我们可以指出以下有意义的事实：有证据表明，性激素不仅引起性欲，而且也会促发支配欲望。也就是说，同一种激素可能同时产生性症候群和支配—服从症候群。因此这二者总是如此紧密地相互联系，也就不足为奇了。接着问题就转变成理解这二者是如何分化、如何独立的，例如，性行为中的体位如何与支配—服从的意义分开，阴茎如何成为单纯的性工具而不是一种权力武器，肛门如何成为单一的排便器官而不是性容器，员工如何能够接受必要的命令而不感到这种接受是女性化的—服从的。

结束语

总之，对于那些喜欢理论推测和操纵游戏的人来说，这里有很多可以探索的地方。例如，关于弗洛伊德的理论，我们已经开启了把俄狄浦斯（Oedipal）理论和阉割理论结合在一个统一系统中的可能性。这两者可以用一种更一般的措辞来描述——"强者和弱者的相互适应以及这些适应的病态的性特征化。"关于弗洛伊德和阿德勒的理论，我们开辟了另一种可能性，也就是说，就我们所讨论的方面而言，这两种理论可能是同构的平行语言，是在古老的层次上说着同样的事情，一个说的是融合的性方面，另一个说的是同一融合的支配方面。到目前为止，我们已经触及健康的男性气质和女性气质的难题，而这显然是处理这个难题的一种方式。我们粗略地提到了可以从阶级和种姓关系的网络中将性特征化的线索抽离出来。我们完全略过了文化与灵长类遗传之间关系的复杂问题，尽管我们相当确信，对非人灵长类动物的研究有许多值得社会学家学习的地方。我们暗示了另一条通向精神分析本能论的途径，以及另一种可以用来理解施虐—受虐、专制主义、催眠、成就需要、各种类型的爱的定义、宗教献身，甚至雇工问题的方法，等等。

附录 C

两种不同文化中的青少年犯罪

亚伯拉罕·马斯洛和 R. 迪亚兹-格雷罗（R. Díaz-Guerrero）

初次去到墨西哥的人很快就会注意到，墨西哥孩子与美国孩子在行为上有一些不同。总体印象是墨西哥的孩子"行为表现更好"，更有礼貌，更乐于助人。他们似乎和成年人相处得很好，喜欢和成年人待在一起，信任、顺从、尊重成年人，并且没有明显的敌意。同时，他们也能和其他孩子一起玩（不黏着大人），给人的印象是，与美国孩子相比，墨西哥孩子同大人和孩子都更能愉快地相处。还有一项日常的观察发现，在意大利，兄弟姐妹之间似乎看不到竞争。相比美国孩子，墨西哥的孩子更多地被限制在与兄弟姐妹成为玩伴的关系里。较大一些的墨西哥孩子，无论是男孩还是女孩，不得不照顾他们的弟弟妹妹，而且他们似乎也愿意这样做。无论如何，对于美国父母来说，这种对比是令人吃惊的、明显的，或者换句话说，墨西哥父母与孩子之间的问题似乎比美国少。墨西哥孩子似乎不那么憎恶权威，他们的要求更少，牢骚和抱怨更少，惹麻烦的时候更少，哭闹更少。他们也更爱笑，似乎生活得更快乐。他们很少有不尊重父母的时候，或者很少公开表现出挑衅或叛逆。他们对成年人有更多的情感表达，比如，亲吻父亲、拥抱母亲和祖母，等等。带着这种印象，你会发现，尽管统计数据不充分，但所有了解这两种文化的人都同意①，墨西哥的青少年犯罪要少得多，青少年恶作剧和搞破坏现象要少得多，而且几乎从来没有发生过青少年团伙袭击成年人的事件②。一般来说，青少年团伙与团伙之间会存在打斗，但不会针对成年人，或许他们会和警察打，无论青少年还是成年人都不尊重警察。

假设这些印象得到了证实，那么这些差异从何而来呢？美国社会学家和犯罪学家常用的一些解释似乎并不奏效。墨西哥孩子更贫穷，甚至到了会挨饿的地步（但他们似乎比美国儿童更有安全感）。墨西哥家庭，尤其是社会底层的家庭，比美国家庭更容易破裂。（据估算，孩子被父亲遗弃的比例高达32%。）③

在任何墨西哥家庭，父亲下班后不经常回家的可能性要比在美国大得多（他通常更喜欢和男性朋友聚会，或许只有星期天除外）。墨西哥的父亲更有可能拥有几个情妇，这在一定程度上是公开的④⑤，而把自己的妻子当作"朋友"或伴侣的则更少，他们也不

---

① 德尔斯·罗森奎斯特（Drs. Rosenquist）和索利斯·基罗加（Solis Quiroga），是分别来自得克萨斯大学和墨西哥国立大学的社会学家，他们对墨西哥和美国青少年犯罪的比较研究就是从这一共同的看法开始的。

② 最近墨西哥报纸上出现了几篇社论，抱怨大城市最近出现的"青少年犯罪"。1959年5月14日的《至上报》（*Excelsior*）指出："年轻人开始崇尚这样一种信念，认为青少年应该是胆大的、邪恶的、不负责任的，像吉卜赛人那样。"有一种关于青少年的成见，认为他们会成群结队地闯入电影院里捣毁设备，他们会骚扰女性，尤其是家境富裕的青少年会组织盗窃，并残忍攻击其他青少年。迄今为止还很少有攻击成年人的事件。在《至上报》之前的一篇引文中，一群青少年闯入了一家电影院，屏幕上是猫王的画面。这种情况在墨西哥历史上只发生过三四次。

③ 引自拉米雷兹（Ramirez）的样本调查。他的家庭样本取自一家公立医院。墨西哥1950年的人口普查表明，一家之主是女性的在墨西哥城占17%，在西部的哈利斯科州占15%，在北部的新莱昂州占10%。剩下的比例是由男性当家的。

④ 对于"你认为大多数已婚男性都有情人吗"这个问题，在墨西哥城的一个样本中，51%的男性和63%的女性给出了肯定的回答。

⑤ 在波多黎各的大学生样本中，36%的男生和42%的女生都同意"大多数已婚男性都有情人"这一陈述。

太可能参与孩子的日常教育。墨西哥的父亲常常是身不在心在，而美国父亲常常是身在心不在。当美国父亲想要严加管教孩子时，他通常会被孩子视为虐待狂，因为邻里大多数父亲都对孩子放任自流。墨西哥父母会认为，允许孩子乱发脾气的父母是软弱的，孩子没有教养是父母之过。

我们希望说明的是，答案的某些部分可能存在于另一方面，那是很容易观察，也很容易检验的。

1. 首先墨西哥文化虽然在迅速工业化，但仍然保留着比美国更多的传统文化。我们这里指的远不止是天主教会的影响，因为在墨西哥也存在非常强大的反教会力量，以及非常强大的传统社会文化信仰。我们的真正意思是说，在抚养孩子方面，存在着一种共享的、公认的价值体系，这种体系仍然相当一致、统一和普遍。所有的父亲（包括母亲和孩子）都知道一个父亲"应该"如何对待他的孩子，事实上，父亲对待孩子的行为的相似度比美国要高得多，尽管存在一些种姓和宗族的差异以及城市和农村的差异。或者换句话说，墨西哥的父亲（或母亲）更明确地知道抚养孩子的"正确"方式是什么（无意识地和前意识地，而不是充分理性地）。相较之下，美国父母感到困惑、不确定、内疚和矛盾。他的传统已经丧失，又没有新的传统可供利用（积久渐成的、没有争议的、自动反射式的确定性）。他必须努力，运用理性把事情弄清楚，学习有关问题，读"权威"的书籍（他不是权威，但在某种意义上，每一位墨西哥父母都是"权威"）。每一位美国父母都必须自己重新解决这个问题，就好像这对他来说是一个全新的问题。如今几乎没有任何一位美国父亲在这方面表现出自信、果断、确定性、美德感、没有冲突或内疚，能像艾伦·惠勒（Alan Wheeler）《寻找身份》（*Quest for Identity*）中那位父亲一样。

因此，墨西哥孩子可以更确信父亲会做什么，尽管是否受惩罚和受惩罚的程度常常取决于父亲的情绪。墨西哥父母，尤其是父亲所设定的限制，要比美国父母更明确、更严格、更前后一致，而美国父母有时并未设定任何限制（当设定了限制时，墨西哥孩子在其中也肯定是得到了爱、满足和一定的自由的，尤其是来自母亲方面的）。父母，尤其是父亲，一定会果断而迅速地惩罚任何严重违反这些限制的行为，而不会像美国父母那样迟疑不决、担心和内疚。在墨西哥，即使母亲和父亲相距甚远，他们也会坚决地认为，孩子必须尊重他们当中任何一个。

在这两种文化中，父亲之间的差异比母亲之间的差异更大。我们认为，母亲的主要任务是无条件地去爱孩子，去满足、疗愈、安抚和宽慰孩子；而父亲的主要任务，是支持和保护，在家庭和现实（世界）之间进行调节，通过纪律的约束、韧性的训练、指令、奖惩、判断、评价、理性和逻辑（而不是无条件的爱），以及在必要时能够说"不"，让他的孩子为生活在家庭之外的世界里做准备。墨西哥父亲似乎比美国父亲更能胜任这份工作，例如，我们观察到，在美国远比在墨西哥更常见的是，父亲不仅怕妻子，而且也怕孩子（因此往往也怕惩罚和拒绝孩子，怕让孩子受挫）。[1]

父权制在美国已经消失很久了，但在墨西哥家庭中仍然很活跃。它不仅受到男人的维护，而且女人也会维护它。即使是被丈夫忽视、被丈夫与其他女人厮混所伤害的妻子，在丈夫出现时也不会公开抱怨，而是默默忍受，同时伺候他，重视他，像对待皇族一样对待他，尤其要小心地帮他维护他在孩子面前的权威。[2]

在这里，我们不讨论上述情况所涉及的更深层的家庭动力（至少在有关孩子的问题上），例如，墨西哥女性的"能量"、责任、可靠性越强，墨西哥男性的更深层的被动、不负责任和自卑感越强，

---

[1] 费尔南德斯－马里纳（Fernández-Marina）等人的研究揭示，在波多黎各的学生中，有63%的男生和67%的女生选择了这一条陈述："许多男孩害怕他们的父亲。"有69%的男生和76%的女生选择了这一条陈述："许多女孩害怕她们的父亲。"而选择有关母亲的同样陈述的人数比例要小得多。

[2] 康弗斯－维加拉（Convers-Vergara）对墨西哥二十五个低收入工人家庭进行了研究，她认为其中一项最突出的发现是，母亲赞同父亲在家庭角色中难以置信的重要性，以及她自己表现出几乎无限的自我牺牲式的顺从。这与美国普通家庭中妻子的行为形成了鲜明对比，在美国，妻子不尊重丈夫，或对他发火，或在公共场合贬低他，或在孩子面前取笑他。

等等。无论如何，表层"行为上的"父权制，使孩子与父亲之间不可避免的幻灭得到了延迟，使父亲在孩子眼中的神圣感、全知全能感的丧失得到了延迟，而美国孩子的这种丧失肯定比墨西哥孩子来得早。接下来我们将进一步探讨将男性气质和女性气质区分开来所产生的各种影响，关于这一点，墨西哥比美国更加明显，在美国，儿童的性别角色更容易被模糊化。此外，我们还想强调，我们不关心这些体制对成人的影响，只关心它们对儿童和青少年的影响。①

对于我们所讨论的问题，我们要强调的是，在养育孩子方面，墨西哥孩子面对的是一套更稳定、更加得到广泛认同的成人价值观念。孩子的生活是由成年人的价值观主导的，这些价值观是明确的、无误的，不会让父母对自己所做的是"对"还是"错"产生任何怀疑。

2. 在墨西哥和美国的青少年之间还有另一个显著而有趣的差异。在墨西哥，传统上男性气质和女性气质一直是分开的。大多数强大的传统文化势力都保持着这种差异。这样的文化中暗含着一条公理，它强有力地要把男性气质和女性气质分开。墨西哥公共教育部长瓦兹奎兹（Lic. Véjar Vázquez）在为公共教育法的改变做辩护时（1943年）说：

> 教育的理想是使女人更女性化，男人更男性化，换句话说，教育应该使男孩和女孩更纯粹化或强调他们的性别特征，而不是使这些特征模糊、消失或被替代。②

他在《告墨西哥人民书》中说：

> 追求精神复兴的教育将分清并深化男性气质和女性气质。③

费尔南德斯－马里纳等人发现，在一些拉丁美洲国家中明确存

---

① 迪亚兹－格雷罗曾讨论过这些体制对成年人的某些影响。
② 《消息报》，1943年12月12日。
③ 《公共教育杂志》，公共教育秘书处，墨西哥，1942年。

在并反复得到证实的性别角色定义,在波多黎各也明显存在。墨西哥的作家、心理学家、人类学家等都赞同男性气质和女性气质的分化在墨西哥是实际存在的,无论他们对此做出何种解释。比如,墨西哥精神分析学家圣地亚哥·拉米雷兹(Santiago Ramírez)希望通过墨西哥被征服的历史事实来解释这种男性气质和女性气质的极端分化。从历史事件上看,他的论证是正确的。他认为,西班牙人是男性、是父亲;印第安人是女性、是母亲。男性是强大的、占统治地位的征服者;而女性则是被压制、受辱和屈服的。人们可能不同意拉米雷兹关于性别角色分化产生的原因,但可能会承认今天的性别角色可以由四个世纪以来的国家形势很好地进行诠释。

我们不需要援引证据来证明这个问题,因为任何到访墨西哥的人都会观察到男性和女性所展现出来的不同行为。从女性的衣着、步态和行为举止上不难看出,似乎她生活的主要目标就是进一步增强自己的女性气质和女性特征。男性的行为要较为复杂一些,但有两个方面很有趣。一方面,他会表现出极度夸张的男性模式(我们所理解的男性模式是一种性主动的态度、性别的吹嘘、支配和对支配的吹嘘,以及在抽象和智力问题上、在家庭问题上掌握最终发言权)。另一方面,他不会显得焦虑,更重要的是,他在自发地表达情感方面显得热情洋溢,会与其他男性握手、拥抱,进行各种肢体的接触。有这样一件有趣的事:一位年轻的墨西哥精神病学家,在和美国精神分析学家一起训练时,非常苦恼地说,我简直无法理解他们,每当我想要用一只胳膊搂住他们(这在墨西哥人中是一个很自然的动作)时,他们就会退缩,并且"吓得要死"。后来他发现,他们完全搞不清他的意图!

从摇篮到坟墓,在生命的每一个发展阶段,对于男性和女性,都有明确分工的事务、行为方式和对他们的期待。不管是城市里还是大多数农村地区都是如此。

3. 墨西哥孩子比美国孩子更有可能在家庭的怀抱中长大。西班牙的传统是将家庭封闭在高墙和大门内,几乎完全与外界隔绝(除了亲戚)。兄弟姐妹们更倾向于一起玩耍,而不是与街头的孩子结群或与同龄伙伴一起玩耍，他们更有可能在家中、在成年人的注视下玩耍，这也与美国孩子不同。尤其是在城市环境中，八岁的美国男孩可能会和其他八岁的男孩一起玩，而不是和他四岁的弟弟或他的姐姐妹妹一起。

我们认为这进一步印证了前面所说的儿童依靠成人的价值观来生活的观点[①]。此外，通过对比我们可以看到，这在美国是另一番

---

① 墨西哥儿童和青少年依靠成人价值观生活的证据来自很多方面。亚伦·肖尔（Aaron Shore）博士曾用墨西哥版的主题统觉测验研究了墨西哥村庄的孩子们。他的初始目标是研究权威和攻击性。这项研究是在四十个孩子中进行的，男孩女孩都有，他们的年龄从六岁到十五岁不等，大多数在六岁到十二岁之间。他发现这些孩子中有34%的陈述不符合他的任何权威或攻击性标准。这些表述涉及的思想和活动有如下一些特征：安抚他人、勤勉、与他人一起共事、享受工作、听话、成为好孩子、成为好学生、表达快乐、请求原谅、请求宽恕、原谅他人、赞扬、抚摸、拥抱小孩、把小孩揽入怀里、哄小孩睡觉、给小孩喂水、给别人食物、表现得有礼貌、表达感谢、尊重他人、表达爱和喜爱之情、服从命令、集中注意力、倾听他人等。他不得不设立一个新的标准来对这些内容进行分类。在各种帮助下，他最后把这个分类标准称为A-4，并指出它至少涉及两个因素：社会文化（价值观？）的内化和情感的自发表达。

但无处不在的成人或人文主义的评价可以从下面的例子中看出。全国小学教材委员会刚刚发布了一项为一、二年级选择阅读书籍竞赛的公告，由教育部长托雷斯·博德（Torres Bodet）点名选出的哲学家、作家、教育家等组成该委员会。除了书中的技术细节外，他们强调，这些课本必须通过明确的例证（特别是在配套的练习册中）——例如在自然科学研究中——教育孩子："当我锻炼身体时，当我帮助我的父母做家务时，当我对所有人都友好而没有敌人时，当我与肮脏和无序为敌时，当我尽我所能帮忙改善我的家庭、学校和住所时，当我帮助我的邻居或任何其他需要帮助的人时，我是快乐的。"而算术和几何的目标是："培养严谨、确定、精确、自我批判和尊重真理的习惯……"历史和文明研究的目标是："意识到理解、宽容、正义、尊重和互助是良好人际关系的唯一基础。"此后，还有一个重要目标："家庭成员之间要有尊重、服从和爱"（同上）。

希拉尔多·安吉尔（J. Giraldo Angel）在博士论文中引用了玛格丽塔·赞德贾（Margarita Zendejas）教授关于墨西哥青少年价值观的一项未发表的研究。她发现，青少年（男性和女性）会以一种近乎刻板的方式补全下列不完整的句子："我最尊敬的人的特点是……他比我年长。"

景象，美国孩子是被抛回到了儿童的价值观上，而不是依靠成人价值观在生活。可以说，美国的成年人，尤其是父亲，已经放弃了他们的理想角色，即为孩子构建世界、为他提供一套明确的价值观、告诉他"对"与"错"，他们在孩子还不具备是非判断能力的时候，就把这项任务留给了他。我们认为，这不仅会在孩子身上孕育不安全感和焦虑感，而且还会让孩子对父母（尤其是父亲）产生一种深深的"合理的"敌意、蔑视和怨恨，因为父母让他失望，给他设定了一项超出他能力所及的艰巨任务，而且不给他答案，父母这样做实际上是在挫败孩子对价值体系、世界观，以及其中所涉及的限制和控制的深切需求。如果把一切交给孩子自己去做，我们会发现，孩子是需要价值观的，并且会感受到无价值观状态的危险，于是他们会转向价值观的唯一其他外部来源，即其他孩子，尤其是大一点的孩子。

我们可以通过这样一个问题来更好地进行表述："如果所有人都在二十岁左右死去，那么孩子的安全感和价值观会发生什么变化？"在我们看来，很明显，在这样一个科幻世界里必然会发生的事情，几乎与今天美国青少年帮派文化（无论是在中、上层阶级，还是在下层阶级）中实际发生的一模一样，而且我们可以在东部牛仔电影中看到以经典形式展现在我们眼前的青少年价值体系（用弗洛伊德的语言来说，就是生殖器期的价值体系）。

我们假设，青少年的暴力、故意破坏、残忍行为、对权威的蔑视和同成年人的斗争，不仅是标准弗洛伊德式的成长动力（试图变得成熟，与依赖需要做斗争，对抗软弱、稚气、懦弱等的反恐惧机制）的问题，而且还意味着一种带着敌意和轻蔑的发泄，以报复那些没有满足他们需要的软弱成年人。我们觉得，这更直接地指向父亲而不是母亲，而且男孩比女孩更强烈，我们认为最常见的人际攻击是男孩对男性（以及他们所代表的一切）的攻击。

我们的假设可以明确为以下几点：

1. 这里的含义是，所有的人，包括儿童，都"需要一个价值体系""一个理解体系""一个关于成长方向和献身于何物的框架""对宇宙及其意义的概念把握的需求"。

2. 缺乏这样一个系统，或者这样一个系统的崩溃，会导致某些精神病态。

3. 它会引起对这样一个系统的渴望，随之而来的是对价值的追求。

4. 任何价值体系，无论好坏，都比缺乏体系，即比混乱更可取。

5. 如果没有成人的价值体系，那么儿童或青少年的价值体系就会被接受。

6.（所谓的）青少年犯罪就是这种青少年价值体系的一例。

7. 这与其他青少年价值体系（如牛仔群体或大学兄弟会群体的价值体系）的区别在于，在这个体系里，青少年对令他们失望的成年人抱有敌意和蔑视。

8. 我们假设，当价值体系涉及法律、秩序、正义、对与错的判断等原则时，主要是由父亲传递的。

9. 如果父亲没有价值体系，或对价值体系不确定或感到无力，那么他的孩子就会被抛回到其自身不充足的资源中去。

10. 一个心理上软弱（没有价值观，没有明确的男性角色）的父亲形象甚至会干扰弗洛伊德学派所说的原初认同（primary identification）（理想自我）。结果就是，孩子对"他应该怎样"感到更加困惑。他会紧紧抓住牛仔的理想，以及和他同样困惑的同伴们的理想。

11. 这些资源是不充足的。

附录 D

判断类本能需要的标准

我是按照弗洛伊德的方法,而不是按照动物行为主义者的方法,来探索人类内心最深处的愿望、冲动和需要的。我从精神病理学的角度进行了研究,从成人疾病回溯到它的早期起源。我的问题是,是什么导致了神经症?神经症从何而来?最近,我又问了一个问题,性格不稳定和价值的畸变从何而来?另外,还有一个问题也是有启发性的,即完满的人性、心理健全的人从何而来?或者,人类能达到的最高高度是什么?是什么阻碍了他去达到那样的高度呢?

我的结论是,总的来说,神经症和其他精神疾病主要是由于某些满足(客观和主观可感知到的需求或愿望)的缺乏导致的。我把这些基本需要称为"类本能的"需要,因为它们必须得到满足,否则就会出现病态(或是人性的萎缩,即丧失某些定义人性的特征)。这意味着神经症与过去想象的不同,它更接近于一种缺失性的疾病[1]。进一步的假设是,除非这些需要得到满足,否则健康就是不可能的,也就是说,满足基本需要是健康的一个必要条件。

这种重建的生物学技术在生物学和医学上有着非常受人尊敬的历史。例如,它曾被用来探寻隐匿的生物性的需要,比如营养学家发现了我们对维生素、矿物质的"类本能"需要。这种探寻也起源于某种疾病,如佝偻病或坏血病,其起源可追溯到一种缺失,这种缺失被称为"需要"。对维生素 C 的需要意味着这是实现健康和避免

---

[1] 但基本需要受挫并非心理病态的唯一决定因素。

疾病的必要条件。这可以得到进一步的检验，其假设也能够得到其他对照实验的支持，如预防性控制、替代性控制等，这些测试也可以应用于基本的心理需要满足。

这篇附录是我在1954年关于"基本需要的类本能性质"（见《动机与人格》一书）一说的扩充和改进。概括地说，我在那一章节中的主要观点是：

1. 人的机体有它自己的本性，它比人们所认为的更值得信赖，更能够进行自我管理；

2. 我们有充分的理由假设，人有一种固有的或与生俱来的朝向自我实现的成长趋向；

3. 大多数心理治疗师都需要承接某种形式的类本能需要，这种需要的受挫会导致精神病态；

4. 这些需要为他提供了一种现成的生物学目的、目标或价值观的基础框架。

在那一章中，我列出了早期本能论的错误，并审慎考虑过这些错误是否可以避免的问题，由此得出的结论如下：

1. 用行为学的术语来定义人类本能，这样的努力是注定要失败的。行为（在人类中）可能是，并且常常是对抗冲动的一种防御，它不单单是表达冲动，更确切地说，它是冲动的结果以及对这些冲动及其表达的控制。行为包含着意动的因素——强烈的欲望或需要，这在某种意义上和某种程度上预示了它的固有性；

2. 在人类身上并没有发现完整的动物本能，似乎只有古老的动物本能的残余，例如，只有冲动，或只有能力；

3. 没有理由认为人类不应该有其特有的需要或能力，事实上，一些临床证据表明，人确实有一些动机（可能是与生俱来的），是其独有的；

4. 人类类似本能的冲动通常较弱，不像动物中那样强烈。这些冲动很容易被文化、学习和防御过程所征服和压制。精神分析可以被看作一个漫长而艰苦的过程，它揭示了这些类本能需要，并允许它们变得足够强大，以抵抗恐惧和习惯的抑制。也就是说，它们需要帮助才能出现；

5. 大多数关于人的类本能需要的讨论中都有这样一种信念，即认为我们体内的动物是一种邪恶的动物，我们最原始的冲动仅仅只是贪婪、邪恶、自私和具有破坏性的。这是不正确的；

6. 人类的类本能冲动可能会由于废弃不用而完全消失；

7. 本能不应该同学习和理性分开。理智本身也是意动的。无论如何，在人类的好样本中，冲动和理性往往是协同的，而不是对立的。而且，本能的冲动很快就会转化为工具性的行为和目标，即它们变成了"情感"；

8. 我认为，对本能和遗传的混淆很大程度上源于无意识的和错误的假设，即遗传论者必须在政治上是保守的或反动的，而环境论者必须是自由的或进步的。虽然情况一直如此，但非必须如此。这是一个误解；

9. 过去有种看法，认为在精神病患者、神经症患者、酗酒者、意志薄弱者和儿童身上，可以最清楚地看到人类内心深处的冲动。这是一种误解。也许能够最好地体现这种冲动的是那些最健康、最进化和最成熟的人。在这些人身上，可以看到这些最深的冲动和需要，它们可"高"可"低"，例如，对真理的需要，对美的需要，等等。

随后，我提出了种种标准，用以判断一种需要是否是类本能的。我现在想讨论的就是这些标准，以及一些可能的改进。我还想比较一下每一项标准的适用性。首先，是对维生素的需要；第二，对爱的需要；第三，对好奇的需要；最后，神经症的需要。你会发现对维生素的需要和对爱的需要标准之间是如此的接近。否认其中一个，你也就不得不否认另一个。好奇，或是求知的需要，我称之为成长性需要（或者超越性需要，或者存在性价值），与缺失性需要是不同的，因为虽然成长性需要也是类本能的，但它与基本需要仍然有重要区别。至于神经症的需要，很明显它不符合这些标准，因此不能说是类本能的，类似的还有成瘾需要、习惯的需要。

一种类本能的需要应该符合以下标准：

1. 长期缺乏满足物会导致病态，尤其是当这种缺乏发生在生命早期时。（但不可忽视的是，短暂的满足感缺失则会带来可取的结果，如食欲、对挫折的容忍、健康的延迟满足能力、自控力等。）

维生素：＋（＋号表示"正确"或"符合标准"）

爱：＋

好奇：＋

神经症的需要：缺乏满足物会导致焦虑和其他症状，但不会导致性格病态；相反，剥夺某种神经症需要的满足物可能还会增进心理健康。

1a. 在关键期被剥夺可能会导致欲望和（或）需要的完全和永久的丧失，可能永远不会再习得或恢复；人因此永久地被削弱，并丧失了人类的一个定义性特征；他不再是拥有充分人性的人。

维生素：我们所知的还不足以说明这是否正确。剥夺各种维生素会产生不同的后果，对此我们还不太了解。

爱：＋（精神病性人格就是一个例子。）

好奇：对此我们也没有足够的资料来做出判断，但文化的资料和临床证据非常清楚地表明，好奇本身可能会丧失，而且常常在被习惯所约束的儿童身上永久地丧失。比如，他们早期的好奇心没有得到满足，会导致迟钝、安于无知、永久的愚蠢、蒙昧、愚笨、迷信，等等。

神经症的需要：标准不适用。

1b. 直接剥夺效应（Direct-deprivation effects），如罗森茨威格（Rosenzweig）所述的那样。

维生素：维生素缺乏症等。

爱：对爱和爱人的向往；列维（D. M. Levy）所说的"亲吻迷"反应（"kissing bug" reaction）。

好奇：不断增强的好奇、难以抑制的好奇、持续不断的好奇、窥视症，等等。

神经症的需要：缺乏神经症的满足物会引起焦虑、冲突、敌意等，但也可能导致冲突的缓解、焦虑的缓解等。

1c. 基本需要的神经症化，例如，它变得无法控制、不知足、自我矛盾、僵化、顽固、强迫、不加区分、选择错误的对象、伴随焦虑等。对于需要的态度变得充满冲突、担心、矛盾、拒绝。需要变成了一种危险。

维生素：不适用（？）

爱：＋

好奇：？（窥视症？）

神经症的需要：—

1d. 性格、价值体系和世界观的变形；达到目的的手段的扭曲和病态化。机体会发展出一种应对系统来应对这种缺乏。

维生素：？

爱：＋

好奇：＋（玩世不恭、虚无妄想、无聊、不信任、失范状态等等。）

神经症的需要：—

1e. 人性的萎缩；人性的定义性特征的丧失；本质的丧失；退化；阻碍了朝向自我实现的成长。

维生素：＋（沿着基本需要的层次向下倒退，向遭到挫败的优势需要倒退。）

爱：＋

好奇：＋

神经症的需要：—

1f. 各种情绪反应，包括急性的和慢性的，如焦虑、威胁、愤怒、抑郁等。

维生素：＋

爱：＋

好奇：＋

神经症的需要：＋ 复杂的、矛盾的和冲突的情绪。

2. 如果缺失的满足物能够适时复得，那么就能恢复健康（或多或少），治愈疾病（或多或少），使病态达到可逆转的程度，例如，替代性控制、依赖治疗法。

维生素：＋

爱：＋

好奇：＋

神经症的需要：－

3. 需要有其内在的（真实的）满足物；这些满足物确实能满足该需要，而且只有它们能满足该需要；定向疏导而不是联想学习或随机学习。完全令人满意的升华或替代是不可能的。

维生素：＋

爱：＋

好奇：＋

神经症的需要：－

4. 如果可以获得"真正的"满足物，在一生中都能够避免病态，即预防性控制。

维生素：＋

爱：＋

好奇：＋

神经症的需要：－

4a. 在一生中适当获得"真正的"满足物，能够积极促进自我实现、当下的健康和美好人格的发展。总的来说，满足对机体是有积极作用的，尤其是对人格而言。（参见《动机与人格》中"基本需要的满足在心理学理论中的作用"一节。）

维生素：＋

爱：＋

好奇：＋

神经症的需要：－

5. 需要长期得到满足的人（健康的人）没有渴求的表现；他的需要处于最佳水平；他能够控制或延迟满足感，或在一段时间内没有满足感也能过得去；与其他人相比，他更能够在很长一段时间内忍受不满足；他能公开承认自己的需要并享受需要；他不会去抵抗这种需要。这种需要是可被满足的，而神经症的需要是不可被满足的。

维生素：＋

爱：＋

好奇：－对好奇的满足往往会增加好奇而不是减少好奇。

神经症的需要：－（神经症的满足物对神经症需要的满足不会对渴求产生影响，除非是瞬时的影响。）

6. "真正的"满足物是在真正自由选择的情况下，由健康的机体所偏爱并选定的；一个人越健康，他的偏好就越强，他就越有可能成为一个"好的选择者"。换句话说，从临床上看，个体的心理越健康，那么他就越有可能喜欢和选择他所需要的真正满足物（而不是虚假满足物）。

维生素：－（但有一些合成物，如糖精，会使机体受骗。）

爱：＋

好奇：＋

神经症的需要：－

7. 用特定的、现象学上可描述的方式来说，"真正的"满足物令人拥有更好的体验，或者说比虚假的满足物带来的体验更好，例如，真正的满足物会带来一种满足、安心、快乐的感觉，甚至会带来高峰体验或神秘体验（即使是没感受到的需要也一样，比如对于一些极度贫困的人，当真正的满足物第一次出现在他面前时，让他意识到了自己有多么想得到它，或者意识到了这是他从来没有得到过的东西，等等）。

这是在对"需要"或"渴望"这样的词进行最终定义时出现困难的原因，即有时会有这样的情况，一个人不知道他缺少什么，也不知道他为何不安，但是当他体验到某种满足之后，他就很清楚地知道了，什么是他曾经希望、渴望或需要的。

维生素：＋（但糖精等又是例外，它们会使机体受骗。）

爱：＋

好奇：＋

神经症的需要：— 或？神经症的需要的满足可能会带来不错的体验，但这种情况似乎较少发生，持续时间也不长，当与其他感受混合在一起时，更容易引起后悔，在回顾时会有不同的判断，等等。

8. 在个人早期（前文化期）的生活中，往往对需要会有一种开放的表达。在文化起作用之前，或者在学习发生之前，任何关于需要或欲望的表达，通常都会进一步明确一种推测，即这种需要是类本能的。

维生素：＋

爱：＋

好奇：＋

神经症的需要：—

9. 通过顿悟疗法、揭示性治疗（或通过增进一般的健康，或通过社会的"良好条件"）等，即通过解除防御、控制、恐惧，它（指需要）被发现、被接受、被认可、被加强。

  维生素：＋（很可能如此）

  爱：＋

  好奇：＋

  神经症的需要：－

  9a. 对真正满足物的偏爱会随着身体、心理或社会健康状况的改善而增强。

  维生素：＋（很可能如此）

  爱：＋

  好奇：＋

  神经症的需要：－

  10. 它是跨文化、跨阶层、跨种姓的。它越接近整个物种的普遍性，就越有可能是类本能的。（这并不是绝对的证据，因为所有的人类文化都为每个婴儿提供了某些经验。或者，必须证明这些需要已被永久地扼杀或被暂时地抑制。）

  维生素：＋

  爱：＋

  好奇：＋

  神经症的需要：－

  11. 所有安全的、健康的或高协同作用的文化、亚文化或工作环境都能更充分地满足基本需要，较少对它们构成威胁。所有不安全的、病态的或低协同作用的文化、亚文化或工作环境都不能满足某些基本需要，会对它们构成威胁，对于满足它们会索取过高的代价，使它们的满足不可避免地与其他基本需要的满足发生冲突，等等。

  维生素：＋

  爱：＋

  好奇：＋

神经症的需要：—

12. 出现跨物种的需要，当然会增加这种需要是类本能的可能性，但这既不是一条必要标准，也不是一条充分标准，因为包括人类在内的所有物种都有特定的"类本能"。

　　维生素：＋

　　爱：＋

　　好奇：＋

　　神经症的需要：—

13. 需要在整个生命中以弗洛伊德所描述的方式呈现出动力的持续性（除非在生命早期被扼杀）。

　　维生素：＋

　　爱：＋

　　好奇：？

　　神经症的需要：—

14. 神经症是一种隐蔽的、害怕的、妥协的、胆怯的、迂回的寻求这些需要满足的方式。

　　维生素：？

　　爱：＋

　　好奇：＋

　　神经症的需要：—

15. 学习适当的工具性行为是更容易的，导向适当的目标对象和目标状态也是更容易的，等等。需要本身在其开始时必须被认为是潜在的而不是实际的，因为它必须在实现之前由某一文化代表进行使用、演练、练习、"激发"。这也许可以被认为是一种学习，但我认为这一说法会令人困惑。"学习"这个词已经承载了太多的含义。

维生素：+

爱：+

好奇：+

神经症的需要：—

16.需要最终是自我协调的（意思是说，如果不是如此，它也能够作为揭示性治疗的结果而成为自我协调的）。

维生素：+

爱：+

好奇：+

神经症的需要：—（此处情况正好相反。这种需要常被认为是自我矛盾或不协调的。）

17. 如果人人都享受某种需要及其满足，那么它就更有可能是基本的和类本能的。只有一部分人会享受于神经症的、成瘾的和习惯的需要。

维生素：+

爱：+

好奇：+

神经症的需要：—

18. 最后，我试探性地提一个未来的可能性，去想一想在迷幻剂或其他去抑制物质（如酒精）使用中的各种发现。抑制最高控制中心，就像酒精那样，可能会使人格中更本质的生物和非文化方面，即更深层的核心自我得到释放。我从 LSD 的研究中发现了一些这样的可能性。（这不是弗洛伊德的超我，超我是把一套专断的社会控制强加于生物的或内在的机体之上，而这会抑制机体自身的功能。）

我没有提到其他人用过的两个标准，因为在我看来，这两个标准不能成功地区分生理需要、神经症的需要、习得的需要或成瘾的需要。这两个标准是：(1) 为了当下的满足而甘愿面对痛苦或不适；

（2）因受挫而引起的好斗或焦虑。

我仅仅讨论了全物种的类本能特征，而没有探讨对心理治疗师和人格理论家来说至关重要的先天特异的个性特征。虽然心理治疗的直接目标可能是恢复物种性，恢复健康的动物性，但心理治疗的基本目标仍然是恢复（个体的）自我身份、真实的自我、真实性、个体性、自我实现等。换句话说，就是要努力发现一个人的天赋、固有的个性以及他生命的真谛。一个人生命的真谛是由他的体质、气质、神经系统、内分泌系统等微妙地暗示给他的（而不是强加于他的）。用一句话说，生命问题的答案来自一个人的身体及其偏爱的运作方式，来自他的"生物命运"，来自他所寻找的最大幸福的方向。在这里，我们不仅关注莫扎特式的特殊天赋和才能，还关注普通人的特殊天赋和才能。比如，从理论上说，职业指导最终涉及的就是某个特定的人所独有的先天能力问题。

在缺乏更好的证据时，我们所高度依赖的临床直觉或许有一天会以一种更可靠的方式得到检验，变得更成体系。作为治疗师，我们试图发现，什么对一个人来说更容易做到，什么最符合他的本性，什么让他感到最舒适（就像鞋子是否合脚一样），什么是他感到"对的"，什么对他来说压力最小，什么是他最适合做的，什么最符合他的独特个性。〔这些是戈尔茨坦所说的"偏好行为"（preferred behaviors）〕我们可以像实验者那样提出同样的问题。我们已经学会了如何对不同品种的狗提出这样卓有成效的问题，就像杰克逊实验室（Jackson Laboratories）所做的那样。也许有一天，我们也能对人类做同样的事情。

此外，为了集中讨论我想要阐述的主要观点，我省略了许多来自人类遗传学家（双生子研究、基因的直接微观研究等）、实验胚胎学家、神经生理学家（电极植入研究等）的更直接的生物学技术，以及有关动物行为、儿童和发展心理学的丰富的研究文献。

但这样的整合是迫切需要的，把彼此联结非常少的两大资料集（一方面是生物学的—行为的—个体生态学的内容，另一方面是心理动力学的内容）联系在一起。这个任务是可以完成的，对此我毫

不怀疑。〔就我所知，我们至少已经有了一次这样的尝试，即科特兰特（Kortlandt）的精彩专著。〕

我在这里提及的大部分内容都是基于临床证据和经验，因此不像来自控制实验的证据那么可靠。但我所呈现出来的内容，是容易经实验证实或证伪的。

图书在版编目（CIP）数据

人性能达到的境界 /（美）亚伯拉罕·H. 马斯洛（Abraham H. Maslow）著；钟歆译 . —西安：世界图书出版西安有限公司，2023.8
（马斯洛心理学经典译丛）
书名原文：The Farther Reaches of Human Nature
ISBN 978-7-5232-0291-3

I. ①人… II. ①亚… ②钟… III. ①人本心理学—研究 IV. ① B84

中国国家版本馆 CIP 数据核字（2023）第 105758 号

人性能达到的境界
RENXING NENG DADAO DE JINGJIE

作　　者	［美］亚伯拉罕·H. 马斯洛
译　　者	钟　歆
责任编辑	孙　蓉
书籍设计	鹏飞艺术
出版发行	世界图书出版西安有限公司
地　　址	西安市雁塔区曲江新区汇新路 355 号
邮　　编	710061
电　　话	029-87233647（市场部） 029-87234767（总编室）
网　　址	http://www.wpcxa.com
邮　　箱	xast@wpcxa.com
经　　销	新华书店
印　　刷	天津丰富彩艺印刷有限公司
开　　本	960mm × 640mm 1/16
印　　张	24.5
字　　数	380 千字
版　　次	2023 年 8 月第 1 版
印　　次	2023 年 8 月第 1 次印刷
国际书号	ISBN 978-7-5232-0291-3
定　　价	59.80 元

版权所有　翻印必究
（如有印装错误，请与出版社联系）